우리들의
삶은
동사다

우리들의 삶은 동사다

친족 성폭력 생존자와 열림터,
함께 말하다

✚

김지현 김효진 이미경 이소은 이어진 정정희 지음

우리들의 삶은 동사다

친족 성폭력 생존자와 열림터, 함께 말하다

지은이 김지현 김효진 이미경 이소은 이어진 정정희 **기획** 한국성폭력상담소 부설 열림터
펴낸곳 이매진 **펴낸이** 정철수 **처음 찍은 날** 2014년 10월 15일
등록 2003년 5월 14일 제313-2003-0183호
주소 서울시 마포구 성지5길 17, 301호(합정동) **전화** 02-3141-1917 **팩스** 02-3141-0917
이메일 imaginepub@naver.com **블로그** blog.naver.com/imaginepub
ISBN 979-11-5531-057-1 (03300)

- 이매진이 저작권자와 독점 계약을 맺어 출간한 책입니다. 무단 전재와 복제를 할 수 없습니다.
- 환경을 생각해서 재생 종이로 만들고, 콩기름 잉크로 찍은 책입니다. 표지 종이는 앙코르 190그램이고, 본문 종이는 그린라이트 70그램입니다.
- 값은 뒤표지에 있습니다.
- 이 도서의 국립중앙도서관 출판예정도서목록(CIP)은 서지정보유통지원시스템 홈페이지(http://seoji.nl.go.kr)와 국가자료공동목록시스템(http://www.nl.go.kr/kolisnet)에서 이용하실 수 있습니다. (CIP제어번호: CIP2014028687)

진실한 증언은
마음을 울린다

열림터는 한국성폭력상담소가 발족할 때부터 구상한 일은 아니었습니
다. 1990년대 초는 사회적으로나 문화적으로 성폭력을 둘러싼 사회적
통념과 편견이 팽배한 시기였습니다. 특히 친족 성폭력 문제에 관한 오
해와 거부감이 심해 친족 성폭력 피해자의 입소 자체를 터부시했습니다.
성폭력 피해자 쉼터가 없어 다른 쉼터를 안내할 때마다 피해자들은 상담
소에서 거주하게 해달라고 간절히 청했습니다. 이런 배경에서 열림터가
탄생했고, 어느새 20년 세월이 흘렀습니다. 그리고 결코 짧지 않은 20년
세월 속에 축적된 경험과 숱한 시행착오를 찬찬히 되돌아보며 '성폭력'
을 깊이 성찰할 수 있게 하는, 참으로 진정한 울림을 주는 책을 내기에
이르렀습니다.

　한국 사회 최초의 성폭력 피해자 쉼터인 열림터는 지난 20년 동안

열림터에 사는 피해자들이 성폭력 피해자에서 '생존자'로 거듭날 수 있도록 많은 노력을 해왔습니다. 《우리들의 삶은 동사다》는 이런 노력과 끝없는 자기 성찰, 그리고 그 긴 세월 동안 함께한 열림터 식구들을 향한 뜨거운 애정이 아니면 도저히 탄생할 수 없는 매우 의미 있고 진실한 증언집입니다.

　《우리들의 삶은 동사다》는 친족 성폭력 피해자들의 잔잔한 진술과 회상에 활동가들의 인간적 고뇌와 성찰적 분석이 덧붙여진 형식으로 구성돼 피해자의 삶을 매우 입체적으로 그려내고 있습니다. 우리는 이 책을 읽으면서 피해자에서 생존자로 발돋움하는 일이 결코 만만치 않다는 사실을 알게 되고, 피해자들의 아픔에 동참하게 됩니다. 그리고 그동안 내가 보인 무심함에 부끄러워하며 진정으로 격려의 손길을 내밀고 싶어집니다.

　《우리들의 삶은 동사다》는 반성폭력 여성운동사에서 기념비적인 책이 되리라고 확신합니다. 구술자로 참여한 열림터 생존자들과 자기 성찰적 분석으로 진한 감동과 울림을 준 필자들의 수고에 감사의 마음을 전하며, '더불어 사는 세상'에 관심 있는 모든 분들에게 적극 추천합니다.

최영애(한국성폭력상담소 초대 소장)

열림터,
뜨거운 20년의 기록

열림터는 성폭력 피해를 경험한 여성들이 몸과 마음의 상처를 치유하고 새로운 삶과 자립을 준비하는 곳으로, 1994년 한국성폭력상담소가 한국에서 처음으로 문을 연 성폭력 피해자 쉼터입니다. 성폭력 피해를 입고 갈 곳 없는 피해자를 보호해야 한다는 절박함이 컸습니다.

여성주의 쉼터 운동의 시발점이 된 열림터의 지난 20년은 모험과 도전의 연속이었습니다. 활동가와 피해자가 좌충우돌하며 성폭력 피해를 치유하고 회복하려 노력한 과정이었습니다. 피해자 개개인의 삶의 환경, 나이, 사회적 위치는 모두 달랐고, 그 앞에 놓인 새로운 삶의 여정에는 정답이 없기 때문입니다.

지금까지 열림터가 피해자 지원 활동을 활발히 이어올 수 있는 원동력은 바로 많은 사람들의 관심과 지지와 도움이었습니다. 후원회원들 없이는 한정된 정부 지원금만으로 열림터를 꾸려가기 쉽지 않았을 겁니다. 또 재능과 시간을 아낌없이 베풀고 온 마음으로 도와준 자원활동가와 상근활동가로 함께한 사람들 덕분에 열림터의 뜨거운 생존의 역사가 이어질 수 있었습니다.

열림터의 20년을 갈무리하는 지금, 열림터 입소자의 70퍼센트를 넘는 친족 성폭력 피해자들의 삶을 기록하는 일은 열림터의 역사를 기록하는 의미 있는 작업이었습니다. 이 책의 취지에 공감해 자기 이야기를 들려준 16명의 친족 성폭력 생존자들에게 깊은 감사의 인사를 전합니다. 그리고 책을 출판하는 데 마중물이 돼준 한 친족 성폭력 생존자의 소중한 후원에도 진심 어린 감사의 마음을 전합니다. 그분들 없이는 이 책은 세상에 나올 수 없었을 겁니다.

《우리들의 삶은 동사다》가 나오기까지 3년 가까운 시간 동안 고민의 시간을 함께 해준 김수지, 방기연, 이향심, 정하나 님과 필자들, 흔쾌히 출판을 맡아준 출판사 이매진에 감사드립니다. 좋은 책이 출판되기를 바라며 기꺼이 자문을 해준 이윤상, 김두나, 정유석 전 활동가와 부설 연구소 울림 권인숙 소장님, 자원활동가 이상희 님, 여성학자 김고연주 님에게도 고마움을 전합니다.

무엇보다도 열림터에 와서 울고 웃으며 꿋꿋하게 삶을 살아냈고, 퇴소한 뒤에도 열림터에 지지를 보내주고 있는 성폭력 생존자들에게 감사드립니다. 어디에서 어떻게 살고 있든 열림터에서 보낸 시간이 힘이 되고 있기를 바랍니다. 또한 이 책이 친족 성폭력 피해자를 우리 사회가 올바로 이해하는 데 보탬이 됐으면 합니다.

앞으로도 열림터는 성폭력 생존자들의 여정에 함께하며 피해자를 위한 치유의 공간, 생존자들의 역량을 키우는 삶의 공간이 될 겁니다.

2014년 9월 14일

백미순(한국성폭력상담소 소장)

문숙영(한국성폭력상담소 부설 열림터 원장)

✚ 차례 ✚

일러두기

1. 이 책을 쓰기 위해 2012년 3월부터 2014년 6월까지 16명의 피해자들을 적게는 1회부터 많게는 6회까지 인터뷰했다. 2명의 피해자는 각각 두 차례 등장한다. 또 피해자들의 동의를 얻어 피해자가 열림터에 살 때의 기록을 읽었고, 필요한 경우 피해자를 지원한 활동가도 인터뷰했다. 인터뷰 녹취록, 열림터 기록, 필자의 기억 등을 바탕으로 글을 썼으며, 모든 글은 인터뷰에 응한 피해자들의 사실 확인 절차를 거쳤다. 본문에 다른 색으로 처리한 부분은 피해자를 대개 인터뷰한 내용이며, 상담일지나 탄원서 등에서 뽑은 내용은 따로 표기했다.

2. 피해자를 보호하기 위해 이름은 가명으로 했으며 직업은 바꿨고, 피해를 입은 지역이나 지금 살고 있는 지역은 구체적으로 표기하지 않았다.

3. 주요 용어의 뜻풀이다.

   ■ 피해자: 성폭력 피해를 입은 사람.

   ■ 생존자: 한국성폭력상담소는 2003년 '성폭력생존자 말하기대회'를 열면서 '생존자'라는 말을 공개적으로 쓰기 시작했다. (성폭력 피해자를 생존자로 부르자는 제안은 페미니스트 운동가들과 트라우마 연구자들이 내놓았다. 피해자가 성폭력이라는 행위와 사건에 고착된 표현이라면, 생존자는 피해라는 사건을 넘어 성폭력 사건 이후의 삶을 살아가려는 의지를 담은 말이다. 한국성폭력상담소, 《성폭력 뒤집기》, 이매진, 2011 참조).

   ■ 입소자: 열림터에 입소한 성폭력 피해자.

   ■ 생활인: 열림터에 입소해 생활하는 성폭력 피해자.

   ■ 퇴소자: 열림터에 살다가 퇴소한 성폭력 피해자. (이 글에서는 피해자, 생존자, 생활인, 입소자, 퇴소자를 상황에 맞게 섞어 썼다.)

   ■ 활동가: 열림터에서 성폭력 피해자들을 지원하는 사람. 열림터에 사는 피해자들은 활동가들을 '선생님'이나 '쌤'이라고 부른다.

4. 피해자 한 명을 한 사람이 인터뷰하기도 했고, 여러 명이 인터뷰하기도 했다. 피해자가 열림터에 살 때 그 피해자를 지원한 활동가가 인터뷰한 경우 낮춤말을 썼다. 열림터에서 활동가들은 생활인들에게 주로 낮춤말을, 생활인들은 활동가들에게 높임말을 쓴다. 같은 집에서 한 식구처럼 친하게 지내는 열림터의 특성 때문이다. 또한 평등한 관계를 지향하지만 활동가와 생활인 사이에 나이에 따른 권력관계가 존재한다는 사실을 부정할 수 없다.

말하기의 힘을
믿는다

열림터, 숨 가쁘게 달려오다

1991년 4월, 한국성폭력상담소가 문을 열었다. "정말 전화가 올까?" 활동가들의 염려가 무색하게 개소 첫날부터 상담 전화가 폭주했다. 피해자를 지원하느라 정신없이 뛰어다니다 1992년 말에 상담 통계를 낸 결과, 그동안 진행한 1356건의 상담 중 18.1퍼센트가 친척이나 인척에게 입은 성폭력 피해 상담이었다. 가족 안에서 피해를 입은 사례가 전체 상담의 18퍼센트나 된다는 사실은 충격이었다.

집 안의 성폭력을 피해 무작정 짐을 싸들고 상담소로 찾아온 피해자들을 처음에는 가정 폭력 피해자 쉼터로 연계했다. 그렇지만 그곳도 공간이 부족했다. 이런 상황이 거듭되면서 피해자들을 위한 안전한 쉼터를 만들어야 한다는 생각이 자라났다. 생각은 곧 행동으로 이어졌다. 2년 동안 돈을 모으고, 상담소 개소 3주년 기념행사로 '쉼터 기금 마련을 위한 음악회'를 열어 자금을 마련했다.

드디어 1994년 9월, '모든 여성을 위해 언제나 열려 있으며 새로운 삶의 지평을 열게 하는 터' 열림터가 문을 열었다. 그리고 20년이 지난 지금까지 모두 360명(2014년 7월 1일 기준)의 성폭력 피해자가 이곳을 다녀갔다. 이 중 256명인 72퍼센트가 친족 성폭력 피해자다. 가족인 가해자에게서 빨리 분리해야 하는 친족 성폭력의 특성 탓에 친족 성폭력 피해자가 대부분이다.

처음 문을 열 때는 입소 기간이 30일로 긴급 피난처 수준이었다. 그 뒤 6개월(3개월 연장 가능)로 늘어났다가 지금은 친족 성폭력 피해를 입은 미성년자는 만 18세까지 살 수 있으며(1년 6개월 연장 가능), 성인은 1년 동안(1년 6개월 연장 가능) 살 수 있다(2014년 7월 1일 기준). 이제 열림터는 성폭력 피해자들이 일상을 회복하고 상처를 치유할 뿐 아니라 자립해 세상 속에서 살아가기 위한 삶의 터전으로 자리 잡았다.

열림터는 정원이 10명인 작은 집이다. 주간 활동가 세 명, 야간 활동가 한 명이 밤낮없이 피해자들을 지원한다. 입소한 피해자들에게 "성폭력 피해는 네 잘못이 아니야"라고 말하면서 열림터의 지원은 시작된다. 눈물 흘리는 피해자에게 휴지를 건네주며 활동가들은 눈시울을 적시기도 한다. 피해자가 고소장을 쓰고 법정에서 증언하며 자기가 입은 피해를 사회적으로 인정받는 과정에 함께한다. 가족 안에서 적절한 보살핌을 받지 못해 먹기, 씻기, 입기 등 기본적인 생활을 유지하는 데 미숙한 피해자들의 훈련을 돕는다. 학교 전학시키기, 교복과 교과서 구입하기, 준비물 챙기고 아프면 병원에 데리고 가기 등 보호자나 양육자 구실도 한다. 또한 성폭력 피해를 치유하는 과정을 돕는 다양한 프로그램을 운영하고 자립의 힘을 기를 수 있게 지원한다.

열림터는 여성주의 쉼터를 지향한다. 입소자들을 나약하고 무력한 피해자가 아니라 주체적인 힘을 지닌 '생존자'로 보며, 각자의 역량을 강화하는 방향으로 지원한다는 운영 철학을 갖고 있다. 이런 철학을 바탕으로 열림터는 '보호'와 '지원'이라는 이름 아래 피해자들의 자발적인 역량을 제한하고 있지는 않은지 늘 점검한다. 주로 10대인 생활인들과 성인인 활동가들이 만나면서 발생하는 권력관계를 끊임없이 성찰한다. 성폭력이 개인의 문제가 아니라 사회적인 문제라는 생각을 피해자들하고 나누고, 피해자들이 성폭력을 둘러싼 통념을 넘어서 자기가 받은 피해를 새롭게 해석할 수 있게 돕는다.

피해자는 단 한 명도 똑같지 않다. 피해 유형이 비슷해도 조건과 성향이 다 다르기 때문에 활동가들은 그때그때 회의를 하며 피해자에게 어떤 지원이 가장 알맞을지 논의를 거듭한다. 또한 쉼터 입소자의 처우를 개선해달라는 정책을 정부에 제안하는 활동까지, 열림터의 24시는 매일 숨 가쁘게 돌아간다.

'일어날 수 없는 일'이 일어났다

우리 사회에서 친족 성폭력이 드러나게 된 계기는 1992년, 딸이 13년간 자기를 강간한 의붓아버지를 남자 친구하고 함께 살해한 사건이었다. 가해자는 고위 공무원이었다. 피해자는 법정에서 "구속 후 감옥에서 보낸 시간이 지금까지 살아온 20년보다 훨씬 편안했다"고 말했다. 많은 이들이 충격에 빠졌다. 한국성폭력상담소는 공동대책위를 꾸리고 무료 변호인단을 구성해 대응했다. 이 사건은 성폭력 범죄의 처벌 및 피해자 보호 등에 관한 법률(성폭력특별법)을 제정하는 직접적인 계기가 됐다.

현행법상 사촌 이내의 혈족과 인척, 그리고 동거하는 친족이 저지르는 성폭력을 친족 성폭력이라고 한다. 흔히 '근친상간'이라고 불렀지만, 근친상간은 혼인이 금지된 사람들 사이의 성관계를 뜻하기 때문에 일방적인 폭력인 성폭력을 왜곡하는 용어다. 1994년 성폭력특별법이 제정된 뒤에는 친족 성폭력이 법적 개념으로 자리 잡았다.

최근 친족 성폭력 피해자가 쓴 수기가 출간되고 친족 성폭력 피해자가 주인공으로 등장하는 다큐멘터리도 만들어졌다. 그렇지만 친족 성폭력은 여전히 꺼내기 쉬운 주제가 아니다. 친족 성폭력 얘기를 하면 사람들은 "새아빠지? 설마 친아빠는 아니지?"라고 묻는다. 또 왜 그렇게 오랫동안 피해를 반복해서 입었는지, 왜 더 빨리 주변 사람들에게 도움을 청하거나 경찰에 신고하지 않았는지 묻기도 한다.

언론은 친족 성폭력 가해자를 사람의 도리를 어긴 '인간 말종'이나 '짐승'으로 보도한다. 친족 성폭력은 '결코 일어날 수 없는 일'로 여겨진다. 보호의 대상인 자식이나 동생, 손녀, 조카 등을 성적 대상으로 삼는 행위는 상상할 수 없는 일이다. 그래서 친족 성폭력에 관한 다큐멘터리를 본 어떤 관객은 "이건 진실이 아니다. 주인공이 거짓말을 하는 거다"라고 소리치고, 가해자 아버지를 만난 피해자의 담임 선생님은 "아빠 좋은 분이시던데 왜 그러니?"라고 묻기도 한다.

가족은 험난한 세상에서 나를 보호해주는 따뜻한 안식처로 여겨진다. 그러나 친족 성폭력 피해자는 가족을 벗어나야만 평화와 안식을 찾을 수 있다. 아버지가 딸을 자기 소유물로 여기고 성적 쾌락을 위해 딸을 이용한다는 사실은 우리가 철썩 같이 믿고 있는 가족 규범을 뒤흔든다. 친족 성폭력은 외면하고 싶은, 불편한 진실이다.

복잡한 현실 속의 피해자

친족 성폭력은 피해자의 어린 시절부터 사랑을 위장해 시작되는 경우가 많다. 물리적인 폭력이 반드시 수반되지는 않아서 피해자는 마치 특별한 놀이나 애정 행위로 받아들이기도 한다. 가해자는 피해자에게 "다른 사람에게 말하면 가족이 깨질 것"이라고 협박한다. 아직 성에 관한 인식이 형성되기 전이라 피해자는 뭔가 이상하다는 느낌을 받지만 아무에게도 말하지 못한다.

시간이 지나면서 성폭력이라는 사실을 알게 되지만 상황은 이미 피해자가 통제할 수 있는 수준을 넘어서 있다. 피해자는 가해자를 고소하면 가족이 해체되거나 먹고 살기 힘들어질까봐 두려움을 느낀다. 집을 나가도 혼자 살아갈 수 있을지 막막해서 선뜻 가출을 결심하지 못한다. 그러다가 학교 친구나 선생님을 통해 우연히 피해 사실이 알려져 쉼터로 오거나 성인이 된 뒤 제 발로 집을 나와 쉼터에 오기도 한다. 그리고 망설임 끝에 가해자를 고소한다. 이렇게 피해자가 집을 나와 쉼터로 오고 가해자를 고소하기까지 오랜 시간이 걸린다.

한편 피해자가 피해 사실을 가족에게 털어놓을 때 가족들이 피해자 편에 서기보다 가해자를 옹호하는 사례가 더 많다. 남편이나 아들이 딸에게 성폭력을 저지른 사실을 부정해서라도 가족을 유지하고 싶어하는 어머니도 있다. 이런 상황이다 보니 고소를 해서 피해자에게 유리한 판결이 나오고 가해자가 처벌받는다고 해서 피해자가 가족 안에서 자기의 피해를 인정받는 것은 아니다. 오히려 가족을 해체시킨 장본인이 돼 가족들에게서 장기간 배척당하기도 한다.

또 가해자가 처벌받는다고 해서 가족이라는 자원을 잃어버린 생존 자가 이 망망대해 같은 세상에서 어떻게 살아가야 할지 답이 나오는 것도 아니다. 우리 사회에서 가족이 부재하다는 것은 한 사람이 경제적으로나 심리적으로 끊임없이 불안정해질 수밖에 없는 조건이다. 쉼터에 사는 동안은 경제적 지원을 받을 수 있고 활동가들과 다른 피해자들이 지지 집단이 돼주지만, 쉼터를 퇴소한 뒤에는 그야말로 혼자서 고군분투해야 한다.

이렇듯 친족 성폭력 피해자에게는 일반적인 가해-피해의 구도로 담아낼 수 없는 복잡한 현실이 있다. 가해자 처벌만으로 모든 것이 해결되지 않으며, 가해자를 처벌한 뒤에도 가족이 부재한 삶의 조건은 끊임없이 피해자의 발목을 잡는다.

말하기의 힘, 기록의 힘

친족 성폭력을 결코 일어날 수 없는 일, 이 세계 바깥의 일로 여기는 사회, 성폭력 피해자를 더럽혀진 사람으로 여기는 사회에서 친족 성폭력 피해자는 자기의 고통을 말하지 못했다. 인간의 고통 경험은 평등하지 않다. 어떤 고통의 경험자들은 존경받지만, 어떤 고통의 경험자들은 '더럽다'고 추방되고 낙인찍힌다고 여성학자 정희진은 《페미니즘의 도전》에서 말한다.

피해자들의 목소리가 묻힌 사회에서 친족 성폭력을 둘러싼 통념만 재생산되고 있다. 친족 성폭력에 관한 사회적 관심은 '짐승' 같은 가해자를 향한 분노와 가해 행위를 둘러싼 궁금증, 어머니를 향한 비난에 집중돼 있다. 그리고 피해자는 '씻을 수 없는 영혼의 상처'를 입은 사람으로 그려져 일시적인 동정의 대상이 된다. 피해를 당할 때, 그리고 피해 이후에 피해자의 삶이 어떻게 지속되는지 궁금해하는 사람은 많지 않다.

흔히 사람들은 어머니에게 건강상의 문제가 있거나 부부 관계가 원만하지 않아서 친족 성폭력이 일어난다고 생각한다. 아버지가 어머니를 통해 성적 욕구를 채우지 못하기 때문에 대신 딸에게서 성적 만족을 찾는다고 가해자의 행위를 합리화하기도 한다. 또는 가해자가 사이코패스나 알코올 의존증 환자일 것이라고 상상한다. 그러나 대부분의 가해자 아버지는 어머니하고도 성관계를 맺을 뿐 아니라 범죄 전력도 거의 없고, 바깥에서는 사람 좋다는 평을 듣기도 한다.

피해자들도 가해자에게 분노 감정만 갖지는 않는다. 평범한 사람인 가해자가 성폭력 가해만 한 것이 아니라 자기를 먹여주고 키워주며 '가족'이라는 이름으로 함께 살아온 사람이기 때문에 피해자는 가해자에게 고마움이나 연민 같은 감정도 갖는다. 그러나 이런 양가감정을 드러내면 '피해자'라는 사실을 의심받는 현실에서 피해자가 자기 경험과 감정을 가감 없이 드러내기는 결코 쉽지 않다. 우리가 지난 20년 동안 현장에서 만난 피해자들은 흔히 생각하듯 우울하고 힘없는 모습만 갖고 있지는 않았다. 때로는 당차게 때로는 유머 있게 일상을 살아가며, 자기의 조건과 상황에 맞게 자기만의 전략 아래 삶을 꾸려가고 있었다.

우리는 피해자들의 목소리를, 생존자들의 '말하기'를 세상에 드러내야 한다고 생각했다. 피해를 인정받으려고 삭제하거나 과장해야 하는 말하기가 아니라 피해를 입을 때도, 그리고 피해 이후에도 삶을 지속해가는 '생존자'의 말하기를. 그리고 이 생존자들의 생생한 목소리를 한 문장 한 문장 꾹꾹 눌러 적고 싶었다. 피해자들의 '말하기'와 우리의 '기록'이 친족 성폭력에 관한 통념에 작은 틈을 낼 수 있다고 생각했다. 이렇듯 이 책은 말하기의 힘, 기록의 힘에 관한 믿음을 토대로 기획됐다.

우리는 열림터에 살다간 피해자들 중 자기 이야기를 들려줄 사람을 찾았다. 20년 동안 열림터에 다녀간 피해자 300여 명 중 전직 또는 현직 활동가들하고 연락이 닿는 피해자들은 그리 많지 않았다. 대부분 퇴소한 지 10년 안쪽의 피해자들이었다. 이 중 16명이 인터뷰에 응했다. 이 16명은 "이렇게 살아온 사람도 있다는 걸 알리고 싶어서", "비슷한 경험을 가진 사람들에게 위안이 되고 싶어서", "내 이야기가 글로 어떻게 쓰여질지 궁금해서", "인터뷰하는 활동가를 신뢰하니까", "열림터에 진 마음의 빚을 갚고 싶어서" 같은 이유로 용기 내어 자기 이야기를 들려주었다.

'생존자'로 살아가는 우리 이웃들 이야기

이 책을 쓴 우리들은 열림터에서 친족 성폭력 피해자들을 직접 만나고 지원해온 사람들이다. 우리는 피해자들을 만나 인터뷰하고 관련 자료들을 함께 읽으며 조각조각 흩어져 있던 경험과 고민들을 한군데로 모았다. 그리고 모두 여섯 가지 쟁점을 추렸다. 열림터 생활, 수사와 재판 과정, 자립, 후유증, 어머니, 가해자. 이 쟁점들은 친족 성폭력에 관한 사회적 통념이 가장 강하게 작용하고 있거나 사람들에게 잘 알려지지 않은 주제이기 때문에 집중적으로 다룰 필요가 있다는 데 의견을 모았다. 피해자들이 들려준 이야기, 열림터 기록, 우리들의 기억 등을 바탕으로 각 쟁점에 맞게 피해자들의 서사를 재구성했다. 그리고 여기에 우리들의 적극적인 해석을 덧붙였다.

여섯 가지 쟁점에 관련된 것뿐 아니라 다양한 논의들이 이어졌다. 우리가 '감히' 피해자에게 이런 말을 할 수 있는가, 이 책이 피해자에 관한 또 다른 통념을 만드는 것은 아닌가 하는 문제부터 피해자의 사적인 이야기를 얼마만큼 드러내고 책 속의 피해자를 어떻게 보호할 것인가 하는 윤리적인 문제까지, 이 책은 지난 3년 동안 거듭해온 치열한 논의의 결과물이다.

1장 '열림터 ― 새로운 삶을 열어가는 곳'에서는 사람들에게 잘 알려져 있지 않은 쉼터의 일상이 생생하게 펼쳐진다. 피해자들이 어떤 경로로 열림터에 와서 어떻게 일상을 회복해가는지 살펴본다. 집을 떠나와 살게 되는 열림터는 피해자에게 치유와 회복의 공간이자 새롭게 적응해야 하는 낯선 공간이기도 하다. 이 공간에서 다양한 관계, 새로운 생활 방식,

낯선 가치관을 마주치고 적응하며, 치유와 자립을 위한 발걸음을 내딛는 피해자들의 이야기를 담았다. 또 집이면서도 집이 아닌 '쉼터'의 조건 속에서 피해자들이 겪는 특수한 경험은 무엇인지 들여다본다.

2장 '아버지를 고소하는 딸 — 법에도 마음의 자리가 있어야 하는 이유'에서는 피해자가 가족인 가해자를 고소하기 전까지 겪는 마음의 갈등과, 그런데도 용기를 내어 고소한 뒤 이어지는 수사와 재판 과정에서 겪는 혼란과 어려움을 살펴본다. 진술 과정에서 흐릿한 기억에 맞서 싸우고, '피해자다움'을 강요하는 법정에서 순간순간 갈등하며, 많은 2차 피해에 고통받으면서도 꿋꿋하게 법적 싸움을 이어가는 피해자들의 이야기가 펼쳐진다. 또한 이런 법적 싸움이 피해자들의 치유의 여정에 어떤 의미를 갖는지 들여다본다.

3장 '내비 없어도 내비두기 — 가족 없이 나 홀로 흔들리는 자립'에서는 열림터를 퇴소한 피해자들이 '자립'이라는 과제 앞에서 좌충우돌하며 자신만의 지도를 만들어가는 모습을 그렸다. 퇴소한 뒤 더는 사회에서 적절한 지원을 받을 수 없기 때문에 홀로 애쓰며 느끼는 고단함과 외로움, 그런데도 각자만의 방식과 전략으로 사회 속에 뿌리내리려는 이들의 노력을 담았다.

4장 '후유증 — 피해 '이후'를 살아내기'에서는 보통 '후유증'으로 이야기되는 다양한 증상을 피해자의 삶 속에서 어떻게 바라볼 것인지에 주목했다. 피해가 있던 어린 시절에 피해자가 가족 안에서 습득한 삶의 방식은 피해를 벗어난 '이후' 낯선 환경을 만나면서 다양한 양상으로 드러난다. 이 장에서는 피해자가 이 방식을 어떻게 변화시키는지 또 피해 경험을 어떻게 새롭게 해석하며 자기 삶 속에 통합해가는지 살펴본다. 그리고 피해자가 길 위에 서 있는 사람, 변화의 과정 속에 있는 사람이라는 점을 이야기하려 한다.

5장 '그때……엄마 어디 있었어? — 피해자와 가해자 사이'는 피해를 당할 때 '어머니들은 어디에서 무엇을 하고 있었을까?'라는 물음에서 출발한다. 열림터에 입소하는 친족 성폭력 피해자는 어머니가 아예 없거나 취약한 상황에 놓여 있는 경우가 많다. 이 장에서는 피해자의 어머니들이 어떤 환경에 놓여 있었고 어머니들이 보여준 행동의 맥락은 무엇인지 짚어본다. 또 피해자들은 어머니에게 무엇을 기대하고 어떤 감정을 가졌는지, 시간이 흐르면서 모녀 관계는 어떻게 변화하는지 살펴본다.

6장 '체념과 화해 사이 — '괴물'의 그늘에서 벗어나는 또 다른 선택'에서는 피해를 당할 때 가해자-피해자의 관계가 어땠는지, 그리고 이 관계가 시간이 흐르면서 어떻게 변하는지를 그렸다. 피해가 끝난 뒤 피해자들은 삶의 여러 국면과 과제들을 거치면서 가족으로 얽혀 있는 가해자를 마주치게 된다. 이 때 피해자들은 가해자-피해자 구도를 넘어서는 다양한 선택을 하게 되는데, 그 결과 가해자와 피해자의 관계 또한 다양한 양상으로 흘러간다. 이 장에서는 피해자들이 현실적 선택을 하게 되는 이유를 알아보고, 그 과정에서 가해자를 향한 감정이 어떻게 변해가는지 살펴본다.

이제, 피해자들을 만나러 갈 시간이다.

1장

열림터

✛

새로운
삶을
열어가는 곳

김효진(여름) 2010년 성폭력생존자 말
하기 대회에 참여하면서 한국성폭력상
담소를 만난 뒤 2012년부터 열림터 활
동을 시작했다. 성폭력 피해 생존자들
이 혼자만의 싸움을 하지 않기를 바라
면서 활동을 이어가고 있다.

열림터의 하루는 아침 6시에 시작한다. 생활인들은 자기 시간표에 맞춰 알람을 끄고 잠자리에서 일어난다. 아침잠이 많은 생활인은 활동가가 여러 번을 깨워야 겨우 일어난다. 씻는 소리, 머리 말리는 소리, 아침밥 준비하는 소리에 조용하던 열림터는 금세 분주해진다. 학교가 멀거나 아침 일찍 자율학습을 시작하는 고등학생부터 하나둘 등교를 시작한다. 학교와 직장이 가까운 사람들은 느긋하게 아침밥을 먹고 집을 나선다. 교복까지 깔끔하게 스스로 다려 입고 등교하는 생활인이 있는가 하면, 겨우 앞머리만 감고 허겁지겁 뛰어나가는 생활인도 있다. 아직 학교 전학 절차를 밟고 있는 생활인, 가해자의 위협 때문에 안정이 필요한 생활인, 오늘 하루 특별한 일정이 없는 생활인들은 잠을 더 자기도 하면서 각자 하루를 시작한다.

학교가 끝나는 시간이 되면 열림터는 다시 활기를 띤다. 하교한 생활인들은 사무실에 들러서 활동가들에게 하교를 알리는 인사를 하고 학교에서 나눠준 통신문을 주거나 필요한 준비물을 요청하기도 한다. 일주일에 한 번씩 외부에서 진행하는 상담이 있는 날이면 각자 다니는 심리치료 기관에 들렀다 온다.

열림터의 평일 귀가 시간은 저녁 7시다. 그날 당번인 사람은 미리 집에 와서 저녁밥을 준비한다. 퇴소 뒤 혼자 살아가는 데 필요한 훈련 과정의 하나다. 7시가 가까워지면 초인종을 울리며 외출한 생활인들이 우르르 들어오는 익숙한 풍경이 펼쳐진다. 다 함께 식탁에 둘러앉아 저녁을 먹는데, 음식을 잘하는 사람이 당번인 날은 밥상이 제법 근사하고 음식도 순식간에 동난다.

밥을 다 먹으면 거실에서 컴퓨터를 하거나 텔레비전을 본다. 방 안에서 책을 읽기도 하고, 다른 생활인들하고 조잘조잘 수다를 떨기도 한다. 상담을 원하는 생활인은 숙직방에 와서 활동가하고 상담을 하면서 저녁 시간을 보낸다. 치유 회복 프로그램은 주로 주말에 진행하지만 가끔씩 평일 저녁에도 하는데, 생활인들은 빡빡한 일정에 투덜거리면서도 활발히 참여한다.

저녁 9시, 공부 시간이 되면 모두 핸드폰을 끄고 공부를 한다. 잠자는 시간을 빼면 열림터가 조용해지는 유일한 시간이다. 1주에 한 번 재능 기부 요가 선생님이 들르는 날에는 거실에 형형색색의 요가매트가 깔리고, 2주에 하루는 한의사 선생님이 와 맥을 짚고 침을 놓아주신다.

어떤 생활인들은 야간 자율학습을 하거나 야근을 하고 밤늦게 지친 모습으로 귀가하기도 한다. 들어오자마자 다른 생활인들이나 숙직 활동가에게 오늘 하루 일을 얘기하면서 늦은 저녁밥을 먹는다. 텔레비전은 11시까지 볼 수 있는데, 아이돌이 등장하는 드라마나 예능 프로그램이 나오면 다 같이 모여 왁자지껄하게 떠든다. 텔레비전 시청이 끝나면 일찍 잠을 자는 사람도 있고, 이제야 부랴부랴 씻느라 바쁜 사람도 있다. 12시가 되면 각자 방으로 돌아가 잠을 잔다. 거실의 불도 꺼지는 때다. 그렇지만 아직 생활인들의 방은 환하다. 같은 방을 쓰는 친구나 동생, 언니들의 수다가 밤늦도록 이어지기 때문이다.

열림터는 성폭력 피해를 입은 여성들이 지내는 곳이다. 많은 사람들이 성폭력 피해자는 어둡고 우울할 것이라고 생각한다. 성폭력 피해자들이 모여 사는 쉼터의 모습도 그렇다고 짐작할지도 모르겠다. 그러나 세상에 다양한 사람들이 모여 살며 희로애락이 끊이지 않듯 쉼터 또한 크게 다르지 않다. 성격과 나이가 제각각인 사람들이 함께 북적거리며 일상을 살아간다. 특히 십대와 이십대 초반의 여성들이 많이 모여 사는 열림터는 에너지가 넘치고 떠들썩할 때가 많다. 성폭력 피해를 경험한 공통점이 있기는 했지만 서로 다른 환경에서 다른 방식으로 살아온 사람들이 지내다보니 갈등이 벌어지는 것은 당연지사. 다양한 사람들이 모여 사는 만큼 갈등을 조절하고 해결하는 일이 중요하기 때문에 열림터는 늘 바람 잘 날이 없다.

열림터는 집이면서 집이 아닌 곳, 가족이면서 가족이 아닌 사람들이 살아가는 곳이다. 이곳에서 피해자들은 보통의 집처럼 평범한 일상을 살아가면서도 '쉼터'라는 조건 탓에 특수한 경험을 하기도 한다. 1장에서는 정윤이, 원미, 여운이 등 친족 성폭력 피해자 세 명이 열림터에 들어오고, 열림터에서 일상을 회복하는 과정을 그려본다. 여성주의 쉼터를 지향하는 열림터 안에서 다양한 사람들을 만나 새로운 생활 방식을 온몸으로 접하면서 피해를 치유하고 자립을 준비하는 과정을 함께 지켜보자.

'떠돌이 개'의
익숙하고 편안한 집

✚ 정윤이 이야기

올해 19살인 정윤이는 열림터를 퇴소하고 다른 성폭력 피해자 쉼터에서 지내고 있다. 2012년에 열림터 활동을 시작한 나는 중학교 3학년이던 정윤이를 만났다. 정윤이는 초등학교 6학년에 입소해 이미 3년 넘게 열림터에 살고 있었다. 열림터 생활에 익숙한 정윤이는 새내기 활동가인 내게 많은 도움을 줬다. 전구를 간다거나 보일러에 문제가 생기면 어김없이 정윤이가 옆에 와 도와줬다. 정윤이의 크고 작은 배려는 새로 입소한 생활인들이 열림터에 적응하는 데에도 도움이 됐다.

열림터에 오기 전 정윤이는 일하느라 집을 자주 비우는 아버지, 세 살 터울인 오빠하고 함께 살았다. 어머니는 정윤이가 아주 어릴 때 집을 나가서 기억나는 게 거의 없다. 정윤이는 아버지가 없는 집 안에서 오빠와 오빠 친구에게 성폭력 피해를 입었다. 자신을 괴롭히는 오빠를 피해

동네 놀이터에 나가 퇴근하는 아버지를 기다리다가 이웃 주민한테서도 성폭력 피해를 입었다. 정윤이는 자신이 겪은 일이 성폭력이라는 사실을 학교 성교육 시간에 알게 됐다.

구조받는 것 같던 열림터 입소

초등학교 6학년 교실에서 한창 성교육이 진행 중이었다. 수업이 끝날 무렵 선생님이 모두 눈을 감게 하고 물었다. "누군가 함부로 몸을 만지거나 한 경험이 있는 사람 손들어보세요." 그 자리에 앉아 있던 정윤이는 어쩌지 하는 생각에 마음이 조마조마했지만 조심스레 손을 들었다. 심장은 터질듯이 두근거리고 괜스레 얼굴이 뜨거워지려는 그때, 선생님이 말했다. "다행히 우리 반에는 아무도 없네요. 이제 다 눈 떠요." 담임 선생님 말에 정윤이는 실망스럽기도 하고, 손을 너무 낮게 들어 선생님이 보지 못한 게 아닐까 자책도 했다. 수업이 끝나는 종이 울리자 담임 선생님은 슬쩍 정윤이에게 다가와 종례 시간 뒤에 숙제 검사를 할 테니 교무실로 오라고 했다. 정윤이는 영문을 모른 채 선생님을 찾아갔다. 정윤이를 보자마자 선생님은 집안에 여자 어른이 있는지 물었다. 정윤이는 어머니는 안 계시고 작은어머니하고 자주 연락한다고 말했다. 선생님은 정윤이에게 그동안 무슨 일이 있었는지 자세히 물었다. 정윤이는 선생님이 자신이 든 손을 본 사실에 내심 안도하며, 네 시간이 넘게 오빠를 비롯해 자신을 괴롭히던 가해자들 이야기를 정신없이 쏟아냈다.

<u>성폭력 피해 사실을 그때 처음 얘기한 거구나. 기분이 어땠어?</u> 네, 얘기하고
나니 이게 정말 큰일이구나, 큰일이 벌어졌구나 생각했어요. <u>전에는 어떤</u>
<u>일이라고 생각했어?</u> 그게 제가……하하하……텔레비전 보면 야한 게 나오
잖아요. 오빠가 그걸 자주 봤어요. 저도 그냥 같이 봤어요. 뭔가 이상하니
까 눈은 가리고 실눈 뜨고 봤죠. 저는 그런 놀이구나 그냥 좀 부끄러운 느
낌의 놀이요. 쎄쎄쎄 같은 거처럼. 별 생각 안했는데. 성교육에서 바로 안
거죠. 나쁜 거구나 안 거고. 어린 마음에 심각성이 확 돌지는 않았지만, 갑
자기 멍해지고 온갖 감정들이 막 생기고 복잡해졌어요. 선생님이 묻는 말
에만 답하고 멍했어요.

정윤이는 성폭력 피해를 당하고 산 자신을 아무것도 모른 채 동네
를 돌아다니던 '떠돌이 개'로 묘사했다. 열림터로 오는 과정은 그 개가
구조되는 것 같았다고 말했다.

친족 성폭력 피해자들이 자신에게 일어나는 일이 성폭력이라는 사실
을 알고 피해를 말하는 데에는 오랜 시간이 걸린다. 정윤이도 자신이 입
은 피해를 '야한 놀이' 정도로 알고 있었기 때문에 3년간 오빠나 다른 가
해자들에게서 피해를 입으면서도 누군가에게 알려야겠다는 생각을 하지
못했다. 미성년자인 피해자들은 자신이 한 경험이 성폭력이라는 것을 알
게 되면 주로 학교 친구나 선생님에게 이 사실을 말한다. 정윤이 사례를
보면 담임 선생님처럼 믿을 수 있는 어른이 피해자의 말에 귀를 기울이
고 곧바로 필요한 조치를 취하는 게 얼마나 중요한지 알 수 있다.

정윤이가 하는 이야기를 다 들은 선생님은 작은어머니에게 전화를
걸어 정윤이를 어떻게 할지 상의했다. 정윤이의 아버지도 작은어머니를

통해 정윤이의 피해 사실을 알게 됐다. 아버지는 딸과 아들, 두 아이를 두고 어떻게 할지 고민하다가 결국 아들을 돌보고 피해자인 정윤이는 쉼터에 보내기로 결정했다. 정윤이는 열림터에 온 뒤에도 그때를 떠올릴 때마다 "아버지의 선택이 어쩔 수 없었을 것"이라고 말하며 애써 서운함을 감췄다.

밥 잘 먹고 학교에 잘 가게 되다

열림터에 와서 처음에 너한테 가장 도움이 된 게 뭐야? 잘 먹을 수 있고. 집에 있을 때는 잘 못 먹었어? 네. 아버지가 12시 넘어서 들어오시니까 식구들하고 같이 밥 먹는 경우가 많이 없었어요. 내가 차려 먹어야 되기도 했고, 가난했고, 돈 못 버시니까. 냉장고 텅텅 비어 있고, 굶고, 그랬거든요. 같이 먹는 생활도 열림터 오면서 해봤고. 열림터에서 제대로 된 재료로 요리를 시작했고. 집에 있을 때는 가난하니까 김치찌개, 밥 이런 거, 맨날 김치찌개만 했어요.

집에 있을 때 정윤이는 무엇이든 혼자 알아서 해야 했다. 밥 먹기, 씻기, 학교 가기 등 초등학생 정윤이가 어떻게 일상을 살아가야 하는지 알려주는 사람은 아무도 없었다. 정윤이는 끼니를 거르거나 씻는 것도 미뤘고, 가기 싫은 날에는 학교도 가지 않았다. 밤에는 괴롭히는 오빠 때문에 잠을 못 자는 날도 많았다.

열림터에 들어온 정윤이는 낯설어하면서도 천천히 일상을 회복해갔다. 특히 저녁 7시에 다 같이 모여 밥 먹는 시간을 좋아했다. 다 같이 저녁을 먹는, 어쩌면 평범한 가정의 흔한 일상이 정윤이에게는 새로운 경험이었다. 집에 있을 때 아빠는 늦게까지 일하느라 같이 밥 먹는 일이 거의 없었고, 냉장고는 텅텅 비어 있는 때가 많아 끼니를 거르기 일쑤였다. 열림터에서 성폭력 걱정 없이 다른 사람들하고 함께하는 저녁은 낯설고 어색하기도 했지만 편안한 시간이었다.

밤에도 깨워 괴롭히던 오빠 때문에 잠을 잘 못 자던 정윤이는 열림터에 와서도 불면증에 시달렸다. 또한 정윤이는 자기 뜻대로 되지 않으면 혼자 고래고래 소리를 지르거나 욕을 하고 "짜증난다"는 말을 자주 했다. 다른 생활인들은 이런 정윤이의 모습에 스트레스를 많이 받았다. 활동가들은 어떻게 하면 좋을지 고민하다 정윤이만의 개인 규칙을 만들었다. 이름하여 '정윤이의 포도알 채우기.' 하루에 짜증난다는 말을 정해진 횟수 아래로 하면 스티커를 받아 포도송이를 만드는 것이다. 포도송이가 완성되면 정윤이뿐 아니라 생활인 모두 맛있는 피자를 먹기로 하자 정윤이는 규칙 지키기에 더욱 흥미를 보였다. 규칙 지키기를 게임처럼 하면서 목표도 달성하고 성취감도 느끼게 되자 정윤이는 차츰 안정을 찾아갔다.

안정된 일상은 자연스레 정윤이의 학교 생활에도 영향을 줬다. 열림터에 와서 중학교에 입학한 정윤이는 결석이 잦던 초등학교 때하고는 사뭇 달라진 모습이었다.

<u>가기 싫은데도 학교 잘 갈 수 있게 된 힘은 뭘까?</u> 선생님들이 한 말들. "공부는 못해도 학교는 잘 가라"는, 이런 식의 말이었어요. 그렇게 힘을 주시

고. "몇 년만 참으면 된다, 2년만 참으면 된다." 맨날 참으라는 얘기 해주시고. 저도 선생님들을 따른 것 같아요, 그때는. 쌤들이 하는 말이 맞는 말인지 안 맞는 말인지 몰랐지만, 그래도 뭔가 잘하고 싶었어요. 학교를 잘 가고 싶은 맘이 있었던 것 같아요, 꾸준히. 그래야 안 혼나기도 하고. 착하다고, 그리고 성실하다는 말도 들어서 뿌듯함도 느끼고, 힘을 내서 간 거죠. 가기 싫어도. 만약에 '안 가면 어떻게 될까?', '혼나지 않을까?', 이런 마음에 갔던 것 같아요.

자신을 따뜻한 시선으로 지켜보고 알맞은 조언도 하는 활동가의 존재는 정윤이에게 큰 힘이 됐다. 공부를 잘하지도 못하고 친구도 많지 않은 정윤이에게 학교는 가기 싫은 곳이었다. 학교에 가기 싫다며 아침에 운 적도 많았지만, 활동가에게 칭찬도 받고 싶고 때로는 혼날까봐 결석하지 않고 성실하게 다녔다. 중학교를 졸업할 때 정윤이는 개근상을 받았다.

쉼터 안에서 관계 맺으며 살아가기

정윤이는 다른 생활인들하고 잘 지내는 편이었다. 입소자가 새로 들어오면 잘 적응할 수 있게 도왔다. 처음 입소할 때 "한 언니가 친절하게 말 걸어줄 때 참 좋은 언니구나, 여기서 살 수 있겠구나 하는 희망을 가진" 경험을 떠올리면서 먼저 말을 걸었다.

새 식구 오면 어떻게 대하니? 뭐를 특별히 물어보지는 않아요. 정말? 네!
궁금한 게 없거든요. 왜냐면 어차피 같이 살 사람이고, 다음 날 되면 물어
볼 기회도 많잖아요. 어차피 묻게 될 거고, 군이 안 물어봐도 아니까요. 뭘?
자연스럽게 말하다보면 다 알게 되요. "이름이 뭐야?" 하는 것 정도 물어보
고, 나이 같은 건 걔가 말해주고, 그냥 그렇게요. 어디 사냐, 이런 건 안 물
어보고, 그냥 친해지려고 "매니큐어 발라줄까?" 하는 거 정도 해요. "너 별
칭 뭐 할 거야?" 같은 것도 물어봐요(열림터에서는 생활인들이 각자 자기
별칭을 정해서 쓴다 — 인용자). 왜냐면 쉼터에 왔는데, 어디 살아, 이름 뭐
야, 몇 살이야, 이런 거는 면접 보는 거 같고, 그냥 최대한 이 쉼터에 적응하
게 하려고 "어떤 별칭 지을 거니?" 같은 거 묻고 일부러 옆방 언니들 불러서
같이 놀고. 그렇게 하면서 쉼터에서 가족처럼 도와주려고 했어요.

성격이 활발해 낯선 사람들하고 잘 어울리는 정윤이에게도 힘든 게
있었다. 나이 때문에 일어나는 갈등이었다. 다른 생활인에 견줘 어린 나
이에 입소한 정윤이는 오래 살아도 여전히 막내라는 게 늘 불만이었다.

'언니들끼리 할 얘기 있다, 나가라' 그러고. 뭔가 막내라는 것에 불만이 있
었어요. 또 ○○, △△ 언니들 있을 때, 그때 많이 혼났어요. 뭐 때문에 혼냈
지? ○○ 언니랑 저랑 같은 방이었어요. 내가 청소를 잘 안 하니까 해라, 해
라. 아니 난 깨끗이 한 것 같은데, 많이 다른가 봐요. 그 언니랑 저랑. 더럽
다고, 아니 저는 치웠는데…… 바닥에 벗어놓고 그랬거든요. 그것 때문에
혼난 것 같아요. △△ 언니한테는 조용히 하라고, 좀 조용히 하라고 혼났
요.

평등한 관계를 지향하는 열림터에서 활동가들은 생활인들이 나이에 따른 서열 없이 평등하고 자유롭게 지내기를 바란다. 그렇지만 생활인들 사이에는 나이를 중시하는 또래 문화가 더 강하게 작동하고, 늘 막내이던 정윤이는 언니들에게 "씻어라", "청소해라", "조용히 해라" 같은 잔소리를 끊임없이 들어야 했다. 잔소리는 도움이 되기도 했지만 때로는 스트레스로 다가왔다.

또 자기보다 나이 많은 생활인들끼리 사이가 안 좋을 때 중간에서 눈치를 봐야 하는 처지가 힘들기도 했다. 정윤이는 "눈치 보고, 이 언니한테 이렇게 행동해야지, 저 언니한테 이렇게 해야지 생각을 많이" 하면서 "눈치가 좋아진 것 같다"고 말한다. '눈치 보고 비위 맞추는 것'을 쉼터에서 살아가기 위한 생존 방식으로 선택하며 정윤이는 쉼터 안의 역동에 점점 익숙해졌다. "처음에는 불평불만만 늘어놓다가 눈치가 빨라지고 하니까 혼날 일이 별로 없었"다.

쉼터는 사람이 계속 들고 나는 곳이다. 열림터에서 지낸 긴 시간 동안 정윤이는 많은 이들을 만나고 헤어졌다. 그래서 그런지 정윤이는 친한 생활인이 퇴소하거나 각별하게 지내던 활동가가 그만둘 때도 별다른 감정을 드러내지 않았다. 어쩌면 쉼터에서 살아가기 위한 정윤이만의 전략이었는지도 모른다.

입소랑 퇴소가 잦으니까, 정이 들 만하면 또 나가고, 또 들 만하면 나가니까. 언제는 제가 느꼈어요. 아, 내가 감정이 메말랐나. 하도 들락날락하니까 슬프지도 않고, 아 그냥 나가나, 잘 가, 약간 이런 식. 눈물도 안 나고. 내가 정을 안 주는 것 같아요, 사람한테. 저절로 그렇게 된 것 같아요. 그게 좀 힘들었어요. 처음에 사람들이 나갈 때는 약간 슬펐어요. 대화 나누고 싶고 배우고 싶은 것도 많았는데, 슬프고 그랬는데, 점점 시간이 갈수록 감정이 메말라간다 그래야 되나. 그게 약간, 지금도 제가 그런다는 게 슬프죠. 맨날 울고 그럴 수는 없잖아요, 나갈 때마다.

몇 년 동안 많은 생활인들을 맞이하고 떠나보낸 정윤이는 어느 순간 새로운 입소자를 딱 보면 '이 사람은 여기에서 어느 정도 지내다 가겠구나'라는 생각까지 하게 됐다. "애들을 자꾸 보다보면 이런 요령이 늘어요. 한 몇 달 있다가 갈 것 같다, 이런 사고 치겠구나 하는 촉이 딱 오면요, 그게 딱 들어맞아요!"

가족 아닌 사람들하고 맺는 관계 속에서 정윤이는 여러 감정을 느꼈다. 함께하는 즐거움과 헤어지는 슬픔을 반복해 겪으며 아예 무관심한 태도를 보이기도 하고, 처음 만나는 생활인을 미리 자기 기준으로 판단하기도 했다. 생활인의 입소와 퇴소는 활동가인 나도 마음의 준비를 해야 하는 일이기 때문에 정윤이의 이런 태도가 안타까우면서도 한편으로 이해되기도 했다.

"학교 친구들이랑 나는 달라요"

정윤이에게 학교는 쉼터 입소 뒤에도 여전히 적응이 쉽지 않은 공간이었다. 다른 친구들이 학교에서 가족과 집 이야기를 자연스럽게 할 때 정윤이는 할 말이 없었다. 쉼터에 살고 있는 자기 처지를 드러낼 수 없었기 때문이다. "사람들이 이상하게 생각할까봐", "쉼터에 산다는 게 뭔지도 모르는 애들도 많고, 또 쉼터를 설명해야 하는데 그러면 내가 힘들어지니까" 친척 집에 산다고 돌려 말하며 행여나 들키지는 않을까 속으로 조바심을 낸 적도 여러 번이다.

쉼터에서 지내는 생활인들은 성폭력의 위험에서 벗어나 보호받지만, 그 뒷면에는 집에서 살 때는 겪지 않을 불편함을 감수해야 하는 현실이 있다. 쉼터에서 일어난 일을 학교 친구들에게 설명하면서 함께 생활하는 다른 생활인이나 활동가를 가족인 것처럼 얘기하다가 "너네 집은 왜 그렇게 언니가 많아?"라거나 "지난번에 얘기한 이모가 그 이모야?"라고 묻는 친구들 앞에서 대답을 얼버무리기도 한다. 그래서 어떤 생활인은 "집에서 엄마랑 매일 싸우더라도 엄마랑 싸운 일을 친구들에게 숨기지 않고 편하게 얘기할 수 있으면 좋겠다"면서 떠나온 집을 그리워하기도 했다.

생활인들은 쉼터와 학교에서 다른 태도를 보이고, 만나는 친구들 사이에서도 다른 모습을 보인다. 학교에서는 소극적인 태도를 보이고 거의 있는 듯 없는 듯 지내지만, 열림터에서는 적극적으로 자기 뜻을 드러내고 다른 생활인들하고도 편하게 지내는 경우가 많다. 정윤이도 학교 친구들과 열림터 생활인들은 다르다고 말한다.

많이 달라요. 빡빡! 이렇게 분리돼 있다구요. 진짜, 확연히 달라요. 제가 그걸 느꼈어요. 어떻게? 열림터에서는 완전 친근하게 정윤이 왔다 이러면서 장난도 많이 치고, 툭툭 얘기하고 편하게 하는데, 학교에 가면 아주 조용해요. 그리고 흥미가 없어서 그런가 학교 애들하고는 수준이 안 맞아요. 제 마인드하고 친구들 마인드하고 달라요, 그 수준이. 예를 들면? 약간 성에 관한 문제에서 달라요. <u>성에 관한 태도 같은 거?</u> 아 그런 것도 있고…….
애들이 저한테 말했어요. 너 약간 다르다, 이런 말. 너 말 표현하는 거나 어
투나 언어 자체가 우리랑 다르다. 이런 말. 좀 쎄다. 한마디로 성숙하다, 이
런 말. 걔네들도 저도 그런 걸 느껴요. 애들이 좀 어리죠, 조금. 어리다기보
다는 수준이 안 맞다.

정윤이처럼 열림터 생활인들이 학교 친구하고 쉼터 친구가 다르다
고 여기는 이유는 성폭력 피해 경험 때문이기도 하다. 어릴 때부터 산전
수전 다 겪은 자신에 견줘 또래 친구들은 세상 물정도 모르고 어리다고
생각한다. 또한 열림터에서 성폭력 피해를 치유하기 위한 다양한 프로그
램에 참여하고 오랜 기간 상담을 받는 일은 또래 친구들이 접하지 못하
는 것들이다. 이런 기회들을 거쳐 생활인들은 자기감정을 바라보고 표현
하는 법을 배우기도 한다. 성교육도 학교에서 하는 수업에 견줘 훨씬 개
인 맞춤형이고 실용적이다. 십대 여성을 성적 주체로 보는 열림터의 철학
은 성에 관해 자유롭게 이야기 할 수 있는 분위기로 이어지고, 생활인들
은 또래에 견줘 성에 관한 이야기를 솔직하게 나누거나 질문할 기회들이
많다. 이렇게 쉼터 안에서 또래들하고 다른 경험을 하면서 친구들하고
자기는 다르다고 생각하게 된다.

진로 선택의 기로에서

중학교를 졸업하면서 정윤이가 진로를 결정해야 하는 시기가 다가

왔다. 그동안 학습지를 비롯한 개인 과외를 하며 노력했지만 성적은 크게 오르지 않았다. 낮은 성적은 정윤이에게 스트레스였다. 활동가들은 정윤이가 무엇에 관심이 있고 어떤 것을 잘하는지 유심히 지켜봤다. 손재주가 좋던 정윤이는 네일아트에 흥미와 재능을 보였다. 정윤이의 적성과 고등학교를 졸업한 뒤 혼자 살아갈지도 모르는 상황을 고려한 열림터 활동가들은 미용고등학교에 가자고 권유했다. 정윤이도 흔쾌히 동의했다. 그러던 어느 날 정윤이는 갑작스럽게 인문계 고등학교에 가고 싶다고 했다.

> 과정이 바뀐 게, 그 이유가 저는 남친의 영향을 받았어요, 약간. 남친은 공부를 잘하는 사람이었고, 저는 좀 못하는 애였고, 그런데 남친의 꿈이 조종사였어요. 그러다 보니까 공부를 해야 하는 처지인 거고. 그래서 활동가 선생님들은 미용은 어떠냐 체육은 어떠냐 그랬는데, 거기에 신경이 안 간 거예요. 저는 일단 스튜어디스에 딱 마음이 잡힌 거예요. 나는 그거 해야지. 그런 마음으로 인문고를 딱 들어갔는데, 그때 고등학교 적응을 잘 못했어요. 너무 힘들고, 그런데 그러다가 남친이랑 헤어지면서 마음의 변동이 생긴 거예요. 나한테 공부는 안 맞는 것 같고, 힘들기도 하고, 공부가 필요한가 그런 생각도 들고, 나한테 다른 능력들도 많은데 그런 생각도 하고, 그러면서 스튜어디스 꿈 접고 다시 생각을 해서 미용 생각을 한 거예요.

남자 친구처럼 인문계 고등학교에 가서 함께 공부하고 싶은 마음에 정윤이는 인문계 고등학교에 간다고 했다. 다른 십대들이라면 부모나 가족하고 의논해 진로를 정하겠지만 가족이 없는 정윤이에게는 남자 친구가 큰 영향을 미쳤다. 그런데 남자 친구랑 헤어지고 학교 공부를 따라만 가기에도 벅찬 현실에 부딪치면서 정윤이는 다시 진로를 고민하기 시작했다.

활동가들과 정윤이는 미용고등학교 편입을 준비했다. 그러나 이번에는 아버지의 반대에 부딪쳤다. 열림터에 온 뒤 연락 한 번 없던 아버지는 작은어머니를 거쳐 자기 생각을 전했다. 정윤이 아버지는 막노동으로 생계를 꾸리는 사람이었다. 자기가 학력이 낮아 가난하다고 생각한 아버지는 정윤이의 선택을 못마땅하게 여겼다. 아버지의 강경한 태도에 정윤이는 당황했다. 무조건 인문계 고등학교 졸업장이 중요하다는 아버지를 이해하기 힘들었다. 그렇지만 아버지를 그리워하고 나중에 함께 살 날을 막연히 기대하고 있던 정윤이는 이 말을 거부하기 어려웠다. 결국 정윤이는 미용고 편입을 포기했다.

활동가들은 정윤이가 잘하는 일, 재미있어 하는 일을 선택하기를 바랐다. 고등학교 3년 동안 공부 스트레스만 받는 것보다 사회에 나가서 직업을 구하는 데 필요한 기술을 익히기를 바랐다. 그렇지만 아버지하고 같이 살고 싶은 정윤이의 마음을 잘 알기 때문에 정윤이의 결정을 받아들여야 했다. 그동안 보호자로서 모든 지원을 해온 열림터가 한순간에 보호자 구실을 할 수 없는 상황이 된 것이다. 나도 활동가로서 무력함을 많이 느낀 순간이었다.

열림터에서는 입소한 생활인이 적성이나 진로를 탐색할 수 있게 돕기도 하고 과외 자원 활동가를 연결해 학습을 지원하기도 한다. 퇴소한 뒤의 삶을 함께 계획하면서 진로를 정하는데, 퇴소한 뒤에도 지원을 이어가기 힘든 조건 탓에 진로를 권할 때 신중할 수밖에 없다. 이렇게 신중히 고민해서 제안을 해도 생활인이 다른 선택을 하거나 정윤이처럼 갑작스런 가족의 반대에 부딪칠 때는 열림터의 뜻을 강요할 수 없다. 가족이라는 자원을 잃고 쉼터로 온 피해자에게 가족의 구실을 하면서도 때때로 이런 한계를 마주할 수밖에 없는 것이 쉼터의 현실이다.

쉼터, 안전함과 답답함이 공존하는 곳

열림터에 오래 살면서 정윤이는 하루 일과가 짜여 있고 규칙도 정해져 있는 생활을 답답하게 느낀 적도 많았다. 특히 귀가 시간 때문에 스트레스를 많이 받았다. "귀가 시간이 10시면 1분, 2분 이렇게 늦으면 봐주고 좀 그러면 스트레스 안 받을 수도 있었을 텐데, 너무 딱딱딱 이런 게 싫었다"고 말한다. 형평성을 생각할 수밖에 없는 처지를 이해하면서도 1분도 봐주지 않을 때면 활동가들이 냉정해 보이고 여기가 집이 아니라는 느낌을 받았다. 집이면 벌칙 같은 거 받지 않고 "맞으면 끝"이라는 생각에 다른 생활인들에게 "차라리 손바닥을 맞겠다"는 얘기를 한 적도 있었다.

이런 답답함을 공감하는 생활인들하고 함께 규칙을 어기는 행동을 하기도 했다. 정윤이는 중학교 3학년 때 같이 살던 생활인하고 함께 가출을 했다. 놀러 나갔다 귀가 시간을 넘겼고, 어쩌지 고민하다가 "에라 모르겠다. 될 대로 되라"는 마음으로 며칠 동안 들어오지 않았다. 활동가들은 경찰에 실종 신고를 하고 인터넷에서 정윤이의 미니홈피를 찾아 글을 남기는 등 모든 방법을 동원해 연락을 취했다. 결국 찜질방에 있던 정윤이하고 연락이 닿았다. 열림터로 돌아온 정윤이는 활동가들 앞에서 펑 펑 울었다.

열림터는 여럿이 함께 사는 공동체여서 귀가 시간, 공부 시간, 식사 당번, 대청소 등 여러 규칙이 있다. 규칙을 지키지 못하면 벌칙을 주기 도 한다. 그중에서 가출, 생활인 사이의 폭력, 절도 같은 일이 터지면 퇴 소 조치를 내리기도 한다. 활동가들은 그동안 정윤이가 성실하게 생활 한 점을 생각해 퇴소 조치를 내리지 않고 일정 기간 외출을 금지하는 결 정을 내렸다. 정윤이는 힘들어하면서도 집 나가면 고생한다는 사실을 깨 달았다며 그 시간을 잘 견뎌냈다. 그런데 1년 뒤 정윤이는 열림터에서 다 른 생활인들하고 밤에 몰래 술을 마시기도 하고 숙직하는 활동가가 잠 든 사이에 유흥가로 놀러 나가기도 했다.

제가 그다음에 저지른 일은 밤에 도주한 거예요. 고등학교 1학년 때. 그때 새벽에 2시인가 3시에 도주했어요. 대문 열고. 저 당당하죠? 개념도 없지 혼자? 네, 그때 좀 미쳐서. 밤거리가 궁금해서요. 그때 어땠어? 막상 나오니 까 무서웠죠. 걸릴까 봐(웃음). 나가고 나서는? 걱정 반, 기쁨 반. 처음에는 계획 없이. 새벽에 일어났는데, 새벽 1시 반인가 그래요. 갑자기 이 시간 어 른들은 뭐하고 있을까 한번 나가볼까 하는 장난기가 발동한 거예요. 그날 처음 든 생각인데, 바로 간 거예요. 학교를 일찍 갔다고 뺑기를 까면 되겠 구나 싶었죠.

열림터 규칙은 사회 분위기나 조건에 따라 변화를 거듭하고 있다. 가족회의에서 생활인의 뜻을 반영해 새로운 규칙을 만들거나 고치기도 한다. 그렇지만 쉼터이기 때문에 집처럼 편하거나 자유로울 수 없는 게 사실이다. 규칙에 적응하기 힘들어서 가출하거나 퇴소하는 피해자도 많다. 특히 정윤이처럼 어릴 때 입소해서 오래 살아야 하는 경우에는 긴 시간 동안 별 탈 없이 생활하기가 결코 쉽지 않다. 그래서 정윤이가 가끔씩 규칙을 어기는 게 이해되기도 했다. 그러나 성폭력 피해자 쉼터인 열림터에서 보호와 안전은 중요한 가치다. 열림터 활동가들은 생활인들이 힘들다고 말하는 '규칙'에 관해 늘 고민한다. 공동생활에 적용하는 규칙이 생활인을 제재하는 수단이 아니라 함께 사는 삶을 위한 최소한의 질서가 될 수 있게 열림터의 규칙은 계속 변화하고 있다.

새로운 시작과 기대

열림터에 거주하는 기간이 길어지면서 정윤이는 긴장감이 떨어지는 모습을 자주 보이기 시작했다. "열림터 구멍이 뭔지 다 알고, 선생님들 특징 같은 거, 언제 자고 어떻게 하는지 다 알"고 있다고 생각했고, "나는 고참"이라는 생각으로 가득 차 있었다. 열림터는 가해자나 다른 가족이 찾아오지 못하게 하려고 위치 노출을 엄격히 통제하는데, 정윤이는 열림터에 가까운 곳까지 남자 친구하고 함께 오는 행동을 반복했다. 활동가들의 주의를 들을 때도 "알고 있지만 자꾸 까먹게 돼요"라며 심각하게 받아들이지 않았다.

이런 행동은 정윤이만의 문제가 아니라 다른 생활인들이나 열림터 전체의 분위기에 영향을 줄 수 있었다. 활동가들은 고심했고, 익숙한 환경을 바꿔보는 게 좋겠다고 판단했다. 길고 긴 논의 끝에 정윤이의 퇴소가 결정됐다. 중학교 졸업식에 가 정윤이의 고등학교 졸업식 모습을 그리며 함께하는 미래를 고민한 내게도 쉽지 않은 결정이었다. '오랫동안 정윤이를 지원한 열림터에서 조금 더 시간을 갖고 지원하는 게 더 좋지 않을까'라는 고민도 했다. 그렇지만 너무 익숙해진 열림터에서 정윤이가 긴장감을 갖는 데에는 한계가 있었다.

가해자인 오빠가 사는 집으로 갈 수도 없는데다 여전히 청소녀인 정윤이에게는 안전한 곳이 필요했다. 활동가들은 그룹 홈과 가출 청소년 쉼터, 성폭력 피해자 쉼터 등을 놓고 고민하다가 다른 지역의 성폭력 피해자 쉼터로 연계하기로 결정했다. 정윤이는 퇴소 결정을 담담하게 받아들였다. 계속 규칙을 어기는 자신을 자기도 어떻게 할 수 없다고 생각하고 있는 듯했고, 다른 쉼터에 가서 잘 살아보겠다는 의지도 보였다.

정윤이가 퇴소하는 날, 모든 활동가가 함께했다. 열림터에서 오랫동안 잘 지낸 정윤이는 모든 활동가에게 각별한 생활인이었다. 새로운 쉼터의 선생님에게 잘 부탁한다는 인사를 하고 돌아오는 길 내내 눈물이 흘렀다. 절대 그칠 것 같지 않던 그 눈물은 오래도록 기억에 남는다. 열림터 활동을 시작하면서 처음 만난 생활인이고 떠나보내는 일 또한 처음 겪어서 더욱 그런 것 같았다. 쉽지 않은 청소년기를 쉼터에서 보내고 있는 정윤이가 또다시 새로운 공간에 적응하며 지낼 일이 녹록하지 않을 것 같아 더 마음이 쓰였다.

열림터에서 산 시간이 힘이 되기를

얼마 전 정윤이 소식을 두 가지 들었다. 하나는 요리사라는 새로운 목표를 갖고 조리사 자격증을 준비하고 있다는 반가운 소식이었다. 다른 하나는 정윤이가 쉼터에서 가출했다 다시 돌아왔다는 소식이었다. 가출하고 돌아오면서 정윤이는 고등학교를 졸업할 때까지 쉼터에서 잘 지내보겠다고 다짐했다고 한다. 쉽지 않은 쉼터 생활을 이어가려 애쓰고 있는 정윤이의 마음이 느껴졌다. 정윤이가 품은 삶의 의지가 느껴져 다행스럽기도 했다.

함께 지낸 시간을 돌아보며 정윤이는 열림터가 "익숙하고 편안한 집" 같았다고 말했다. 나는 정윤이가 열림터에서 지낸 시간만큼 쌓은 경험이 지금 정윤이가 새로운 쉼터에서 버틸 수 있는 힘이 된다고 생각한다. 누구보다 치열하게 자기 방식으로 삶을 꾸려가고 있는 정윤이가 멋지다. 어느 누구에게도 쉽지 않을 이 시간들을 용기 있게 살아가는 모습을 보며 정윤이의 앞날이 어떻게 펼쳐질까 기대하게 된다. 언제나 정윤이를 응원하고 지지한다.

스스로 찾아낸
내면의 힘

✚ 원미 이야기

지금 스무 살인 원미는 대학교에서 상담을 전공하며 기숙사 생활을 하고 있다. 열여덟 살에 열림터에 들어와 1년 6개월 동안 지내며 고등학교를 졸업한 원미는 대학교 입학을 앞두고 열림터를 퇴소했다.

열림터에서는 원미의 새로운 출발을 축하하며 퇴소 파티를 열었다. 원미가 입소할 때부터 원미를 지원해온 나도 파티에 함께했다. 생활인들과 활동가들은 깜짝 선물로 사진첩을 준비했다. 많은 사진들이 원미가 열림터에 보낸 시간을 말하고 있었다. 내 팔짱을 끼고 쭈뼛쭈뼛 서 있던 입소 초기의 모습, 가운데 가르마를 한 단발머리를 짧게 자르고 난 뒤의 소년 같은 모습, 여름캠프 때 도깨비 분장을 한 우스꽝스러운 모습은 원미가 열림터에서 어떻게 피해를 딛고 조금씩 자신을 발견하면서 변화했는지 보여주는 것 같았다. 활동가와 생활인들은 원미에게 앞으로도 계속 연락하며 지내자거나 건강을 잘 챙기라는 바람과 인사를 건넸다. 보통 퇴소 파티 때는 퇴소하는 생활인이 많이 울고 아쉬워하는데, 원미는 비교적 담담하게 인사를 했다. 퇴소 뒤의 삶에 관한 두려움이 크지 않은 모습이었다.

"더는 살 수 없는" 집을 나와

부모님은 결혼 전에 원미를 낳았다. 엄마는 결혼 3개월 만에 가출했고, 아빠는 알코올 의존증에 빠져 떨어져 지냈다. 원미는 조부모, 큰아버지, 작은아버지하고 한집에 살았다. 여섯 살 무렵부터 작은아버지의 성폭력이 시작됐다. 다른 가족에게 말하면 가만두지 않겠다면서 때리는 작은아버지가 무서워서 원미는 아무에게도 말하지 못했다. 원미가 초등학교 6학년이 되던 해 작은아버지가 분가하면서 성폭력은 끝난 듯했다. 그렇지만 원미가 중학교에 들어간 뒤에도 가끔씩 집에 찾아온 작은아버지는 다른 가족이 없을 때 또다시 원미에게 성폭력을 저질렀다. 그러다 작은아버지가 알코올 의존증으로 병원에 입원하면서 성폭력은 중단되는 듯했지만 이번에도 끝은 아니었다.

그 사람이 병원에서 나와서…… 원미가 고등학교 때? 네, 이제 집에 며칠 안 돼서 집에 또 오고 그러는데, 그게 중학교 때도 그랬다는 말이에요. 집에 왔다가 가고 왔다가 가고, 그게 계속 반복됐는데. 그러면서 강간이 있었던 거고, 다시 그런 식으로 해서 다시 병원 가고, 다시 나오는데. 그렇게 되니까 아무리 다른 가족들이 다 있다고 해서 저 사람들은 내가 말을 해도 들어주지도 않았고, 지금은 다른 사람이 있어서 못하는 것뿐이지 그렇게, 언제 이 사람들이 다 나갈지도 모르는 일이고. 그게 다시 나한테 위험이 되는 거였어요. 그래서 그때 나올 때 상황은 기말고사가 다 끝난 상황이었고, 곧 있으면 방학이 시작하니까 학교도 나갈 일이 없고……. 그래 가지고 딱 타이밍이 좋다, 그때 나왔거든요.

고등학교 2학년 때 작은아버지가 정신병원을 나와 원미가 사는 근처에 집을 얻은 사실을 알고 원미는 또다시 성폭력이 일어날 수 있겠다는 생각을 했다. "더는 이렇게 못살 것 같아" 무작정 집을 나왔다. 집을 나오기는 했지만 어디로 갈지 막막했다. 친구가 쉼터 이야기를 해줬지만 그때는 가족들에게서 벗어나 보호해주는 쉼터가 있다는 사실을 믿지 않았다. "그런 데가 있을 리 없다"고 생각했다.

그렇게 집을 나온 원미는 며칠을 친구 집에서 지내며 학교에도 가지 못했다. 학교에 잘 다니던 아이가 갑자기 학교에 나오지 않자 선생님은 원미를 수소문했다. 겨우 연락이 닿은 담임 선생님은 성폭력 피해 사실을 알게 됐고, 지원받을 수 있는 기관을 여기저기 알아본 끝에 원미를 열림터로 데리고 왔다. 입소 때를 떠올리며 원미는 "그때는 가족들하고 안 만나고 안전하게 잘 있을 수 있으면 된 거다"라는 생각뿐이었다고 말한다.

낯선 사람들하고 함께 살아가기

원미의 조부모나 큰아버지는 원미의 성폭력 피해를 알고 있으면서도 필요한 조치를 취하지 않았다. 오히려 원미를 지나치게 보호하려 들며 통금 시간을 정했을 뿐 아니라 외출하면 자주 연락하면서 생활을 통제했다. 원미가 밖에서 친구를 만나는 2시간 동안 할머니와 큰아버지가 전화와 문자를 72통이나 보낸 일도 있었다. 집 밖에 있으면 간섭받는 일이 반복되면서 점점 외출하는 횟수가 줄었다. 그러다 보니 어느새 주위에 친구들이 사라졌다. 혼자 보내는 시간이 늘면서 원미는 또래 친구들은 물론이고 새로운 사람들하고 관계 맺는 일을 어려워하게 됐다. 열림터에 입소한 원미는 이미 서로 "끼리끼리" 친해진 생활인 속에 섞이지 못하고 겉돌았다. 여러 사람이 북적이며 살아가는 열림터의 환경은 원미를 더욱 위축시켰다.

원미가 입소할 때 생활인이 모두 8명이었는데 그중에 센 친구도 있던 기억이 나요. 적응하기도 힘들었을 텐데 그 와중에 '내가 여기서 사는구나'라고 생각했을 때가 언제였어요? 그 언니들 나갈 때까지요. 센 언니 나가고 그다음 언니 나갈 때까지요. 이름은 기억 안 나는데. 두 사람 나가고 나서 어느 정도 자리를 잡고, 제일 오래 있던 ○○가 나가고 난 다음에야 안에 있던 생활인들 무리가 다 없어진 거잖아요. 그러니까 서로 다시 친해지면서 자리를 잡은 것 같아요. 그럼 친해지는 상황에서 원미가 낯선 곳으로 들어오는 것보다 원미가 있는 곳에 새로운 사람들이 들어오는 게 편한 거예요? 글쎄, 거기 어떤 사람들이 있느냐에 따라 다른데, 솔직히 입소하고 그 세 사람이 나가기 전까지는 너무 끼리끼리 있으니까 친해질 수가 없는 거죠. 끼리끼리 너무 잘 돼 있고.

이렇듯 입소 초기에 원미는 다른 생활인들하고 관계가 서먹한 상태로 거의 방 안에서 지냈다. 있는 듯 없는 듯 조용히 생활했다. 매주 일요일에 하는 가족회의에서도 자기 의견을 얘기하지 않고 조용히 앉아 다른 생활인들의 말을 듣는 편이었다. 원미는 힘들 때면 열림터 창문을 보면서 집에 가고 싶다는 생각을 하면서도 꾹 참고 그 시간을 버텼다고 한다.

마음 편히 학교에 다닐 수 없는 현실

열림터에 입소한 원미의 행방을 알려는 가족들이 학교로 계속 찾아왔다. 원미는 마음 편히 학교에 갈 수 없었다. 원미의 안부를 걱정하고 "쉼터보다는 집이 낫지 않겠냐"며 찾아오던 가족들은 원미가 작은아버지를 고소한다고 하자 "그래도 가족인데 용서하라"며 설득하기 시작했다. 언제 가족들이 찾아올지 모르는 불안한 상황에서도 원미는 전학을 바라지 않았다. 가족들의 괴롭힘보다 전학 가서 새 학교와 새 친구들에 적응하지 못하는 게 더 두려웠고, 새 학교에도 가족들이 찾아올지 모른다고 생각했기 때문이다. 가족들이 계속 찾아와 더는 학교를 다닐 수 없게 되자 원미는 학교를 아예 그만두고 싶다고 말하기도 했다.

원미 사례처럼 친족 성폭력 피해자가 가해자와 가족을 피해 생활하기는 쉬운 일이 아니다. 가해자나 가족들이 피해자의 모든 정보를 속속

들이 알고 있기 때문이다. 피해자가 집에서 나와도 가해자와 가족이 학교로 찾아오면 맞닥뜨릴 수밖에 없게 된다. 피해자는 가해자나 가족의 협박, 가해자를 용서하라는 통사정에 시달리기도 하고 피해자의 행방을 수소문하는 가족들 탓에 '성폭력 피해자'라는 소문이 나 학교에 다니기 어려운 상황에 몰리기도 한다.

현행 '성폭력방지 및 피해자보호 등에 관한 법률'에는 성폭력 피해자가 주소를 옮기지 않아도 학교를 전학할 수 있는 '비밀 전학'이 명시돼 있다. 그러나 비밀 전학을 했는데도 가족들이 전학한 학교를 찾아오는 일도 반복되고 있다. 전학을 해도 가족이 학교나 친구들에게서 피해자 정보를 쉽게 알아낼 수 있기 때문이다. 대부분의 학교는 성폭력 피해자 지원 절차를 잘 알지 못하고, 가해자가 '보호자' 신분을 내세우며 피해자 관련 정보를 요구하면 알려주는 경우도 있어 '비밀' 전학이 무색해지는 것이다.

학교를 그만둔다던 원미는 마음을 바꿔 전학을 결심했고, 전학 절차는 순조롭게 진행됐다. 그런데 전학 간 학교에서 일주일에 한 번씩 상담을 하라고 권했다. 열림터 활동가에게는 안전을 위해 매일 활동가가 함께 등하교해야 하지 않느냐고 묻기도 했다. 조용히 새 학교에 적응하고 싶어하던 원미는 당황했다. 열림터는 학교 쪽에 전문 기관에서 정기 상담을 진행하고 있으니 더는 상담이 필요하지 않을 뿐 아니라 특별한 대우나 관심이 원미를 더 위축시킨다는 점을 알렸다. 가족들이 새 학교를 찾아오면 알맞게 대처해달라는 요청도 했다.

이렇게 학교에서 피해자를 보호한다는 구실로 원하지 않는 관심과 지원을 제공하려 해 피해자가 보통 학생처럼 지내기 어려운 상황이 생기기도 한다. 성폭력 피해자가 학업을 이어가고 학교 생활에 잘 적응하려면 학교도 세심하게 배려해야 한다.

다양한 경험과 관계 속에서 힘을 얻고

처음에는 다른 생활인들에게 먼저 말을 건네기 어려워하던 원미도 시간이 흐르면서 사람들 사이에 섞여 잘 지내기 시작했다. 함께 사는 생활인들하고 가까워지면서 유독 친밀한 생활인도 생기고, 또래 친구들하고 지내는 일상에 점점 익숙해졌다. 서로 고민을 나누고 속 얘기를 털어놓으며 한껏 진지해졌다가 또 어떤 날은 장난치며 깔깔대는 원미를 볼 수 있었다. 목소리도 웃음소리도 점점 커져갔다. 원미는 이런 친밀한 관계가 성폭력을 치유하는 데 가장 큰 힘이 됐다고 말한다.

솔직히 막 치유의 과정인 게 열림터에서 한 여러 가지 프로그램일 수도 있겠지만, 치유가 되는 과정이 거기 있는 다른 사람들하고 소통을 하고, 같이 사니까 밀착될 수밖에 없고, 여러 가지 감정도 섞이고. 그러면서 훨씬 친밀해지고 여태 겪어보지 못한 친밀함, 서로 보듬어주고, 그런 것들 때문에 치유가 된 것 같아요. 사람들이 있어서요? 만약 쉼터에 오지 않았다면 좀 다를 수도 있겠네요? 그랬을 것 같아요. 잘 안됐을 것 같고. 만약 다른 사람이 그런 걸 대신해서 해주려고 했다면, 치유가 되는 게 아니라 그 사람에게 더 의존하고 매달리게 됐을 것 같아요. 함께 사는 사람의 존재 자체만으로 힘이 된다는 거예요? 네. 처음 만났을 때는 솔직히 모르는 사람들이니까 그냥 같이 사는 사람인가 보다 그러다 끝인데, 점점 같이 생활하며 친해지고 유대감이 생기고 서로 더 잘 챙겨주려고 하고 하는 과정 속에서 치유가 된 것 같아요.

그렇게 또래들하고 관계를 맺으면서 원미는 자신감이 많이 생겼고 전보다 더 활발해졌다. 의사 표현도 분명해지면서 조금씩 자기 관심 분야를 찾기 시작했다. 원미는 청소년 인권과 성소수자 문제에 관심을 가지며 청소년 인권 단체도 찾아가고 단체 행사 때 앞에 나가 발언을 하기도 했다. 열림터에서 진행하는 다양한 치유 회복 프로그램에도 적극 참여했다. 생활인들이 가장 좋아하고 기대하는 여름캠프에서 레크리에이션을 준비하고 진행하는 일도 맡았고, 상담소 송년회에서는 생활인들을 모아 팀을 꾸려 합창을 하기도 했다.

송년회 때는 뭔가를 짜는데 내가 부책임자 같은 기분이 드는 거예요. 괜히 긴장하고, 엄청 잘해야겠다 그랬죠. 연습도 엄청 했는데, 솔직한 심정으로 말하면 다른 사람하고 노래를 하고 맞추고 그런 게 힘든 거잖아요. 나는 좀더 시간을 늘려서 연습을 많이 하고 좀더 잘 맞춰보고 싶고 그런데, 그게 내 뜻대로 되는 게 아니니까. 근데 하고 나서는 되게 열심히 했고 제대로 했다는 데 뿌듯하기도 했어요. 여름캠프 레크리에이션 때는 어땠어? 솔직히 재밌었죠. 처음 할 때는 한 해 보내기 행사 때보다 엄청 긴장했고, 내가 진행자라니 '아, 부담돼' 이러면서 당일 날은 엄청 신나 가지고 그러고. 선물을 놓고 온 걸(레크리에이션 상품으로 준비한 선물을 챙기지 못한 일 — 인용자) 알고 침울했지만, 게임할 때만은 같이 신나서 했던 거 같고. 좋아서 신났어요. 열심히 참여해주고 그러니까 좋았던 거 같아요.

원미는 사회를 보거나 진행을 하는 쉽지 않은 활동을 부담으로 받아들이는 대신 즐겁게 준비했다. 때로는 실수하고 만족스런 결과를 얻지 못해 아쉬워하기도 했지만, 다른 생활인들하고 의견을 조율하면서 더 나은 결과를 얻으려고 노력하는 모습을 보였다. 자신의 노력이 다른 사람들에게 존중받는 긍정적인 경험이 쌓이면서 원미는 서서히 자존감을 회복했다.

원미는 열림터에 와서 진로도 바꿨다. 원래 원미의 장래 희망은 군인이었다. 그 일을 꼭 하고 싶은 게 아니라 친족 성폭력 피해자인 자신이 어떻게 현실적으로 생활을 꾸릴 수 있을까 고민한 끝에 찾은 답이 군인이었다. 원미는 군인이 되면 기본 의식주가 해결되고 안정된 삶을 살 수 있다고 생각했다. 열림터에서 지내면서 원미의 꿈은 청소년 상담가로 바뀌었다. 자기 경험을 바탕으로 열림터나 동아리에서 다른 친구들의 고민을 들어주면서 상담을 잘할 수 있겠다고 생각했다. 치유 회복 프로그램에 참여하면서 만난 강사들도 상담가 자질이 있다며 상담 공부를 추천했다. 활동가들하고 자주 상담을 하면서 상담에 익숙해진 것도 영향을 줬다. 현실의 어려움 때문에 걱정으로 가득하던 원미가 관심 분야를 찾고 공부하려는 의지를 보이는 모습을 보면서 나는 무척 뿌듯했다.

자기를 돌보는 법

집에서 살 때 가족들은 원미가 정말로 원하는 것이 무엇인지 무관심했다. 작은아버지의 성폭력 가해 사실을 안 뒤에도 원미를 적극적으로 도와주지 않았다. 할머니는 자신의 성폭력 피해 경험을 얘기하며 "참고 살라"고 했고, 큰아버지는 "미친개한테 물린 셈치고 잊어라"라고 말할 뿐이었다. 집에 있을 때 원미는 몸이 아픈 건지 괜찮은 건지 잘 모른 채 그냥 지냈다. 제대로 된 돌봄을 받지 못하던 원미는 열림터에 들어온 뒤로 몸 구석구석에 통증을 느끼게 됐다.

피해 환경을 벗어나 안전한 공간에서 생활하게 되면 피해자는 그동안 느끼지 못하던 여러 신체 증상을 호소한다. 신체적 폭력을 동반한 성폭력 피해 때문에 생긴 질병을 방치한 채 살아와서 치료가 필요한 경우도 많다. 원미는 열림터에 와서 건강을 돌보기 시작했다. 열림터에서 지원하는 건강검진을 받아 몸 상태를 점검했다. 아플 때는 병원에서 진찰을 받고 필요하면 약도 먹었으며, 정기적으로 한의원에 다니면서 건강을 관리했다.

원미는 무릎과 허리의 통증을 자주 호소했는데 알고보니 그동안 엎드린 자세로 생활한 것이 원인이었다. 집에서 살 때 원미는 자기 방에서 주로 엎드려서 지냈다. 일상생활 속에서 자세를 바꾸고 운동을 해 체형을 교정해야 했다. 열림터 활동가들은 몸에 무리가 가지 않으면서 꾸준히 할 수 있는 운동을 고민하다가 요가를 권했다. 원미도 요가에 흥미를 보였고, 요가를 시작한 원미는 빠지지 않고 학원에 잘 다녔다.

처음에 들어왔을 때 갑자기 안 좋아졌다가 여러 가지 활동, 운동도 하고. 많이 좋아졌던 것 같아요. 요가 할 때 제일 많이 좋아졌던 것 같아요. 건강 관리에 관한 인식이 좀 바뀐 것 있어요? 열림터 오기 전과 후를 비교해서요. 빨리 병원 가야 한다는 생각이 예전보다 빨리 들어요. 열림터에서 몸 건강에 관련해 도움받은 건 어땠어요? 집보다 좋았어요. 집에 있을 때보다 병원도 자주 갔고요.

아프면 병원에 가는 일이 다른 사람들에게는 자연스럽지만 원미에게는 해 본 적 없는, 익숙하지 않은 일이었다. 경험이 없기 때문에 어떻게 해야 하는지도 몰랐다. 가족에게 돌봄을 받지 못한 원미는 열림터에서 자기를 챙기는 법을 하나씩 배워갔다.

열림터에 오면 스스로 해야 하는 일이 있다. 빨래나 청소, 저녁 당번이 대표적이다. 친족 성폭력 피해자인 생활인은 대부분 퇴소 뒤 집으로 돌아갈 수 없는 상황이다. 그래서 혼자서 생활하는 데 필요한 최소한의 능력을 키울 수 있게 입소할 때부터 퇴소할 때까지 연습을 거듭한다. 이런 일을 해본 경험이 없는 생활인들은 처음에는 어떻게 해야 할지 난감해한다. 그렇지만 일상적으로 반복되는 훈련을 통해 조금씩 자기를 돌보는 법에 익숙해지고, 자연스럽게 퇴소 뒤 자립할 준비를 하게 된다. 원미는 이런 훈련이 퇴소 뒤 생활에 도움이 됐다고 말한다.

열림터가 타 쉼터랑 좀 다르다고 생각하는 게 있나요? 직접 뭔가 스스로 하는 거요. 저녁을 한다든가. 자신감이 굉장히 많이 생겼어요. 대학교 엠티를 가면 요리를 직접 하잖아요. 그 때 제가 한다고 했거든요. 막 잘난 척을 할 수 있어요. 나 요리 잘할 수 있다고. 으쓱해지고. 아, 세탁기 돌리는 법도 알아요.

처음에는 원미도 기본적인 청소나 요리를 어려워했다. 그렇지만 열림터에서는 기본적인 일을 스스로 할 수밖에 없었고, 그런 경험이 원미에게 자신감을 심어줬다.

다시 찾아온 무기력

열림터 생활에 익숙해지고 다른 생활인들하고 관계도 편해지면 생활의 긴장감도 조금씩 떨어지기 마련이다. 수능이 끝나고 퇴소를 몇 달 앞둔 원미에게 이런 익숙함은 편안함을 넘어 나태한 생활로 이어졌다.

몸이 처지고 한 게 새해 되고 나서인 거 같은데. 그때가 막 뭔가 다 끝났다는 느낌이 제일 먼저 들었고, 그다음에 '이제 뭔가 아무것도 안하고 싶다'는 생각이 막 들었어요. 갑자기 왜 그런 생각이나 느낌이 들었는지는 잘 모르겠어요. '내 몸을 위해서 좀 쉬어야 되겠다'는 이런 느낌이 아니라, 한없이, 끝없이 퍼지는 느낌. 처음에는 다 끝났구나, 할 일이 없구나, 좀 쉬어야겠다, 이런 느낌이었다면 나중에는 그냥 할 일도 없는데 그냥 계속 퍼져 있어도 되겠지…….

이런 원미의 변화는 건강 관리를 위해 시작한 요가 학원에 다니는 자세에서도 뚜렷이 드러났다. 처음 요가를 시작할 때는 규칙적으로 학원을 잘 다녀서 활동가들을 놀라게 했다. 생활인들이 어떤 일에 흥미를 보이다가 금세 싫증을 내고 규칙적으로 이어가기 어려워하는 모습을 자주 봤기 때문이다. 그러나 두 달째가 되면서 원미는 점점 학원 시간에 늦거나 아예 가지 않는 날이 많아졌다. 대학수학능력시험이 끝난 뒤에는 밥 먹는 시간 말고는 불도 켜지 않은 캄캄한 방 안에서 하루 종일 이불 속에 누워 지냈다. 온종일 잠만 자는 날도 허다했다. '할 일이 없다고 생각하면 끝없이 퍼지던', 집에서 살 때 몸에 밴 습관의 연장처럼 보였다.

특히나 핸드폰을 긴 시간 쓰는 원미의 생활 습관을 열림터 활동가들은 가장 염려했다. 대부분의 생활인들에게 핸드폰을 알맞게 사용하는 문제는 어려운 과제다. 원미는 특히 더 그랬다. 게임, 야동, 랜덤 채팅 등을 즐기느라 자는 시간을 빼면 손에서 핸드폰을 놓지 않았다. 집에 있을 때부터 핸드폰은 친구 대신이었고, 채팅은 다른 사람을 만날 수 있는 매개였다. 이렇게 몸에 밴 습관은 열림터에서도 계속됐고, 원미는 새벽까지 핸드폰을 하고 학교에서 모자란 잠을 자는 일이 많아졌다. 계속 엎드린 상태로 오랫동안 핸드폰을 보는 생활은 건강에도 치명적이었다.

처음에는 활동가들도 원미를 이해했지만 계속되는 무기력한 모습을 마냥 지켜볼 수는 없었다. 활동가들은 핸드폰 사용 시간을 줄이는 방법을 고민한 끝에 자정부터 새벽 6시까지 모든 생활인의 핸드폰 사용을 금지하기로 했다. 열림터 생활 규칙 안에서 원미의 잘못된 습관이 고쳐지기를 바랐다. 그 뒤 규칙을 성실히 지키는 원미를 보며 활동가들은 안도했지만 실상은 달랐다. 원미는 활동가들 모르게 다른 핸드폰을 하나 더 마련해 쓰고 있었다. 원미가 퇴소하는 시점에 뒤늦게 이 사실을 알게 된 활동가들의 마음은 착잡했다. 자주 상담하면서 원미가 지나온 힘들고 어려운 시간들을 함께한 나도 무척 당황스럽고 허탈했다.

내면의 힘을 알게 해준 열림터

원미에게 열림터 생활은 건강한 관계 맺기를 경험하고 새로운 모습으로 지내려고 노력한 시간이었다. 다른 한편으로는 익숙해진 삶의 습관을 변화시키기에는 짧은 시간이기도 했다. 원미를 보며 피해자의 삶이 짧은 시간에 쉽게 변화되거나 치유되지 않는다는 사실을 확인할 수 있었다. 이제 이런 무기력은 스스로 자기 일상을 책임지고 꾸려나가기 위해 극복해야 하는 과제로 원미 앞에 놓여 있다. 이 과제를 해결하는 데 열림터에서 산 시간이 도움이 되리라고 믿는다.

성폭력 경험을 갖고 치유의 과정을 견디면서 원미에게 힘이 생겼나요? 네. 음, 침울해지거나 나 자신이 힘이 없어지는 것 같고 부정적으로 생각하게 되고 이럴 때, 예전에는 '아, 왜 이것밖에 못하지. 이 정도밖에 안 되는 건가?' 이런 생각을 했었는데, 지금은 '아, 뭐 그럴 수도 있지, 뭐. 괜찮아. 이거 못한다고 죽는 것도 아니고', 이렇게 생각할 수 있게 된 것.

원미는 가족 누구도 도와주지 않던 성폭력의 상처를 드러내 열림터에 왔고, 쉼터라는 낯선 환경에서 1년이 넘는 시간을 꿋꿋하게 버텼다. 그리고 열림터 생활을 하면서 자기 내면의 힘을 확인했다.

원미는 대학에 들어간 뒤 청소년 문화 행사를 기획하는 동아리 활동을 하며 친구들을 사귀고 있다. 힘든 일이 있을 때는 무력하게 시간을 보내기도 하고 혼자 사는 게 익숙하지 않아서 시행착오도 겪고 있다. 지금 이 시간은 원미만의 방식으로 밟아가는 치유의 과정일 것이다. 앞으로 원미는 어떤 모습이 될지 자못 궁금해진다.

새 신을 신고
뛰어보자 팔짝

✚ 여운이 이야기

스물 두 살인 여운이는 올해 초 열림터를 퇴소하고 아르바이트를 하며 공동 거주 시설에서 살고 있다. 아버지와 어머니, 남동생하고 함께 살던 여운이는 어린 시절부터 아버지한테 수도 없이 맞았다. 초등학교 6학년 이 되던 해부터는 성폭력도 시작됐다. 어머니는 아버지의 성폭력 사실을 알고 있는 것 같았지만, 정신적으로 아파 도움이 되지 못했다. 장애가 있 는 남동생에게도 도움을 기대하기 어려운 상황이었다. 여운이는 중학교 2학년 때 친한 친구에게 피해사실을 털어놓는데, 그 친구가 선생님에게 도움을 요청해 집을 나와 가출 청소년 쉼터에 입소하게 됐다. 대학에 들 어갈 때까지 그곳에서 생활했고 퇴소 뒤 1년 정도 혼자 살다가 열림터에 들어왔다.

그동안 주로 십대 생활인을 지원하던 내게 여운이는 처음으로 만난 성인 생활인이었다. 여운이를 어떻게 지원해야 할지 고민이 많았다. 그렇지만 여운이가 풍기는 차분한 첫인상 덕분에 조금은 마음이 놓였다.

자립 실패, 다시 쉼터로

여운이는 가출청소년 쉼터에 입소해서 가해자인 아버지를 고소했고, 아버지는 5년형을 선고받았다. 입소 이유가 다양한 청소년들이 생활하는 가출 청소년 쉼터에서 여운이는 다른 이들에게 자신이 성폭력 피해자라는 사실을 굳이 얘기할 필요가 없었다. 왁자지껄한 분위기 속에서 성폭력 피해를 돌아볼 겨를도 없이 바쁘게 살았다. 그렇지만 여운이는 친족 성폭력 피해자여서 쉼터 선생님들이 자기를 더 각별히 여겼고 개인 후원자도 적극적으로 연결해준 것 같다고 기억한다. 여운이는 대학교에 들어가면서 쉼터가 속한 법인의 부설 기관인 자립관으로 옮겨 살게 됐다. 이때부터 여운이는 예상하지 못한 어려움을 겪었다.

대학교는 제가 생각하던 것보다 훨씬 달랐어요. 고등학교처럼 그렇게 애들이랑 어울려서 그렇게가 아니라 아예 개인적으로 알아서 다 수업을 듣고, 그게 저한테는 연습이 잘 안 돼 있었어요. 그때 학교를 계속 빠졌어요. 그래서 집에서 자고, 슬럼프가 와서 숨어 있기도 하고. 학교 가기 싫어서? 네. 옷장에도 숨어 있고. 아, 정말 심각해서 그때 또 막 병원 가서 약 먹고 그랬죠.

적성을 살려 4년제 대학교에 들어간 여운이는 쉼터의 성공 사례로

꼽힐 정도였다. 그렇지만 스스로 수업 시간표를 짜고 모든 것을 알아서 해야 하는 대학 생활은 어렵기만 했다. 힘들면 선생님에게 의지하고 선생님 말만 잘 들으면 모든 것이 순조로운 쉼터하고는 달랐다. 여운이는 모든 것을 스스로 결정하고 책임져야 하는 자립관 생활이 부담스럽기만 했다. 여운이에게 자립은 선택의 자유를 누리는 즐거운 일상이라기보다는 선택에 따른 책임의 버거움과 자신의 미숙함을 뼈저리게 느낀 고난의 경험이었다.

여운이는 결국 한 학기 만에 학교를 휴학한 뒤 거의 방 안에서 지냈다. 이 시기를 "꼭 누가 내가 잠만 자도록 잡아끄는 느낌이었다"고 여운이는 기억한다. 이런 상황을 알게 된 쉼터 선생님은 자립 생활에 적응하지 못하는 이유가 아직 치유되지 않은 성폭력 피해 경험 때문일지도 모른다고 생각했고, 여운이에게 열림터 입소를 권했다.

'괜찮지 않은 내 모습'을 마주하기

입소 첫날, 여운이를 처음 본 열림터 생활인이나 활동가들은 여운이가 새로 온 생활인이라고 전혀 짐작하지 못했다. 나도 마찬가지였다. 그 정도로 여운이는 겉보기에는 성숙하고 안정된 모습이었다. 5년간 가출청소년 쉼터에서 지낸 경험이 있어서 여운이는 열림터 생활에 무리 없이 적응했다. 이런 여운이에게 다른 생활인들은 자기 고민을 자주 털어놨다. 활동가들은 이런 상황이 여운이에게 부담이 되지는 않을지 염려했고, 여운이가 자기 문제에 더 집중하기를 바랐다. 그렇지만 여운이는 자신의 성폭력은 오래전에 벌어진 과거의 일이라서 괜찮다고 생각했다. 이전 쉼터에서도 여운이는 늘 자기보다 어린 생활인들을 챙겼고, 그런 탓인지 주변 사람 챙기기가 몸에 밴 습관처럼 보였다.

처음에는 그냥 그랬어요. 그만큼 내가 처음에는 다른 애들이랑 다르게 더 치유가 됐다고 생각했다고 했잖아요. 그게 좀 어떻게 보면 제가 힘든 애라고 생각 안 하게 만드는? 남들이 보기에는 멀쩡해 보이고, 그런 거 티 안 내기 위해서, 내가 남들에게 잘 보이기 위해서? 나에게 돌아오는 건 아무것도 없는데 그런 게 있었어요. 내가 아프지 않은 사람이라는 걸, 내가 멀쩡한 사람이라는 걸……. 내가 힘들다는 생각은 안 들었어요. 다른 애들이 더 아파 보였고, 나는 그만큼 시간이 흘렀으니까 괜찮다고 생각했어요.

자신보다 아파 보이는 다른 사람을 더 많이 챙겼지만, 여운이는 실제로는 '괜찮지 않은 상태'였다. 여운이가 열림터에 들어온 지 몇 달쯤 지난 때 함께 외부에서 열린 치유 프로그램에 참석한 적이 있다. 프로그램 도중에 여운이가 힘들다는 내색을 해서 같이 자리를 빠져나왔다. 그날 여운이는 처음으로 힘든 속내를 털어놓았다. 다른 생활인들에 견줘 괜찮다고 생각했고, 괜찮을 줄 알았지만 아니었다고 했다. 그동안 생활인들의 고민을 들어주며 한 얘기는 자기가 예전에 상담하며 들은 말이나 자기도 실천하지 못하고 머릿속으로 생각만 하고 있는 말이었다고 했다. 그런 얘기를 전할 때는 자기가 괜찮은 사람이 된 것 같은 착각도 들었지만 사실은 그렇지 않은 것 같다고 했다. 그동안 꾹꾹 참고 있던 속내를 쏟아내며 우는 여운이가 안쓰러웠지만, '여운이의 열림터 생활이 이제 제대로 시작되는구나'라는 생각에 반갑기도 했다. 자기가 겪는 어려움을 인정하고 도움을 구할 줄 아는, 치유와 회복의 여정이 시작된 것이다.

'곪아 있는 상처'를 마주하기

열림터에 입소하면 생활인들은 "성폭력 피해는 네 잘못이 아니야"라는 말을 끊임없이 듣는다. 피해자들은 오랜 기간 성폭력 피해가 자기 잘못에서 비롯됐다고 생각하고 살아왔다. '내가 저항하지 못해서' 또는 '아버지 말을 듣지 않아서' 피해를 입었다는 죄책감을 안고 살다가, 열림터에 와서 네 잘못이 아니라는 말을 듣고 성폭력의 책임이 자기가 아니라 가해자에게 있다는 점을 명확히 알게 된다.

어릴 때부터 이어진 아버지의 폭력과 성폭력 때문에 깊은 내면의 상처와 무기력, 죄책감을 안고 있던 여운이도 열림터에서 지지의 말을 들으며 힘을 내기 시작했다. 또한 비슷한 피해를 겪은 다른 생활인들을 만나면서 여운이는 친족 성폭력 피해가 자신만의 일은 아니라는 사실을 깨닫게 됐다.

열림터에서 생활인들은 성폭력에 관한 대화를 자연스레 주고받는다. 처음에 여운이는 생활인들이 "언니는 친족이야?"라고 묻는 말에 놀라고 당황스러웠다. 십대 시절을 보낸 가출 청소년 쉼터하고 다르게 성폭력 문제를 일상적으로 얘기하는 모습이 낯설게 느껴졌다. 이렇듯 성폭력을 자신이 이상해서 겪는 '특별한 경험'이 아니라 '보통의 경험'으로 바라볼 수 있게 하는 분위기 속에서 여운이는 자신의 피해 경험을 마주할 용기를 내기 시작했다. 물론 그 과정이 쉽지만은 않았다.

치유하는 글쓰기. 그때가 제일 피크였어요. 어땠어? 사람들은 제가 잘했다고 해요. 잘 참여하고, 글을 잘 쓰고, 네 생각을 잘 얘기한 것 같다. 하지만 저는 너무 힘들었어요. 클리닉에서 너무 힘들다고 얘기했거든요 그만하고 싶었어요. 기억하고 싶지 않은 부분을 꺼내고 생각을 하고, 애들 얘기, 그런 얘기 들었을 때 저한테는 너무 힘들었어요. 그럼 그때 내가 괜찮은 게 아니라는 걸 알게 된 거야? 네. 진짜 많이 느꼈어요. 이게 다 해결됐다고 생각을 했고, 난 다른 애들보다 괜찮아, 애들보다는 건강하다고 생각을 했지만, 그게 아니었던 거예요. 애들이 힘든 만큼 저도 힘든 거였다는 걸 알았어요. 좀 좌절이 됐죠. 내가 아픈 사람이구나. 그런 게 아직 있구나, 내 안에. 내가 상처받은 그런 게 아직 곪아 있다고 해야 하나.

열림터는 생활인들을 위해 치유 회복 프로그램을 진행한다. 음악, 미술, 연극 등 여러 방식으로 생활인들이 자기가 겪은 성폭력을 직면하고, 객관적으로 바라보며, 치유할 수 있게 돕는다. 여운이가 참여한 '치유하는 글쓰기'는 참가자들이 직접 자기 이야기를 글로 쓰면서 상처를 풀어내는 기회를 갖게 하려고 마련된 프로그램이었다. '치유하는 글쓰기'를 하면서 여운이는 자기가 놓인 상황을 다시 바라볼 수 있는 기회를 갖게 됐다. 겉으로는 성실하게 프로그램에 참여하면서 무리 없이 과정을 밟고 있는 것처럼 보였지만, 여운이의 내면에서는 성폭력을 직면하는 고통스런 싸움이 진행되고 있었다. 여운이는 비로소 자기에게 '상처 때문에 곪아 있는 그 무엇'이 남아 있다는 것을 인정하게 됐다.

이런 변화를 지켜보면서 나는 여운이가 처음부터 가출 청소년 쉼터가 아니라 성폭력 피해자 쉼터에 왔다면 어땠을까 하는 생각을 했다. 물론 나이에 따라 성폭력에 관한 이해의 폭이나 성폭력을 마주하는 마음가짐이 다르기 때문에 치유에 알맞은 시기도 개인마다 다를 수 있다. 그렇지만 치유를 하려면 그 피해자에게 맞는, 좀더 전문적이고 지속적인 지원이 필요하기 때문에 성폭력 피해자 쉼터에서 진행하는 집중 지원은 매우 효과적이다. 여운이도 좀더 일찍 쉼터에 들어와 충분한 치유 과정을 거쳤다면 방황하는 시간을 줄일 수 있었을지도 모른다. 그렇지만 다양한 상태에 놓인 피해자들이 자기에게 알맞은 지원을 찾아서 받기에는 성폭력 피해자 쉼터의 수나 전문성이 충분하지 못한 것이 현실이다.

일상을 훈련하다

여운이는 열림터 안에서는 잘 지냈지만 동네 슈퍼마켓에도 가지 못할 만큼 다른 사람을 두려워했다. 일상생활을 하는 데 필요한 기초적인 관계 맺기조차 힘들어했다. 이런 문제 때문에 한 번 자립에 실패한 여운이는 또다시 실패의 경험을 반복하게 될까봐 두려워했다. 열림터는 여운이가 겪는 어려움을 해결하려면 일반적인 심리 상담만으로 부족하다고 판단했다. 여운이는 심리 상담과 인지 행동 치료를 병행하는 심리 치료 기관에 다니며 도움을 받았다.

심리 치료 기관에서 내 주는 게 어떤 숙제야? 감정 조절이나 사람 관계에서 숙제도 있고, 제 습관이나 약점 같은 걸 써놓고 그게 줄어들게 하는 그런 게 있고, 되게 구체적이에요. 계속 하다보니까 도움이 확실히 되기는 해요. <u>숙제는 그럼 대인 관계 훈련도 하는 거야?</u> 스킬을 연습한 다음, 그걸 실생활에 쓰게 하는 거죠. 어떤 일이 있을 때 그 일을 해결할 수 있게 스킬을 쓰면서 하라고 숙제도 내주고.

여운이는 일주일에 한 번씩 심리 치료 기관에 가서 다른 사람들하고 관계를 맺거나 일상생활을 하는 데 필요한 능력을 훈련했다. 그리고 열림터에서 매일 연습을 했다. 낯선 사람을 만나 대화하는 법, 물건 값 계산하는 법 등 구체적이고 현실적인 행동을 훈련했다. 활동가들하고 역할극을 하면서 아르바이트생이 돼 손님에게 인사하고 물건 값을 계산하는 상황을 연습했다. 처음에는 쑥스럽고 어색해하던 여운이는 훈련을 반복하면서 조금씩 익숙해졌다.

열림터에서는 생활인들의 치유를 돕기 위한 심리 상담을 진행한다. 기본 상담은 열림터에서 하지만 심층 상담은 대부분 심리 치료 기관에 의뢰한다. 친족 성폭력 피해자들은 어린 시절 양육 과정에서 제대로 사회화 과정을 밟지 못한 채 피해를 입는 경우가 많아 심리적인 불안뿐 아니라 사회생활에 필요한 기본 자질과 능력이 손상된 경우가 많다. 이런 문제는 심리 상담만 해서는 해결하기 어렵기 때문에 여운이의 경우처럼 인지 행동 치료를 병행하기도 한다.

일상 훈련이 필요한 생활인은 체크리스트를 만들어 함께 훈련한다. 씻기, 먹기, 옷 갈아입기, 인사하기, 알맞은 대화하기 등은 사소해 보이지만 일상의 회복과 자립을 위해 반드시 훈련해야 하는 영역이다. 이런 훈련은 열림터에서 함께 생활하기 위해서도 필요하다. 열림터도 하나의 작은 사회이고 공동체이기 때문에 이런 일상이 제대로 유지돼야 살아갈 수 있다. 이 과정은 생활인은 물론 활동가에게도 결코 쉽지 않다. 갈등이 생겨 신경전을 벌이는 일도 많고, 서로 지치기도 한다. 열림터를 나가겠다는 생활인도 나온다. 그렇지만 회복과 성장에는 훈련 시간이 필요하고, 생활인들이 자기를 향한 신뢰를 쌓아갈 수 있는 경험이 중요하다.

누구나 매일 하는, 그래서 누군가에게는 사소할 수 있는 일들이 여운이에게는 결코 가볍지 않았다. 그렇지만 극복하지 못할 것도 없었다. 실질적인 삶의 기술을 배우고 현실에 적용하면서 여운이는 천천히 자신감을 되찾았다. 그리고 그동안 자신이 어렵다고 피하려 한 일들, 이를테면 은행 업무 보기, 물건 사러 가서 이것저것 물어보기 등을 하나씩 해냈다. 나중에는 해보지도 않고 지레 겁먹고 무서워했다면서 "그때는 왜 그랬지?"라고 말할 정도가 됐다.

자립과 치유, 두 마리 토끼 잡기

자신감을 회복해가는 여운이에게 주어진 다음 단계는 연습을 실생활에 적용하는 실전 경험이었다. 시작은 한의원 아르바이트였다. 열림터에 정기적으로 방문해서 진료하는 한의사의 배려로 여운이는 한의원에서 간단한 일손 돕기를 시작했다.

한의원에서 어떤 일 하는 거야? 접수하고 돈 받고 거슬러 주고, 자잘한 심부름도 하고, 청소도 하고, 뭐 그런 거예요. <u>손님이 오면 어떻게 하는지 훈</u><u>련하고 그랬어?</u> 어우, 훈련. 아, 제가 실수할까봐 걱정을 하는 거예요. 그래서 아예 멍 때리거나 그런 일이 생길까봐 연습을 했어요. 어쩔 때는 그것 때문에 막 도망칠 것 같은 느낌이 드는 거예요. <u>시뮬레이션을 하는 거지?</u> 네. 반복적으로 연습을 하면 그나마 긴장감이 좀 떨어지니까.

처음에는 한의원에서 손님들에게 "어서 오세요"라고 인사하는 것부터 했다. 아는 한의사하고 함께 있는 공간에서 낯선 손님들을 피해 도망치지 않고 인사를 해보는 것이다. 그게 익숙해진 뒤에는 전화 받기, 진료비 받기 등으로 업무 내용을 늘려갔다. 근무 시간도 처음에는 토요일 하루로 시작해서 점점 평일 근무로 늘려갔다. 이 과정에서 한의사의 평가를 받기도 하고 심리 치료 기관의 조언도 꾸준히 들으며 활동가들하고 상황 대처 연습을 계속했다.

그러던 어느 날 여운이는 우편물을 받았다. 핸드폰 미납 요금 납부 통고장이었다. 날벼락 같은 소식이었다. 열림터 입소 전에 쓰던 핸드폰을 잃어버린 뒤 정지하지 않은 탓에 미납 요금이 쌓인 것이다. 이미 연체 기간이 한참 지난 미납금은 80만 원 정도였다. 미납금을 갚으려면 자립 '훈련'이 아니라 당장 일을 구해야 하는 상황이 됐다. 갑작스럽게 날아온 우편물은 결과적으로 자립의 계기가 됐다. 여운이는 자기가 한 행동을 책임지기 위해서라도 돈을 벌어야 한다고 생각했다. 여전히 사회생활에 두려움이 많았지만 그래도 열림터에 있는 동안 알게 돼 다행이라고 생각했다. 그동안 많은 연습과 훈련을 한 여운이가 '멘붕'에 빠지면 어쩌나 걱정하던 활동가들은 이런 모습을 보며 마음을 놓았다.

그 뒤 여운이는 여성자활지원센터에서 운영하는 매장에 취업했다. 처음에는 온종일 긴장하며 일을 한 탓인지 퇴근하면 매일같이 활동가들을 붙잡고 오늘 하루 얼마나 힘들었는지 하소연했다. 출근 시간을 맞추는 것도 전쟁이었다. 시간에 맞춰 깨우는 활동가와 아침에 일어나기가 힘든 여운이의 신경전은 끝이 없었다. 한번은 여운이가 배탈이 난 적이 있다. 그날 숙직인 활동가는 약을 먹게 했고, 그래도 괜찮아지지 않으면 병원에 들렀다 출근하라고 권했다. 그런데 여운이는 무조건 쉬라고 하지 않는 활동가에게 "선생님은 저 출근시키려고 안달 난 사람 같다"며 화를 냈다. 활동가는 이런저런 핑계로 일을 중단한 경험을 반복하지 않게 책임감을 심어주려 했다. 그렇지만 여운이는 활동가가 아픈 자기 몸은 생각해주지 않고 출근만 중요하게 여긴다며 서운해했다.

여운이가 힘들다고 말할 때 어디까지 그런 요구를 허용할지 나도 고민이 많았다. 치유가 필요하기는 했지만 성인으로서 자립 능력도 키워야 했기 때문에 무조건 여운이가 하고 싶은 대로 내버려두기 어려웠다. 여운이가 자기가 원하는 대로 하게 하는 것과 여운이를 사회에 적응할 수 있게 이끄는 것 사이의 긴장과 고민은 늘 풀기 어려운 숙제였다.

이렇게 자립 준비 과정은 날마다 고비였지만, 여운이도 활동가들도 포기하지 않았다. 몇 달이 지나자 여운이는 미납금을 모두 갚고 저축도 조금 할 수 있게 됐다. 입소 1년이 되는 시점이었다. 열림터는 여운이의 퇴소 시기를 논의했다. 여운이의 신체 상태와 심리 상태, 직업훈련 진행 정도, 중학생 때 시작된 쉼터 생활을 언제까지 계속하는 것이 좋을지 등을 놓고 의견이 엇갈렸다.

결국 열림터는 여운이가 이제는 쉼터 생활을 정리하고 자립을 해야 한다고 판단했다. 여운이의 마음 상태나 자립 준비가 완벽해서 내린 결정은 아니었다. 자기와 자기를 둘러싼 상황을 끊임없이 부족하다고 여기고 아직은 세상에 나설 때가 아니라고 미루기만 하면, 결국 자립은 실현될 수 없다고 생각했다. 활동가들은 자립의 두려움은 쉼터를 떠나 직접 자립해보지 않고는 극복할 수 없다는 데 의견을 모았다. 애초에 완벽한 준비란 실현할 수 있는 목표가 아니었기 때문이다.

새 신을 신고 세상 밖으로

여운이는 활동가의 도움을 받아 자립계획서를 쓰면서 퇴소 준비를 시작했다. 자립에 실패한 경험이 있어서 더욱 신경을 곤두세웠다. 다행히 살 곳은 생각보다 쉽게 찾았다. 여운이가 일하던 여성자활지원센터에서 운영하는 공동 주택에 입주할 수 있는 기회가 생겼다. 운영하는 곳이 믿을 만하고 임대료도 낮은 편이라 여운이도 한결 마음이 놓였다. 일하던 매장에서 코디 자리를 제안받을 정도로 일도 잘한 덕분에 임대료나 생활비를 크게 걱정하지 않아도 괜찮았다. 그렇게 여운이는 열림터를 퇴소하고 쉼터 밖 세상으로 나가게 됐다.

벌써 여운이가 열림터를 퇴소한 지 반 년이 넘었다. 여운이는 "많이 편안한 상태"로 지내고 있다. 여전히 쉽지는 않지만 일도 꾸준히 하고 있고, 매달 꼬박꼬박 적금을 붓고, 동호회 친구들도 만나면서 바쁘게 산다. 가끔 열림터에 맛있는 간식을 사들고 오거나 생활인들을 위해 쓰라며 후원금도 주면서 정기 후원자로 등록하겠다고 으쓱해하기도 한다. 열림터 생활이 삶에서 어떤 의미를 갖느냐는 질문에 여운이는 이렇게 대답한다.

신발을 신고 있는데 짝짝이로 신고 있고 너덜너덜해졌다고 해야 하나? 그런데 열림터에서는 새 신을 신겨서 내보내는 느낌이 들어요. 그런 느낌이 저한테 드는 거예요. <u>그 신발은 마음에 들어요?</u> 저는 마음에 들고, 편안하고, 안정감 있는 것 같아요, 그 신발이. 저는 그래서 되게 안심이 된다고 해야 하나?

여운이는 열림터에서 지낸 시간을 "새 신을 갈아 신은 시간"으로 표현했다. 열림터에서 여운이는 성폭력 피해 때문에 자신이 겪은 어려움이 무엇이었는지 확인했고, 현실의 여러 문제를 극복하려고 다양한 노력을 했다. 포기하고 싶은 순간도 있었지만 자기 인생을 자기가 책임져야 한다는 사실을 받아들였다. 그리고 자신이 남들하고 달라도 이상하거나 아픈 것은 아니라는 사실을, 자신을 있는 그대로 인정하고 아껴줘야 한다는 사실을 배웠다.

짧지 않은 시간을 돌고 돌아 자기만의 길에 선 여운이다. 아프고 힘든 시간을 보내고 다시 세상에 두 발 딛고 선 여운이는 이제 새 신을 신고 자신만의 길을 걸어가고 있다. 여운이가 잘 해내리라 믿는다. 실패의 경험이 끝이 아니라는 사실을 누구보다 잘 아는 여운이는 이제 다른 모습으로 삶의 어려움을 마주할 것이다.

성폭력 피해자와
이웃이 함께 사는 사회

성폭력 피해자들이 함께 사는 열림터는 피해자들이 겪어온 피해의 시간들만큼 다양한 모습을 갖고 있다. 열림터 생활인들은 쉼터 안에서 평범하면서도 평범하지 않은 일상을 살아간다.

정윤이는 십대 초반의 어린 나이에 쉼터라는 낯선 환경을 접하면서 우여곡절이 많았다. 입소 전에는 폭력적인 상황 속에서 제대로 돌봐주는 가족이나 보호자 없이 방치되다시피 살아왔다. 그래서 열림터에서 재사회화 과정을 오래 겪고 나서야 조금씩 일상생활을 꾸려 갈 수 있는 모습을 갖추게 됐다.

원미는 어린 시절부터 성폭력 피해를 겪은 데다 피해 사실을 알고도 도움을 주지 못한 가족 속에서 억압받고 통제받으며 생활했다. 주로 혼자 지내면서 불규칙하고 건강하지 못한 생활 습관에 익숙했다. 열림터에

온 뒤 원미는 자기 건강을 돌보며 규칙적인 생활 습관을 익히는 연습을 하고, 사람들 사이에서 관계 맺기를 배우며 자존감을 회복해갔다.

가출 청소년 쉼터를 거쳐 자립 실패를 경험한 뒤 열림터에 들어온 여운이는 자기 상처를 제대로 마주하고 나서야 자기가 어떤 도움이 필요하며 어떻게 도움을 요청할지 알 수 있었다. 자기가 겪은 성폭력 피해와 고통을 있는 그대로 인정하고 아파하는 시간이 필요했던 것이다.

정윤이, 원미, 여운이에게 시작된 변화는 어느 한순간에 찾아오지 않았다. 열림터에서 안정된 일상생활을 하면서 사람들하고 건강한 관계를 맺는 것에서 변화는 시작됐다. 자기를 지지하는 분위기 속에서 피해자인 자기를 비난하지 않고 상처를 온전히 마주한 뒤 치유의 과정을 거칠 수 있었다. 가장 가까운 친족에게서 성폭력 피해를 입으면서 손상된 신뢰와 그 결과 대인 관계에서 겪게 된 어려움을, 자기를 아껴주는 사람들 속에서 건강한 관심을 받고 소통하면서 서서히 회복할 수 있었다. 이 세 명의 피해자는 열림터에 잘 적응했고, 짧지 않은 시간 열림터의 다양한 지원을 받으며 변화할 수 있었다.

반면 열림터에 적응하지 못하는 피해자도 많다. 열림터 입소는 피해자들에게 입소 전에 자신이 배우고 경험한 것하고는 다른 가치관과 생활 방식을 접하게 되는 계기다. 이 과정에서 피해자들은 낯선 삶의 방식과 문화에 적응해야 하고, 함께 살아가는 공동생활을 위한 규칙도 지켜야 한다. 자기 행동에 책임을 져야 하고, 때로는 욕구를 절제해야 하며, 어렵거나 하기 싫은 일도 해야 한다. 이 과정에서 잘 적응하지 못하면 퇴소를 선택한다. 퇴소한 뒤 안정된 주거 공간이 없거나 당장의 생계를 걱정해야 하는 피해자는 또다시 성폭력에 노출되거나 성매매로 유입될 위험이 크다. 모든 피해자가 지금 쉼터의 체계에 적응할 수 없는 것이 현실이기 때문에 그런 피해자들을 어떻게 할지 고민하고 논의해야 한다.

쉼터에 사는 피해자들이 충분한 지원을 받지 못하는 것도 현실적인 문제 중 하나다. 피해자들에게 안전한 공간을 제공하는 것만큼이나 기본 의식주를 지원하는 것 또한 중요하다. 그러나 2014년 현재 성폭력 피해자 쉼터의 생활인에게 지원되는 생계비는 한 달 기준으로 1인당 약 22만 6000원으로, 하루로 치면 7500원 남짓이다. 먹거리와 옷을 구입하는 데 드는 비용이 모두 포함된 금액이다. 우리들이 일상에서 보통 한 끼 밥을 먹을 때 쓰는 비용을 생각해보면 어떤 상황인지 쉽게 짐작할 수 있다.

또한 원미 사례에서 살펴본 대로 친족 성폭력 피해자가 마음 놓고 학교에 다니기가 쉽지 않다. 초등학교와 중학교, 인문계 고등학교는 전학이 필요한 피해자가 입소할 경우 쉼터에서 관할 교육청에 학교 전학을 요청하면 교육청에서 학교를 배정한다. 대부분 쉼터에서 원하는 학교로 배정된다. 그렇지만 실업계나 특성화 고등학교에 다니던 친족 성폭력 피해 학생이 같은 계열로 전학을 하려고 할 때는 절차가 다르다. 고등학교의 입학과 전학, 편입학을 학교장이 결정하게 한 초중등교육법 시행령 때문에 학교가 거절하면 어쩔 수가 없다. 피해 상황 탓에 학교에 잘 못 가 결석 일수가 많으면 전학 갈 학교 쪽에서 피해자를 '성실하지 못한 사람'으로 여겨 받아주지 않는 사례가 많다. 이렇게 되면 피해자는 어쩔 수 없이 학업을 중단하고 검정고시를 준비하거나 학력 인증이 되는 다른 교육 기관을 선택할 수밖에 없다. 학업을 이어가고 싶어하는 친족 성폭력 피해자에게 안전한 학습 환경을 제공하는 것은 국가의 의무가 아닐까.

쉼터가 겪는 어려움은 어설픈 제도나 부족한 정부 지원만이 아니다.

사회적 인식도 변화해야 한다. 열림터는 2009년에 SH공사에서 공동생활 가정을 무상 임대받아 이사를 준비한 적이 있다. 외부에 위치를 노출하지 않는 열림터는 신중하게 이사를 준비했지만, 새로 입주할 동네 주민들이 이사 소식을 알게 됐다. 성폭력 피해자 쉼터를 '혐오 시설'로 여긴 주민들은 구청에 여러 차례 민원을 제기했고, 열림터는 결국 이사를 포기할 수밖에 없었다. 사회적으로 커다란 공분을 일으킨 성폭력 사건이 일어나 아동 성폭력의 심각성에 관한 전국민의 공감대가 확산되는 때였는데도 말이다. 성폭력을 '나와 내 주변에서도 일어날 수 있는 일'로 여기지 않는 사회에서는 성폭력 피해자는 낯설고 이상한 사람들로 받아들여지며, 성폭력 피해자들이 사는 열림터도 '혐오 시설'이 된다.

열림터에서 살고 있는 생활인들과 열림터를 거쳐 간 퇴소자들도 평범한 우리의 이웃이다. 친족 성폭력을 바라보는 왜곡된 시선이 바뀌고 피해자와 이웃이 공존할 수 있는 사회가 될 때, 쉼터에 오는 피해자들도 좀더 안정된 환경 속에서 치유와 자립을 향한 걸음을 내딛을 수 있다.

아버지를
고소하는 딸

✚

법에도
마음의 자리가
있어야 하는
이유

이미경 한국성폭력상담소 창립 회원으로, 1991년
부터 '가슴 뛰는 반성폭력운동'에 함께하고 있다.
1997년부터 2000년까지 열림터에서 활동했다.
성폭력 관련 법과 정책, 2차 피해, 피해 생존자
권리, 여성운동의 자율성 등에 관심이 있다. 지금
은 이화여자대학교 리더십개발원 특임교수로 일
하고 있다.

이소은 차별과 폭력 없는 세상을 꿈꾸면서 2012
년 3월부터 열림터와 한국성폭력상담소에서 자원
활동을 하고 있다. 성폭력 관련 법과 정책, 피해
생존자 권리, 여성주의 상담에 관심이 있다. 지금
은 서울대학교 사회학과에 다니고 있다.

(2장은 두 사람의 공동 작업이다. 이미경이 서론
과 결론, '유림이 이야기'를, 이소은은 '진아 이야
기'와 '소라 이야기'를 각각 썼다.)

우리 사회에서 아버지를 고소하는 것은 세상의 질서를 거스르는 짓이었다. 1994년 성폭력 특별법이 제정되기 전에는 법률상 직계 존속은 고소할 수 없었다. 사랑과 보살핌의 공간으로 여겨지는 가정 안에서 아버지가 저지르는 심각한 범죄를 처벌할 수 있는 법이 전혀 없었다.

친족 성폭력 가해자를 처벌할 수 있게 된 지 20년이 지난 지금도 피해자들은 선뜻 고소를 결심하지 못한다. 자기를 가해해온 아버지이지만 폭행과 협박뿐 아니라 때로는 '사랑'이라는 이름으로 키워준 두 얼굴의 사람인 탓에 양가감정 사이에서 갈등한다. 자기가 아버지를 고소하면 가족이 산산조각 난다는 심리적 부담도 크고, 경제적으로 아버지에게 의존하고 있는 다른 가족들의 처지도 무시하기 어렵다. "아무리 그래도 아버지를 고소하다니"라는, 친척을 비롯한 주변의 따가운 시선 또한 피해자의 발목을 잡는다.

그런데도 아버지나 오빠, 삼촌 등 친족에게서 성폭력 피해를 입고 열림터에 들어온 생활인 중 43퍼센트는 고소를 결심한다. 성폭력 신고율이 아직도 10퍼센트를 넘지 못하고 있는 것에 견주면 꽤 높은 수치다. 성폭력은 피해자의 잘못이 아니라는 열림터의 기본 철학은 생활인들이 가족을 고소할 때 가장 무거운 마음의 짐을 내려놓을 수 있는 기반이 된다. 그리고 열림터를 거쳐간 많은 '언니'들이 해온 선택이 고소를 결심할 때 든든한 역할 모델이자 힘이 되기도 한다. 열림터 생활인들은 그동안 자책하고 놓아버린 자기를 추스르고 다시 힘을 내는 치유의 여정으로 고소를 선택한다.

2장은 '아버지 고소'라는 심리적이고 사회적인 압박감을 견뎌내며 어렵게 고소를 결정한 친족 성폭력 생존자들의 이야기다. 피해자들이 법정에 서기까지 어떤 고민과 갈등이 있었는지, 실제 형사 사법 절차에서 어떤 문제에 부딪쳤는지, 그리고 피해자의 치유와 삶에 소송이 어떤 의미를 갖는지를 살펴본다.

14년간 이어진 아버지의 성폭력에서 벗어날 수 있는 유일한 탈출구가 고소였다는 유림, 의붓아버지의 성폭력에 맞서 당당하게 법정에 선 진아, 친아버지의 성폭력을 벗어나려는 몸부림으로 고소를 택한 소라. 형사 사법 절차를 밟으며 이 세 명의 생존자가 흘린 눈물과 고통을 넘어 세상을 향해 자기만의 꿈을 이야기하는 생생한 목소리를 담는다.

잘 견뎠다,
수고했다,
멋지다

✚ 유림이 이야기

스물한 살 되던 2010년 가을에 열림터에 들어온 유림은 2년 동안 생활한 뒤 퇴소해 지금은 자립해 살고 있다. 처음 유림을 만난 곳은 어느 독립영화 시사회 자리였다. 7살 때부터 시작된 아버지의 성폭력에서 벗어날 때까지 무려 14년 동안 힘든 시간을 견뎌낸 유림이 다큐멘터리의 주인공이 된 것이다. 영화는 최근 3년간 유림이 보낸 일상과 법적 투쟁의 기록을 가감 없이 보여주고 있었다. 영화를 보는 내내 가슴이 먹먹하고 눈시울이 뜨거웠다. 영화가 끝나고 나오는데 유림이 상담소와 열림터 활동가들하고 함께 시사회에 참석한 사람들에게 인사를 하고 있었다. 영화 속 유림이가 몸도 마음도 훌쩍 성장해 우리 앞에 서 있었다.

그 뒤 이 글을 쓰면서 유림이를 몇 차례 만났다. 유림은 삶의 이런저런 시행착오를 겪으며 미래를 꿈꾸고 있는 '보통의 사회 초년생'이었다.

누구보다 자기를 존중하려고 노력하면서 세상을 향해 끊임없이 도전하고 있었다. 특히 자기를 성폭력 가해한 아버지를 고소한 뒤 이어진 형사사법 절차에 대응해온 과정을 들으며 나는 유림이 치유를 향한 강한 힘과 용기와 지혜를 갖고 있는 '생존자'라는 사실을 느낄 수 있었다.

고소, 유일한 탈출구

여느 친족 성폭력 생존자들처럼 유림도 자신에게 벌어진 일이 무엇을 의미하는지 알게 되기까지 아주 오랜 시간이 걸렸다. 아버지는 유림이 일곱 살 때부터 유림의 몸을 만지며 성추행을 일삼았고, 고등학교 2학년 때부터는 자주 강간했다. 아버지는 어린 유림에게 "나중에 남편이랑 할 일을 내가 미리 가르쳐주는 거다. 엄마나 누구에게도 이 일을 말하면 안 된다"고 철저히 주입했다. 협박하거나 폭행을 하기보다는 주로 달래고 설득했으며, 때로는 통사정을 하며 성폭력을 이어갔다. '성폭력은 여자를 때리거나 꼼짝 못하게 해서 강제로 관계를 하는 것인 줄 알'던 유림은 자기가 입은 피해를 '이상하고 힘들고 싫은 일'로 여길 뿐이었다. 중학교와 고등학교에 다닐 때는 어렴풋이 자기가 친구들하고 다르다고 느꼈고, 친구들은 아버지하고 그런 짓을 하지 않을 것이라는 생각이 들기는 했다.

고등학교 3학년 때는 '존경하고 신뢰하는 어른'인 도덕 선생님을 찾아가 이야기를 꺼내려 했지만, 피해 사실을 제대로 말하기도 전에 되돌아온 반응은 "답은 네 안에 있다"였다. 유림의 세상을 향한 첫 '말하기'

의 시도가 미처 소리가 돼 나오지도 못한 채 무참히 깨져버린 순간이었다. 이 경험 때문에 유림은 더는 다른 사람에게 깊은 이야기를 털어놓을 엄두를 못 냈다. 그 뒤 유림은 곧잘 하던 공부도 손을 놓게 되고 '머리가 멈춘 것' 같은 시간 속에서 자해를 하는 등 심리적 격동기를 겪었다. 그러다가 대학생이 돼 사귄 남자 친구에게 피해 사실을 처음으로 이야기했다. 그리고 어느 날 도서관에서 우연히 본 성교육 책을 읽고 나서야 지금까지 자기가 겪은 일이 성폭력 피해라는 사실을 알게 됐다.

그 뒤 유림은 용기를 내어 아버지에게 더는 자신을 "만지지 말 것"을 요구했다. 그러겠다고 약속한 아버지는 얼마 안 돼 다시 성폭력을 시도했다. 그런 아버지를 견딜 수 없던 유림은 몇 차례 가출을 시도하다가 심하게 매를 맞기도 했다. 그러던 중 지역의 한 상담소를 찾아 상담을 시작하면서 유림은 고소를 결심했다. 상담자는 고소가 결코 쉬운 과정이 아니라는 점을 설명했다. 두렵기도 했지만, 유림은 용기를 냈다. 막상 고소를 결정하고 나니 친구들이 자신을 더럽다고 생각하거나 싫어할까, 그리고 남자 친구하고 결혼을 못 하고 직장을 못 구할까 걱정 됐다. 고소 자체보다 그 일 때문에 지금까지 맺어온 관계들을 다 잃게 될까 불안했다.

성폭력 피해자들이 고소를 결심하면서 겪는 심리적 갈등도 유림이 사례하고 거의 비슷하다. 주변에서 자기를 어떻게 바라볼지, 피해자로 인정받을 수 있을지 걱정할 수밖에 없다. 한국 사회는 아직도 피해자들의 고통에 귀 기울이기보다는 "성폭력을 유발하지 않았느냐"라며 피해자를 의심하고 비난하는 수준에 머물러 있기 때문이다. 그런데도 유림은 지긋지긋한 피해에서 꼭 벗어나고 싶었고, 어머니와 두 여동생을 보호하고 싶었다. 그러려면 아버지를 감옥에 가둬야 했다. 유림이가 선택할 수 있는 유일한 희망의 끈, 고소. 그러나 수사와 재판 과정에는 넘고 또 넘어야 할 험난한 산들이 기다리고 있었다.

목숨을 건 증거 모으기

고소를 한 뒤 유림은 수사 과정에서 4번, 원심 재판과 항소심에서 각 한 번씩 출두해 진술을 했다. 생각조차 하기 싫은 피해 장면을 떠올리며 여섯 차례나 진술해야 하는 것도 문제였지만 과정 자체가 상상 이상으로 힘들었다. 형사 재판에서는 범죄를 입증할 증거가 매우 중요하다. 그러나 성폭력 사건은 둘만 있는 공간에서 벌어지는 탓에 증인이 거의 없고 대부분 피해자의 증언만이 유일한 증거가 된다. 특히 어릴 때 시작해서 10년 이상 지속되는 친족 성폭력은 범죄 구성 요건에서 기본적으로 요구되는 특정 피해 일시를 기억해낼 수도 없다.

다행히 유림은 친절한 수사관을 만났다. 수사관이 대충 날씨가 어땠는지, 밝았는지 어두웠는지, 어떤 옷을 입었는지 등을 질문해 몇몇 피해 일시를 특정할 수 있었다. 그러나 피고인인 가해자가 범행 자체를 계속 부인하고 있어 유림의 진술만으로는 역부족이었다. 이런 갑갑한 상황을 유림은 이렇게 항변한다.

제가 그때 생리 패드를 했어요. 아빠가 질내 사정을 하고 미끌미끌하게 나오는 게 싫으니까 팬티에다가 생리대를 하고 있었거든요. 그런 걸 모아놨어야 하나, 이런 생각이 다 드는 거예요. 그게 이 시점에서 다 지나간 거고, 그걸 몰랐다고 나를 탓하고 싶지도 않고. 그 어린 애가 어떻게 대비할 수 있었겠어요. '아, 이건 나중에 고소해야 하니깐 모아놔야겠어', 이렇게 할 수 없잖아요. 집이니까 시시티브이도 없고…….

유림을 처음 지원한 지역 상담소는 "증거가 너무 없으니 직접 집에 들어가 녹음을 해 와라, 가해자랑 대화를 하다보면 인정하는 말이 나올 수 있지 않겠느냐"는 제안을 했다고 한다. 피해자가 위험한 상황에 놓일 수도 있는 이런 제안이 과연 피해자 지원의 윤리에 맞는지는 논란의 여지가 있다. 그렇지만 별다른 대안이 없는 유림이는 그 조언을 받아들일 수밖에 없었다. 유림은 집에 다시 들어가 혹시 폭행을 당하면 어떻게 하나 걱정이 됐고, 지금 들어가면 영영 못 나올 수도 있다는 생각까지 들었다. 유림은 "7살 때부터 아버지의 말을 들어야 매질과 폭언을 피하고 살 수 있던 나는 22살이 돼도 어린아이처럼 무기력하고 나약하고 무서웠다"고 회상했다. 그러나 기왕 시작한 고소 과정이니 최선을 다해야겠다는 생각에 용기를 내어 녹음기를 준비해 다시 집으로 들어갔다.

아빠는 "강간한 적이 없다, 사랑했다", 이런 말도 했었고, "갑자기 왜 그러냐", 이런 말도 했고……. 지금 정확하게는 기억 안 나요. 아빠랑 둘이 얘기했던 거, 가족들이랑 다 있을 때 녹음했던 거. 내가 얼마나 무서웠던지 화장실에 가서 녹음기를 체크했고. 그게 뭐 상고심 때인가 틀었다고 하더라고요. 내가 기억하는 거는 아빠가 강간이라고 생각 안 했던 거예요. 강제로 한 것이 아니라 내가 동의를 했다고. 내가 정말 동의해서 했다 하더라도 이

거는 일어나지 않았어야 하는 일인데……. 내가 동의를 했다는 건 말이 안 되잖아요.

가해자들이 처음에는 범행 사실을 완강히 부인하다가 자신에게 불리한 증거가 나오면 강간이 아니라 화간이었다고 주장하는 모습은 성폭력 사건에서 흔히 볼 수 있는 장면이다. 유림의 아버지도 잘못을 뉘우치고 사죄하기는커녕 나중에는 "서로 좋아서 한 것"이라는 주장을 폈다. 무용담이라고 하기에는 너무나 처절한 유림의 목숨을 건 '증거 모으기'는 결과적으로 "피해자가 터무니없는 거짓말을 한다"는 의심을 벗어나는 데 어느 정도 도움이 됐다. 그러나 유죄를 입증하는 결정적 증거는 되지 못했다.

이 사건의 원심 재판부는 가해자의 성폭력이 실제 일어난 것 같다는 의심은 들지만, 이 사실을 증명할 수 있는 직접 증거가 없다는 이유로 무죄를 선고했다. 형사 재판에서 유죄를 입증하려면 '법관으로 하여금 합리적인 의심을 할 여지가 없을 정도의 확신을 가지게 하는 증명력을 가진 증거'가 필요하다. 만약 혐의를 입증할 수 있는 구체적인 증거가 없다면, 설령 유죄가 의심되더라도 피고인에게 유리하게 판단해야 한다.

피고인을 무죄로 추정하는 것은 형사 재판의 기본 원칙이다. 따라서 범죄 사실을 입증할 책임이 있는 검사는 피해자의 진술과 관련 자료에 기반 해 증거를 제시해야 한다. 그런데 유림이처럼 어릴 때부터 계속 친족 성폭력 피해를 입었지만 뚜렷한 증거가 없을 때는 형사 사법 절차를 밟는 내내 자기가 정말 피해를 당했고 '성폭력을 유발'한 잘못이 없다는 사실을 증명해야 한다. 수사와 재판 과정에서 피고인의 변호인은 "남자 친구를 사귀는 것이 발각돼 혼날까봐 아버지에게서 성폭력 피해를 입었다고 거짓말 하는 것이 아니냐"며 유림이를 의심하고 추궁했다. 피고인인 성폭력 가해자를 대상으로 하는 재판이 어느새 피해자의 행실을 둘러싼 재판이 돼버린 것이다.

수사와 재판 과정에서 겪은 2차 피해

1980년대 들어 유엔을 비롯한 국제 사회와 피해자 학회 등에서 범죄 피해자의 권리에 주목하기 시작했다. 한국에서도 한국성폭력상담소를 중심으로 '성폭력피해자 권리헌장'을 발표하는 등 변화를 보이고 있다. 나아가 여러 차례에 걸친 관련 법 개정을 통해 성폭력 피해자의 인권을 보호하기 위한 다양한 제도도 마련됐다. 그렇지만 이런 제도들이 실제 현장에서 피해자들의 '권리'로 받아들여지고 있지는 않다. 성폭력에 관한 잘못된 통념과 낮은 전문성 탓에 제도는 있되 운용이 제대로 안 되는 것이다.

형사 사법 절차를 밟고 있는 피해자 중 25퍼센트는 경찰, 검찰, 재판부를 비롯한 피고인의 가족과 변호인 등에게서 2차 피해를 입는다고 한다. 직접적인 범죄 피해가 1차 피해라면, 사건이 일어난 뒤 사법 기관, 의료 기관, 언론, 가족, 친구 등이 보이는 부정적인 반응 때문에 피해자가 입는 정신적, 사회적, 경제적 불이익이 2차 피해다. 유림이도 재판 과정에서 피고인의 변호인이 저지른 2차 피해를 겪었다. 변호인은 재판 내용에 상관없이 체위를 들먹이고 단순히 호기심을 자극하는 질문을 하며 유림에게 모욕을 줬다.

변호사는 아주 완전 거지 쓰레기. 아빠가 내 팬티를 내리고 내복이나 바지를 벗기는데, 한쪽 발만 걸쳐서 삽입을 했다고 말했는데, "그게 어떻게 가능하냐"고 이런 말을 하는 거예요. 가능 안 할 건 뭐지? 그리고 아빠가 차에서 내 클리토리스를 만지거나 시도했다 이렇게 진술했던 것 같은데, 그게 정말 있었던 일이기 때문에 말했던 건데, 또 "그게 어떻게 가능하냐" 이런 병신 같은 질문들. "다른 남자 친구랑 헷갈리는 거 아니냐, 내가 섹스한 거를." 그때는 어이없어서 말을 못했는데, 저 새끼는 한 100명쯤 해도 엄마랑 지랑 한 거를 헷갈릴 수 있으려나 이런 생각을 했어요.

유림은 법정에서 이 질문을 들으며 "뭔가 내가 자꾸 아빠랑 섹스를 한 것 같고 꺼림칙한 감정이랑 반발심이 확 올라왔다"고 했다. 특히 다른 남자 친구하고 아빠를 헷갈리는 것 아니냐는 질문에는 곧바로 "당신이라면 엄마랑 한 거랑 여자 친구랑 한 거를 헷갈리겠어요?"라고 받아치지 못한 일이 아직도 분하다고 했다. 어느 누가 친아버지에게 입은 성폭력 피해 경험을 남자 친구하고 한 성관계로 착각할 수 있을까? 이렇게 피해자의 성관계 경험을 들춰내 공개된 자리에서 수치심을 자극하는 행동은 '성관계를 이미 경험한 여성이라면 보호할 만한 가치가 없다'고 보는 뿌리 깊은 정조 관념을 유지하고 강화한다.

이미 미국이나 영국에서는 성폭력 사건 재판에서 사건하고 상관없는 피해자의 과거 성력을 증거로 사용하지 못하게 법으로 엄격히 금지하고 있다. 미국에서 처음으로 강간방지법을 제정한 미시간 주는 피해자와 피고인의 성관계 사실을 밝히는 증거라고 법관이 판단할 때만 피해자의 성관계 이력을 증거로 쓸 수 있게 했고, 피해자와 제3자의 성관계는 피해자 몸에서 발견된 정액이 피고인의 것이 아니라는 점을 밝히려는 때만 증거로 허용된다.

한국에서도 대법원 예규 등에서 과거 성력을 언급할 때 주의하라고 권장하지만, 형법이나 성폭력 관련 법에는 규정이 없다. 이런 문제는 아직도 재판 과정 전반에 걸쳐 자주 일어나고 있다. 피고인 쪽 변호인이 신문 과정에서 피해자의 인권을 침해하는 발언을 할 때 제재하지 않는 재판부의 무성의하고 무감각한 태도도 문제다.

성폭력 사건은 수사와 재판 과정을 거치며 어느새 '합의된 관계'로 탈바꿈하기도 한다. 피고인 쪽 변호인은 신문 과정에서 피해자가 성관계에 동의한 것 아니냐는 의심을 끊임없이 제기하며, 피해자 진술의 신빙성을 무너뜨리려 한다. 아버지가 가해자인 유림의 사건에서도 마찬가지였다. 변호인은 가해자의 행위가 성폭력이 아니라 '합의된 성관계'라는 전제 아래 반대 신문을 했다. 유림이 출연한 다큐멘터리에는 유림이 법정에서 이런 잘못된 관행에 당당하게 맞받아치는 장면이 나온다.

피고인 쪽 변호인: 언제 아버지와 처음으로 성관계를 했나요?
유림: 성관계라니요?
피고인 쪽 변호인: 다시 묻겠습니다. 성교를 언제 했나요?
유림: 저는 아빠와 성관계를 한 적이 없고, 그가 강제로 성기를 삽입한 것입니다. (다큐멘터리 영화의 한 장면)

유림이 날카롭게 지적하자 변호인은 그 자리에서 질문을 수정하지 않을 수 없었다. 매우 긴장되고 위축될 수 있는 상황인데도 유림은 자기 방식으로 곧바로 문제를 제기한 것이다. 시사회에 온 관객들이 이 장면에서 환호를 터뜨렸고, 나도 가슴에 뜨거운 것이 올라오는 느낌이었다. 유림이 정말 대견하고 멋져 보인 순간이었다.

증인으로 법정에 출두한 유림은 가해자인 아버지를 법원 화장실 앞에서 마주칠 뻔하기도 했다. 그렇지 않아도 고소를 한 뒤 어딘가에서 아버지가 숨어 있다가 뛰쳐나와 머리를 칠 것 같은 막연한 두려움과 불안에 시달리고 있는 유림에게 이런 상황은 정말 공포였다.

거짓말 탐지기 조사를 하러 갔는데 대기실이 하나인 거예요. 아빠가 안에 있고 조사받고 있는데, 나는 대기실에 있다가 아빠가 나올 것 같으니까 (그때 지원하던 상담소) 소장님이 너 화장실 들어가 있어라 해서 화장실 들어가 있는데, 그 문 사이로 아빠가 나가는 걸 봤어요. 근데 만약에 아빠가 화장실 들어왔으면 바로 마주치는 거지. 또 증언을 하러 법정에 갔는데 차들이 있고 건물이 있는 거니까, 아빠가 어디 있는지 알 수 없고, 나는 누구랑 같이 있어도 마주치는 게 너무 무서운 거죠. 아빠가 어디 있는지 알고, 왔는지 안 왔는지 알 수 있고, 아빠는 방 안에 있고 그러면 난 이렇게 갈 수 있고, 이게 좀 확보됐으면 좋겠어요.

다행스럽게도 2012년부터 '성폭력범죄의 처벌 등에 관한 특례법'이 개정돼 각급 법원에 별도의 증인지원실을 마련해 피해자들이 안정을 취할 수 있게 됐다. 또한 증인지원관이 법원 정문에서 법정까지 피해자하고 동행하게 돼 피해자들은 피고인 가족들의 합의 강요나 협박, 비난을 받지 않고 안전하게 증언할 수 있게 됐다.

유림은 지인들 때문에 2차 피해를 겪기도 했다. 재판에 중요한 증언을 해준 남자 친구의 어머니는 자기 아들이 법정에 서면 안 된다고 하면서 "네가 부끄러운 줄 알아야지"라고 유림에게 모욕을 줬다. 무슨 일을 당해도 자기 의견을 말할 권리와 자격이 있다고 생각하는 유림에게는 정말 참기 힘든 경험이었다. 또한 유림은 잠시 일한 어느 단체의 대표에게 피해 사실을 이야기하는 도중에 "언제부터였냐, 얼마 동안이었냐, 왜 몰랐냐. 성폭력인 거 알았으면 (집을) 나왔어야 하는 거 아니냐"는 추궁을 당해야 했다. 자신을 이해해줄 것이라고 기대한 사람이기 때문에 유림은 그런 반응이 아직도 서운하고 아쉽다.

피 말리는 '법적 합리성'의 재구성

무죄를 선고한 원심 재판부는 고소할 때 유림이가 아버지하고 갈등이 심각해서 거짓말을 하는 것 같고, 친족 성폭력 피해라는 사실을 너무 늦게 안 것도 이해가 되지 않으며, 진술이 모순된다는 점 등을 근거로 들고 있다. 원심 판결의 '합리적 판단 기준'에는 피해자가 이성 교제를 감시하고 간섭하는 아버지가 미워서 "아버지가 자신을 강간했다"는 거짓말을 할 수 있다고 보는 재판부의 왜곡된 시선이 그대로 들어 있다.

곧바로 항소한 검찰은 명확한 논리로 원심 판결이 지닌 문제를 조목조목 짚었다. 검찰은 항소이유서에서 피해자가 피해 상황을 자세히 묘사하고 있으며 자신에게 불리한지 유리한지를 따지지 않고 사실만 말하고 있다는 점을 강조했다. 그리고 유림이 법정에서 범행을 부인하는 피고인을 보고 격분해 달려든 점을 들어 실제로 피해가 없었다면 이런 상황이 발생하기 어렵다고 주장했다. 특히 유림이 처음 어머니에게 피해 사실을 말할 때 어머니가 "네가 먼저 유혹하지 않았냐, 너도 즐기지 않았냐"고 비난하다가 "동생들은 어떻게 할 거냐, 대책은 있냐, 아빠를 용서해라"라고 말한 사실도 중요한 반박 논리로 제기했다.

유림은 원심의 무죄 판결로 지난 14년간의 피해 사실이 부정당하는 것 같다며 "정액, 시시티브이, 목격자 등 제게 없는, 법정에 제출할 수 없는 것만이 아버지를 처벌할 수 있다는 생각에 무기력하고 억울하다"고 토로했다. 그리고 유림은 처음으로 항소심 재판부에 탄원서를 썼다.

그동안은 감히 언급할 수 없었고, 언급이 금지되었고, 말하지 않아야 살 수 있었던 14년의 성폭력에 대한 금기를 깨고 하나 둘씩 말하는 것 자체가 모두 용기였습니다. 왜냐면 그동안 저의 진실은 다 아버지가 거짓으로 심어 놓은 공포에 의해 막혀 있었기 때문입니다. 집을 나온 지 1년하고 7개월이 지난 지금에서야 가까스로 탄원서를 쓸 수 있는, 그동안 한꺼번에 몰려왔던 감정들에 압도되다 이제 힘을 내서 탄원서를 쓸 수 있는, 그동안의 저의 힘든 극복 과정을 알아주셨으면 합니다. (유림의 탄원서)

열림터에서 항소심 재판부에 보낸 의견서에는 친족 성폭력 피해자들이 겪는 가해자를 향한 양가감정, 가족과 사회의 압력 속에서 나타날 수 있는 후유증, 피해자의 심리적 특성 등이 담겨 있다. 임상 전문가에게 받은 심리 검사 결과 보고서와 유림이 출연한 영화감독의 탄원서도 원심에 이미 제출된 뒤였다. 영화감독은 자신도 성폭력 피해자라는 점을 밝히고, 그동안 다큐멘터리를 찍으며 지켜본 유림의 상황과 성폭력 생존자에 관한 생각을 담담하게 탄원서에 담았다. 특히 친족 성폭력 피해자가 증거를 모으는 일이 얼마나 어려운지, 그리고 피해자들이 얼마나 다양하게 피해에 반응하는지를 설득력 있게 적고 있다.

이런 노력들이 모여 결국 항소심에서는 원심을 깨고 징역 7년형에 정보통신망에 신상 정보를 공개하고 고지하라고 선고했다. 항소심 판결에서는 특히 친족 성폭력 피해자가 느끼는 양가감정에 관한 재판부의 이해가 돋보인다.

> 피해자의 진술이 구체적이고 일관적인데다 허위진술을 할 만한 이유가 없는 점, 피해자로부터 피해 사실을 들은 (증인) ○○○의 진술 등을 종합하면, 피고인이 피해자를 추행하거나 강간한 사실을 충분히 인정할 수 있다. …… 피해자의 피고인에 대한 감정과 피고인의 범행 사실은 양립 가능하고, 양립 가능한 점이 오히려 더 자연스럽다. 피고인은 피해자에 대한 경제적, 정신적 후원자로서 피해자를 보호하면서 양육하고 있는 것 또한 분명한 사실이다. …… 피해자가 이에 대하여 거부감과 불쾌감을 느꼈다고 하더라도 이러한 피고인의 행위로 인하여, 피고인이 피해자에 대한 경제적, 정신적 후원자로서 통상적인 아버지로서의 지위를 잃을 정도는 아니라는 것이다. (항소심 판결문)

"법 조항을 믿었다기보다, 그 법이 날 지켜줄 거라고 믿었다기보다, 판사가 했던 말이나 항소이유서를 써준 검사 등 사람들의 마음을 믿은 거죠"라고 유림은 말했다. 법에도 사람의 '마음'이 있어야 한다는 사실을, 유림은 조용하면서도 힘 있게 주장한 것이다. 보통 법은 합리성에 근거해 냉철한 판단을 해야 한다고 하지만, 성폭력 피해자의 현실을 들여다보고 공감할 줄 아는 마음이 없어야 한다는 뜻은 아니다. 그동안 남성 중심으로 구성돼온 법의 '합리성'이 얼마나 피해자의 목소리를 외면했는지를 성찰적으로 되돌아볼 때다.

등 돌린 어머니와 동생들, 그리고 내 안의 모순 마주하기

고소 과정에서 유림을 가장 힘들게 한 것은 틀어진 가족 관계였다. 유림의 어머니는 법정에서 딸이 아니라 남편을 옹호했고, 두 여동생도 언니를 비난했다. 유림은 자신이 '숨쉬기 위해' 고소를 선택하는 동시에 가족들에게 외면당하는 고통을 겪어야 했다. 항소심에서 7년형이 선고되고 아버지가 법정 구속되자 유림의 어머니는 소리쳤다. "판사님, 너무하십니다. 안 됩니다." 이 모습을 본 유림은 그 어려운 법적 싸움에서 이긴 사실보다는 아버지 없이 가계를 꾸려가야 할 어머니가 안쓰럽고 걱정돼 "엄마, 어떻게 해"라며 오열한다. 이 장면은 다큐멘터리 영화에 그대로 담겨져 보는 이의 가슴을 엘 듯하다.

유림은 처음 피해 사실을 이야기할 때 어머니가 오래전부터 이 사실을 알고 있었다는 것을 직감으로 느낄 수 있었다.

내가 처음 스물한 살 때 얘기를 했는데, "네가 유혹하지 않았냐"라고 하더라고요. 되게 담담하게 말하더라고요. 그거 듣고 아 엄마가 알고 있었구나……. 그래서 따졌죠. 말해달라고, 알고 있었냐고, 왜 알면서 가만히 있었냐고. 한 일주일 엄마가 날 보살펴주다가, 그 이후부터 날 거짓말쟁이 취급하더라고요. 나는 엄마가 걱정돼서 말 하지 않았던 것도 있는데, 그동안에 내 노력과 선택들이 있었는데, 내가 말하지 않은 이유가 있었다는 거, 가족이 행복하기를 나도 바랐다는 거, 거기에 나도 함께하고 싶어서 말 안했다는 그런 걸 알아줬으면 했는데…….

유림이 어머니에게 피해 경험을 이야기한 것은 어떻게든 성폭력 피해를 벗어나려는 몸부림이었다. 그러나 어머니는 딸의 고통보다는 '가족의 살 길' 걱정이 우선이었다. 동생들은 "언니가 무섭다"고 하면서 "성폭력 당하면 임신하는 거라던데, 언니는 왜 임신 안 했어? 언니는 임신 안 했으니까 성폭력이 아니야"라고 말했다. 유림은 전혀 예상하지 못한 어머니와 동생들의 반응에 당황하고 절망했다.

유림에게 가족은 '모든 사람이 나를 떠나도 가장 마지막에 내 편이었으면 하는 그런 곳'이었다. 사실 고소를 결심한 중요한 동기 중 하나가 아버지에게서 동생들을 지켜내는 것이었다. 그렇지만 가해자에게 유죄가 선고된 뒤 가족들은 모두 연락을 끊어버렸다. 유림은 가족들을 만나고 싶은 마음에 집 앞까지 찾아갔다가 어머니와 동생이 끝끝내 나오지 않아 몇 시간을 하염없이 기다리다 돌아온 적도 있다. 한없이 멀어져버린 가족을 향한 그리움을 토로하던 유림은 지난해 대학 입시를 치른 동생에게 서울 구경이라도 시켜주고 싶은 언니의 마음을 쓸쓸한 웃음으로 대신했다.

형사 사법 절차를 거치며 유림이 마주한 또 다른 어려움은 "(아빠와

의 관계를) 나도 원하거나 쾌락을 느끼거나" 한 자기 몸의 반응이 주는 수치심과 죄책감이다. 물리적 접촉 때문에 때때로 쾌감을 느낀 자신이 너무 싫다고 했다. 그 행위가 신체적으로 좋아서, 피해를 당할 때 아버지라는 사람이 자신을 '오빠'나 '자기'라고 부르라고 요구할 때 그렇게 불렀다는 유림. 유림은 자신이 느낀 이런 성적 쾌감이 법정에서 "너도 즐기지 않았냐"는 비난으로 이어질까봐 크게 염려했고, 그래서 수사와 재판 과정에서 심리적으로 매우 위축됐다고 털어났다.

성폭력 피해 때 몸으로 느낀 쾌감 때문에 적지 않은 피해자들이 고통스러워한다. '성폭력을 당했다면 당연히 그 순간이 고통스러웠을 것'이라는 사회적 편견이 뿌리 깊게 박혀 있기 때문이다. 문제의 핵심은 피해자가 자기 몸이 보인 반응에 죄책감이나 수치심을 느끼게 만드는 '사회적 각본'이다. 성적인 접촉은 물리적 반응이기도 해서 자극을 하면 당연히 쾌감이나 불쾌감이 따라온다. 일곱 살 때부터 성년이 될 때까지 사랑인지 폭력인지 분간하기도 어렵게 교묘히 진행된 아버지의 성폭력. 자신의 성적 욕망을 미처 마주하기도 전에 왜곡된 방식의 성적 자극에 노출돼 길들여진 몸의 반응을 누가 비난할 수 있을까. 어쩔 수 없이 겪게 되는 성적 쾌감 때문에 생기는 죄책감을 더는 피해자의 몫으로 남겨두면 안 된다.

내게 해주고 싶은 말, "잘 견뎠다, 수고했다, 멋지다"

유림은 2년 동안 이어진 열림터 생활이 지금의 자신을 있게 한 원동력이 됐다고 말한다. 열림터는 누가 나를 배려해주고 이해해줄 것이라는 믿음을 갖게 하고, 그런 사람들을 알게 된 곳이라고 한다. 열림터 활동가들의 다양한 삶의 방식을 접하며 사람이란 한 가지 색깔이 아니라는 사실을 느낄 수도 있었다. 재판에 함께 와주고 의견서를 써준 열림터, 탄원서를 써준 다큐멘터리 감독, 어렵게 증언해준 전 남자 친구도 유림이 이 과정을 견뎌내는 데 든든한 버팀목이 됐다.

어머니와 여동생들이 자기를 믿지 않고 오히려 비난하는 현실에서도 유림은 자기가 고소를 선택한 행동은 최선이었다고 말한다. 고소 과정에서 유림은 자신의 분노를 들여다보며 받아들이고 자기 삶을 새롭게 선택할 수 있었다. "법이 아니면 누가 아빠를 막아줬겠냐는 생각도 든다"는 말도 했다. 만약 고소하지 않았다면 "지금도 계속 힘들고, 무서워하고, 제자리에 있으면서 계속 아팠을 것"이라고 하면서도 아무에게도 고소를 강권하고 싶지는 않단다. 이런 문제는 형사 사법 절차가 얼마나 고통스럽고 어려운지를 온몸으로 경험한 유림이 우리에게 던지는 과제이기도 하다. 유림은 자기가 출연한 다큐멘터리의 의미를 이렇게 말한다.

내가 되게 보여주고 싶은 게 있었어요. 내가 경험한 그대로, 나도 여기 살아 있다는 거를 보여주기를 바라는 게 있었어요. 십 몇 년 동안 숨기고 살았는데, 그 일이 없는 것처럼 살았는데, 사실은 사람들한테 만나서 얘기하고 싶고 내가 경험하고 느끼는 거 그대로 사람들에게 보여주고 싶은 게 있었어요. 나중에 피드백으로 받은 '용기를 얻게 됐다, 감동적이었다, 속 시원했다, 슬펐다, 나도 말하고 싶어졌다, 나도 고소를 하고 싶어졌다'라는 사람들 말이 정말 힘이 됐어요. 근데 걱정되기는 해요. 그 사람들이 힘들까봐.

고소를 말리고 싶은 마음도 있어요. 내가 힘들었으니까. 이게 제발 고소를 선동하는 다큐멘터리는 아니기를. 왜냐하면 그건 그냥 선택이고, '고소하면 다 행복해집니다' 이렇게 말하고 싶지는 않았거든요.

재판이 끝난 뒤 유림은 치유를 위한 노력을 기울이고 있다. 치유가 자기에게 갖는 의미는 '다른 사람에게 너그러운 마음을 갖게 되는 것'이라고 말한다. 최근에는 비폭력 대화를 배우면서 가해자도 상처받은 사람이라는 사실을 이해하게 됐고, 7년 동안 감옥에서 살아야 하는 아버지를 생각하면 불쌍한 마음이 들기도 한다. 아버지의 행동 때문에 자기가 받은 상처를 아버지하고 공유하고 소통할 수 있는 방법도 고민하는 중이다.

유림은 앞으로 사람을 향한 신뢰를 회복하고, 가족을 꾸려 아이도 낳고 싶다는 소박한 꿈을 이야기하며 눈을 반짝인다. "지금도 매일매일 고통이 느껴지고 심장이 두근두근 뛰고, 불안해 어쩔 줄 모르는" 이 현실을 인정하고 견디기로 마음먹었다고 한다. 도망갈 수도 없고 도망간다고 사라지지도 않을 피해의 흔적을 일상에서 마주하며 살아가기로 했단다. 그렇게 마음먹으면서 좀 편안해졌다는 말에서 유림만이 빚어낼 수 있는 특유의 성숙함과 단단함이 느껴졌다.

나를 살리기 위한
고소

✚ 진아 이야기

진아를 처음 만난 때는 2012년 여름, 열림터 활동가를 따라 진아의 재판을 모니터링하러 간 때였다. 공판이 끝나고 만난 담당 검사는 진아에게 "아빠랑 서로 사랑한 것 아니냐"는 질문을 던져 우리를 당혹스럽게 했다. 다른 누구보다도 피해자 편에 서야 할 담당 검사가 친족 성폭력 피해자에게 그런 말을 던질 수 있다는 사실이 놀라웠다. 그렇지만 더욱 인상 깊은 것은 곧바로 검사에게 소리 지르며 사과를 요구한 진아의 모습이었다. 법정이라는 공간에서 주눅이 들 만도 한데 진아는 할 말은 꼭 하고야 마는, 당당하고 똑 부러지는 성격이었다. 고등학교 2학년 진아의 모습은 그렇게 내 머릿속에 생생하게 남았다.

　고소 과정에서 겪은 일을 들으려고 진아를 여러 차례 만났다. 처음 만날 때 고등학생이던 진아는 어느새 대학생이 돼 새로운 세상에 첫발을

100

내딛고 있었다. 2년간의 열림터 생활을 끝마치고 퇴소해 어머니하고 함께 살고 있었다. 2년이 넘게 이어진 형사 사법 절차도 이제 막바지에 이르렀다. 가해자에게 원심에서는 징역 10년이, 항소심에서는 무죄가 선고됐다. 진아는 대법원에 상고했고, 지금은 결과를 기다리는 중이다. 진아를 4년 동안 가해한 사람은 의붓아버지다.

"숨 쉴 공간"이 필요해서 결심한 고소

"엄마가 아기를 못 낳으니까 엄마와 아빠 그리고 너를 연결해주는 자식을 너한테서 받고 싶다." 처음 성폭력이 있던 날 진아가 들은 말이다. 그 뒤로 4년이라는 세월 동안 의붓아버지의 성폭력이 이어졌다. 공부를 하고 싶어서 방문을 걸어 잠근 진아에게 가해자는 문을 열라고 협박했다. 진아가 성폭력을 거부할 때는 주먹으로 때리고 칼을 들고 위협하기도 했다. 진아에게 억지로 야동을 보여주면서 강간을 시도한 적도 있다. 진아는 성폭력보다 가해자에게 저항하면서 맞은 게 더 무섭고 힘들었다고 말한다.

아무리 성폭력 가해자라지만 의붓아버지를 고소하는 일은 쉽지 않았다. 진아는 다른 사람들에게 피해 사실이 알려지는 게 너무 창피해서 비밀로 묻어두고 싶었다고 한다. 어릴 때 해외에서 살다가 중학교 때 어머니하고 함께 한국에 들어온 탓에 가족이라곤 가해자와 어머니뿐이었다. 그렇지만 가해자에게 경제적으로나 정서적으로 온전히 의지하고 있던 어머니는 어떤 도움도 줄 수 없었다. 이런 절박한 상황 속에서 진아는 사귀던 남자 친구에게 처음으로 피해 사실을 털어놓았다. 남자 친구가 자기를 어떻게 생각할까 두려웠지만, 4년 동안 지속된 피해를 더는 참을 수 없어 용기를 냈다. 다행히 남자 친구는 진아에게 큰 힘이 됐고, 진아가 집을 탈출할 수 있게 도왔다. 집을 나와 잠시 머물던 일시 보호소의 연계로 진아는 열림터에 오게 됐다.

'새아빠한테 다시 끌려갈 수가 없다.' 이렇게 일단 나올 마음을 강하게 의지를 잡고 나왔는데, 이제 끌려가면 새아빠한테 죽을 것 같은 거예요. 새아빠가 감옥에 들어가면 제가 숨 쉴 공간이 생기잖아요. 어디를 다녀도 안전하고, 자유로울 수 있고, 일단 새아빠의 구속을 피할 수 있으니까.

진아는 열림터에 들어와서 마음의 안정을 찾는 시간을 보냈다. 몇 년간 피해를 당한 집에서 벗어났지만 그래도 마음을 놓을 수는 없었다. 어디든 집요하게 쫓아오는 가해자에게 다시 끌려갈지도 모른다는 두려움을 떨쳐낼 수 없었다. 예전에도 집을 뛰쳐나온 적이 몇 번 있었는데 가해자는 그때마다 진아를 찾아내 심한 폭력을 휘둘렀다. 이번에 끌려가면 정말 맞아 죽을 것 같다는 생각마저 들었다. 가해자는 학교도 다녀야 하고, 대학도 가고 싶고, 꿈도 많은 진아의 일상을 순간순간 옥죄어왔다. 가해자가 감옥에 가야 "숨 쉴 공간"이 생길 것 같아서, 그래서 진아는 고소를 결심했다. 진아의 고소로 가해자는 구속됐다.

'피해자다움'을 강요하는 법정

"새아빠가 무죄로 풀려나면 전 죽을지도 몰라요." 원심 재판이 진행되던 때 재판에 다녀온 진아는 열림터 활동가들에게 이런 말을 한 적이 있다. 몇 년 동안 이어진 성폭력에서는 벗어났지만 가해자는 진아에게 여전히 두려운 존재였다. 재판을 방청하러 가서 가해자와 마주치면 몸이 부들부들 떨렸다고 한다. 증인석에 앉아 진술할 때도 자신을 노려보는 가해자 때문에 긴장돼서 말이 잘 나오지 않았다. 이렇듯 진아가 재판 과정에서 가장 힘들어 한 것은 가해자를 대면해야 하는 상황이었다. 다행히 성폭력 피해자가 안전한 분위기 속에서 심리적 안정을 취하고 원활하게 증언할 수 있게 피고인을 잠시 법정에서 퇴정시키는 제도가 마련돼 있었다. 진아는 가해자의 퇴정을 요청하고 나서야 비로소 마음을 가라앉히고 차분하게 진술할 수 있었다. 또한 재판마다 동행해준 열림터 활동가들과 법률 조력인 변호사 덕분에 힘을 잃지 않고 재판 과정을 견뎌낼 수 있었다고 진아는 말한다.

진아의 재판을 모니터링 하러 갔을 때 일이다. 내가 열림터에서 온 사람이라는 사실을 알았는지 재판이 시작한 때부터 끝날 때까지 나를 노려보던 가해자의 눈빛이 잊히지 않는다. 법정에 선 가해자는 너무나도 당당했다. 진아의 표현을 빌리자면 "기가 살아가지고 어깨 쫙 펴고 눈 동그랗게 뜨고" 금방이라도 피고석에서 걸어 나올 듯이 행동했다. 가해자는 모든 혐의를 끝까지 부인했고, 진아가 남자 친구하고 동거하려고 자기를 고소했다고 주장했다. 원래는 착한 딸인데 남자 친구를 만나면서 품행이 나빠졌고, 이성 교제를 구속하는 자신이 싫어서 거짓말을 지어냈다는 것이다. 그리고 이 모든 것을 진아의 남자 친구가 배후에서 조종하고 있다는 것이 가해자의 주장이었다.

피해자가 남자 친구 때문에 가해자를 고소했다는 주장은 혐의를 부인하는 친족 성폭력 가해자들이 비슷하게 늘어놓는 변명이다. 그렇지만 아버지를 성폭력 가해자로 고소하는 일의 무게와 파급력을 생각할 때, 이런 변명은 터무니없다. 도대체 어떤 고등학생이 아버지가 이성 교제를 반대한다고, 단지 그 이유 때문에 고소라는 어마어마한 일을 결심할까. 이주민인 진아에게 한국에 있는 가족은 가해자와 어머니뿐이었다. 생계 부양자인 가해자에게 진아는 경제적으로 온전히 의지하고 있기도 했다. 고소 때문에 가족이 주는 모든 지원이 끊길 것을 알면서도 진아가 고소를 결심하고 실행에 옮긴 이유는 성폭력에서 벗어나는 일이 그만큼 절박했기 때문이다. 남자 친구 운운하는 피고인 쪽의 변명에 진아는 이렇게 말한다. "새아빠를 감옥에 10년이나 처넣으려고 제가 고소를 진행한다는 게, 남자 친구 하나 때문에, 그 남자 친구랑 평생 산다는 보장도 없는데, 그게 말이 되냐고요. 어이가 없죠."

진아에게 법정은 자신이 '진짜' 피해자라는 사실을 끊임없이 증명해야 하는 공간이었다. 성폭력 사건에 관련 없는 남자 친구 문제나 평소의 행실도 도마 위에 올랐다. 하루는 피고인 쪽 증인이 나와 "피해자를 만났을 때 아빠한테 성폭력을 오래 당한 아이 같지 않게 너무 활달해 보였고, 입술에는 빨간 립글로스를 바르고 있었다"고 말한 일이 있다. 증인을 만난 날, 진아는 약국에서 파는 입술 보호제를 발랐다고 한다. 피해자가 어떤 색의 립글로스를 발랐는지가 성폭력 사건하고 대체 무슨 관련이 있는 걸까? 그런데도 피고인 쪽 증인은 '빨간색 립글로스'를 강조하며 진아의 모습이 피해자답지 않게 느껴졌다고 말했다. 이렇듯 피고인 쪽이 사건하고 관련 없는 피해자의 품행을 붙잡고 늘어지는 것은 '품행이 단정하고 연약한 피해자'만 피해자로 인정받기 쉽다는, 사회적이고 법적인 관행을 알고 있기 때문이다.

성폭력 피해를 인정받으려면 이 사회가 받아들이는 특정한 '피해자의 상'에 들어맞아야 한다. 이 틀에서 벗어난 피해자들은 없던 일을 꾸며서 말하는 게 아니냐는 의심의 눈초리를 받는다. 너무 활발하거나 당당한 모습을 보여서는 안 된다. 일상을 힘차게 살아가서도 안 된다. 피해 경험을 이야기할 때는 눈물을 흘리며 고통스러워하는 모습을 보여야 한다. 사회적으로 피해를 인정받을 수 있는 통로가 사법 체계뿐인 현실에서 피해자들에게 유죄 판결은 너무나도 중요하다. 때문에 법정에 선 피해자들은 유죄를 인정받으려고 이런 고정된 '피해자의 상'에 맞춰 행동해야 할지를 고민하게 된다. 진술하면서 눈물을 흘릴지, 차분한 모습을 지우고 고통을 과장할지 끊임없이 갈등한다. 법정에서 요구되는 '피해자의 상'에 관해 진아는 이렇게 이야기한다.

사람들은 성폭력 피해자라고 하면 진짜 착하고 이미지가 되게 좋아야 한다고 생각하는 것 같은데, 그럼 날라리나 짧은 치마 입고 이런 애들은 피해를 입지 않았을 거란 얘기잖아요. 꼭 무슨 이미지가 모범생인 애들만 피해를 입는 것처럼……. 정말 이상한 것 같아요.

진아의 재판에서는 '처녀막'의 유무도 주된 쟁점이었다. 처녀막은 성기 삽입으로 구멍이 뚫리는 막이 아니라 '질주름'이라는 사실은 널리 알려져 있다. 또한 어릴 때 피해를 입은 피해자의 경우 성장 과정에서 자연 복원도 될 수 있어 처녀막으로 강간 여부를 판단하는 것은 매우 위험하다는 연구들이 나오고 있다. 진아의 재판에서도 산부인과 전문의 두 명이 '처녀막 여부로 성관계 여부를 판단할 수 없다'는 소견을 냈다. 그런데도 항소심 재판부는 "피해자의 진술대로 피해자가 피고인으로부터 꾸준히 수십 회의 강간 피해를 당하였다면, 비록 처녀막이 아무런 손상 없이 원형 그대로를 유지하고 있을 가능성이 전혀 없지는 않을지라도 그 가능성은 매우 희박해 보인다"는 이유로 무죄 판결을 내린다. 전문의의 소견을 받아놓고도 처녀막에 관한 잘못된 통념에 젖어 무죄가 선고되는 것이 한국 법정의 현실이다.

"세상에서 가장 좋은 사람, 사랑하는 아빠에게"

성폭력 피해를 당하던 시기에 진아가 의붓아버지에게 보낸 어버이날 카드에는 "세상에서 가장 좋은 사람, 사랑하는 아빠에게"라는 말이 적혀 있었다. 이 카드의 수신인이 가해자인 의붓아버지라는 게 의아하게 느껴질 수도 있다. 성폭력 피해자가 가해자에게 애정을 표하는 것은 상식적으로 '있을 수 없는 일'로 여겨지기 때문이다. 피고인 쪽도 이 카드를 증거물로 제출하며 진아의 진술을 반박했다. 다정한 카카오톡 메시지를 주고받고 용돈을 달라는 요구도 하는 진아의 행동에도 초점이 맞춰졌다. 이런 모습은 "장기간 성폭행을 당한 피해자가 취할 수 있는 태도가 아니"라는 것이 피고인 쪽의 주장이었다.

우리가 상상하는 성폭력 피해자의 삶은 온통 피해 경험으로 가득하다. 피해자의 삶에는 피해자라는 정체성만 존재한다고 단정하는 것이다. 그러나 진아의 일상에는 성폭력 피해만 있지는 않았다. 진아는 여느 고등학생들처럼 학교에 가고, 친구들하고 어울리고, 학원을 다니며 일상을 살았다. 생일이나 어버이날에는 좋든 싫든 가해자에게 축하 카드를 쓰기도 했다. 학교 준비물이나 필요한 옷을 사려고 가해자에게 용돈을 요구한 것도 진아로서는 너무나 당연한 일이었다. 진아는 생계 부양자인 가해자의 보호에 기대어 살 수밖에 없는 상황이었기 때문이다.

아버지랑 이렇게 다정하게 카톡을 주고받는 사이인데, 어떻게 성폭력 피해가 있을 수 있었겠냐는 말을 들었잖아요. 제가 그렇게 한 거는요. 제가 성폭력을 안 당하기 위해서 그랬어요. 제가 반항을 해야 하는데, 대놓고 반항하면 엄청 때린다는 말이에요. 새아빠가 막 지한테 연락 안 하면 "너 죽어볼래?" 이러면서 카톡 한다는 말이에요. 그러니까 애교 부리고 가식 부려야 하니까, 친절하게 대화하려고 노력하고, 그래야지 새아빠가 저를 안 때리고, 성폭력 할 때도 여우같이 해야지 덜 당하니까……. 그래서 어쩔 수 없었어요.

가족이라는 공간에서 아버지라는 사람에게 대놓고 반항하기는 쉽지 않았다. 문자 메시지 답장이 바로 안 오거나 애교를 부리지 않으면 어김없이 가해자의 폭력이 뒤따랐다. 진아의 표현을 빌리자면 "곰 같이" 반항만 하던 예전하고 다르게 "여우 같이" 가해자의 비위를 맞추니까 성폭력이 조금은 줄어드는 것도 같았다. 생리통 때문에 아프다고 하면 피해를 덜 당할까 싶어서 가해자에게 생리 이야기를 한 적도 있다. 이렇게 진아가 피해 속에서도 자기 삶을 지키려고 한 행동들은 법정에 오르자 '피해자다움'에서 벗어나는 것으로 여겨졌다. 피고인 쪽 변호인뿐 아니라 진아 편에 서야 할 검사마저 의심의 눈초리를 던졌다.

"아빠랑 서로 사랑한 것 아니냐. 카카오톡 메시지를 보니 아빠랑 애인 사이 같다." 담당 검사가 2차 공판이 끝나고 만난 진아에게 한 말이다. 가해자를 '아빠꼼'이라는 애칭으로 부르며 다정하게 메시지를 주고받은 진아의 행동이 담당 검사의 눈에는 '아빠랑 서로 사랑한 것'으로 보인 모양이었다. 가해자와 원만한 관계를 맺지 않으면 더욱 심한 성폭력과 폭력에 시달려야 하는 진아의 맥락은 고려되지 않았다. 이 검사는 진아와 열림터 활동가에게 거센 항의를 받고서야 단지 사실 관계를 확인하기 위한 질문이었을 뿐이었다고 해명하며 진아에게 사과했다. 친족 성폭력 피해자에게 "아빠랑 서로 사랑한 것 아니냐"고 묻는 게 과연 사실 관계를 확인하기 위한 알맞은 질문이었을까.

친족 성폭력은 단지 '사건'이 아니라 한 사람이 살아온 삶의 이야기다. 가해자와 피해자의 관계일 뿐 아니라 일상의 삶 속에서 진행되는 관계의 문제다. 피해자의 삶 속에는 성폭력과 일상이 구분될 수 없이 복잡하게 뒤섞여 있다. 피해자들은 이런 여건 속에서 일상을 꾸려나가기 위해 고군분투하며 생존의 전략을 모색하게 된다. 진아는 이렇게 말한다. "새아빠한테 '이 개새끼야, 왜 카톡해' 이럴 수는 없잖아요. 그럼 맞아야 하고 또 죽음인데⋯⋯." 피해자들의 경험에 의심의 칼날을 들이대기 전에, 가해자에게 애정을 드러내야만 생존할 수 있는 삶의 조건을 살펴보는 게 먼저 아닐까. 이런 맥락을 고려하지 않고 왜 성폭력에 강하게 저항하지 않았는지, 왜 가해자를 일관되게 증오하지 않았는지 묻는 것은 우문이 될 수밖에 없다.

원심 재판부는 일상을 지키기 위해 가해자에게 애정을 표시한 진아의 행동을 세심하게 이해하고 가해자에게 징역 10년을 선고한다. 진아의 진술이 일관되고 정확해 신빙성이 있고, 이밖에도 산부인과 진료기록부, 재판부가 의뢰한 피해자에 관한 심리학적 평가 보고서 등을 고려하면 성폭력 피해가 충분히 인정된다고 판결한 것이다. 그러나 항소심 재판부는 진아가 가해자에게 보낸 카카오톡 메시지와 생일 카드를 언급하며 원심을 깨고 무죄 판결을 내린다. "피고인과 피해자가 주고받은 카카오톡 대화 내용 및 피해자가 피고인에게 쓴 생일축하 카드의 내용을 살펴보면, …… 도저히 그 기간 동안 지속적으로 성폭력 범죄의 피해를 당한 사람의 것이라고는 보이지 않는다"는 판단이다. 친족 성폭력을 바라보는 법의 시선, 법을 해석하고 집행하는 재판부의 시선이 아직도 많이 차갑다는 사실을 느끼게 되는 대목이다.

판사가 "이거 상식적으로 말도 안 되는 행동이다" 이렇게 말을 해요. 솔직히 상식적으로 말이 되는 행동이면 제가 고소를 왜 해요. (가해자가) 상식을 벗어나는 행동을 했기 때문에 고소를 하고 진술서를 쓰고 처벌을 원하는데, 재판장에 있는 판사건 검사건 "이게 상식적으로 말이 되냐, 어떻게 부모가 이럴 수 있겠냐" 이런 말을 하는 거예요. 세상 어디에도 이런 일은 없다는 식으로 말을 하는데, 모든 사람들이 다 똑같은 삶을 사는 게 아니잖아요. 당연히 다 독특한 삶을 살고 있고, 독특한 일이 일어날 수도 있는 거고, 모든 사람의 삶이 다 똑같을 수는 없어요. 같은 성폭력 피해자라 하더라도 피해 경험이 다르게 나타날 수 있다는 말이에요. 그거에 대해서 "진짜 이건 본 적이 없는 일이다"는 식으로 나오면 제 고소의 의미가 없어지는 거예요. 이미 판사들은 이건 어이가 없다는 식으로 결론을 내리고 판단하면 저는 왜 증언해야 하는 거예요. 이미 다 결론은 나와 있는데…….

최근 법률이 개정돼 공판 중 피해자 진술의 비공개 재판, 피고인의 퇴정, 신뢰 관계자의 동석, 피해자의 국선 변호인 선임, 비디오 등 중계 장치를 통한 증언, 진술 조력인 신청, 증인지원관 등 수사와 재판 과정에서 성폭력 피해자의 권리를 보장하는 많은 제도가 마련됐다. 그렇지만 "아빠랑 서로 사랑한 것 아니냐"라거나 "이게 상식적으로 말이 되냐"는 말이 담당 검사와 판사의 입에서 나올 정도로 친족 성폭력에 관한 인식이 척박한 것이 한국 사회의 현실이다. 피해자를 직접 만나는 수사 기관과 재판부가 친족 성폭력의 특성을 이해하지 못하면 이런 2차 피해는 언제든 반복될 수 있다.

쉽게 미워할 수도, 용서할 수도 없는 어머니

경찰 조사 단계에서 진아는 고소 취하장을 작성해 활동가들을 깜짝 놀라게 했다. 어머니를 만나고 와서는 활동가들에게 한마디 말도 없이 곧바로 고소를 취하해버린 것이다. 고소 취하는 가해자의 성폭력 혐의를 전면 부인하는 행동이기 때문에 활동가들은 당황할 수밖에 없었다. 진아는 가해자가 불쌍해서, 가해자를 불쌍해하는 어머니가 불쌍해서 고소를 취하해줬다고 했다. 그 뒤 활동가들은 상담을 하면서 진아 어머니 이야기를 자세히 듣게 됐다. 진아가 지금껏 누구에게도 털어놓은 적 없는 이야기였다.

진아의 어머니는 4년이라는 시간 동안 가해자의 성폭력을 묵인해왔다. 또한 성폭력이 일어날 때마다 가해 행위를 적극 돕기도 했다. 어머니는 임신을 못하는 자기 대신에 진아가 남편의 아이를 낳아주기를 바랐다고 한다. 그래야만 자신과 진아가 가해자에게 버림받지 않을 것이라고 생각한 듯하다. 어머니는 가해자에게 경제적으로 온전히 의존하고 있었다. 오랜 기간 반복된 가해자의 구타와 폭력으로 너무나 무력해진 상태이기도 했다. 이런 상황에서 어머니는 어떻게든 성폭력을 묵인하고 도우며 가해자하고 함께 사는 것만이 진아와 자신을 위한 일이라고 여긴 듯하다. 그래서 진아의 고소는 어머니에게 생존의 위협으로 다가왔다. 결국 어머니는 열림터에 사는 진아를 불러내 눈물로 고소 취하를 종용하기에 이른다.

그때는 두려움이 있었어요. 새아빠를 향한 두려움과 또 죄책감? 나쁜 놈인 건 확실한데, 그때에는 죄책감이 있었어요. 그때에는 마음이 여렸어요. 엄마가 울고불고하니까 동정심이 생긴 거예요. 그리고 어떻게 취소하냐고 물어봤더니, 새아빠의 그 일을 없던 일이라고 얘기하면 된다고 했어요. 엄마는 그걸(고소 취하장) 받고 너무 행복해하는 거예요.

고소 취하 때문에 가해자가 곧바로 풀려날 수도 있는 위험한 상황이었다. 열림터 활동가들하고 상의한 진아는 경찰서에 가서 고소 취하장을 쓰게 된 경위를 진술하고 고소 취하를 뒤집었다. 가해자를 처벌해야 자기의 안전을 확보하고 삶의 공간을 지킬 수 있다는 생각을 하게 됐기 때문이다. 언뜻 보기에 이런 번복 과정은 피해자 진술의 신빙성을 흐리게 할 수도 있다. 그러나 많은 친족 성폭력 피해자들이 형사 사법 절차 속에서 겪는 갈등과 혼란의 한 단면이기도 하다. 아버지를 성폭력 가해자로 고소하고 가족들의 비난을 감수하면서도 가해자를 처벌해달라는 주장을 굽히지 않고 견디기란 매우 힘든 일이다. 실제로 다시 시작한 수사와 재판 과정에서 진아는 자기편이 돼주리라 믿은 어머니의 비난을 마주해야 했다. 어머니는 진아가 성폭력을 당한 사실을 부정해서라도 남편을 보호하고 가족을 유지하고 싶어했다. 법정에 서서 "딸이 허위로 고소를 한 현 상황에서 딸을 포기하고 모든 인연을 끊을 각오를 하겠다"고 말할 정도였다.

무기력하고 힘없고 쉼 없이 당해야만 했던 저에게 이해는커녕 보호는커녕 오히려 저를 정신병자로 몰고 있고 머저리로 몰고 있는 엄마는 새아빠보다 더 미워집니다. ○○에서 엄마만 의지하고 한국으로 와서 가해자에게 당할 때 엄마는 저의 희망이었고 유일한 보호자였으나 가해자의 잔상(잔인한 행동 — 인용자)을 막지 못하고 두 눈 뜨고 다 보고도 지금 본 적이 없다고 합니다. 이런 엄마가 제 엄마라는 사실이 부끄럽고 저를 버렸다는 생각만 드는 데 인정하고 싶지 않습니다. 형제도 없고 핏줄이라고는 아무도 없는 한국 땅에서 버림받고 살아야만 하는 저의 앞날이 어두울 것 같아 두렵습니다. (진아의 탄원서)

진아는 가해자의 성폭력보다 자신을 외면하고 가해자 편에 선 어머니 때문에 더 큰 마음의 상처를 받았다. 그렇지만 진아는 이런 어머니를 마냥 미워할 수만은 없었다고 한다. "형제도 없고 핏줄이라고는 아무도 없는 한국 땅에서" 어머니는 진아에게 유일한 가족, 하나뿐인 혈연이었기 때문이다. 거짓 증언을 한 어머니가 위증죄로 처벌받을까봐 두려워 검찰에 찾아가 울고불고 사정하고 온 일도 있다. 자기에게 아무리 큰 잘못을 했어도 이 세상에 하나 남은 끈인 어머니를 잃고 싶지 않았다.

어머니에 관해서 진아는 되도록 말을 아꼈다. 매끄럽게 이어지지 않는 이야기를 들으며 진아가 지금껏 겪어온 삶의 무게를 여러 번 가늠해봤다. 정리되지 않은 감정들, 도저히 말할 수 없었을 문장들을 헤아려보기도 했다. 성폭력의 고통, 믿음이 깨어지는 고통, 관계가 조각나는 고통, 일상이 흔들리는 고통 등 많은 감정들이 서로 얽힌 상황에서 자기 경험을 똑 부러지게 전할 수 있는 이가 과연 있을까.

열림터를 퇴소한 진아는 어머니하고 함께 살고 있다. 어머니를 향한 감정이 어떠냐고 조심스레 묻자 진아는 이렇게 대답했다.

엄마가 너무 여리니까 원망도 못하겠어요. 옛날에는 어릴 때는 엄마가 엄청 강한 줄 알고, 엄마한테 화풀이도 하고 원망도 하고 그랬는데, 어느 순간에 엄마가 너무 여리다는 생각이 들어서요. 오히려 제가 더 강한 것 같고, 화풀이도 못하고, 원망도 못하겠고, 상처도 못 주겠어요.

진아는 가해자를 만나고 불행해진 어머니의 삶이 무척 가엾다고 한다. 지금껏 어떻게 살아왔는지 알기 때문에 어머니를 원망하는 것도 힘이 든다고 말한다. 그렇지만 의붓아버지의 성폭력을 도운 어머니의 행동을 용서하기는 힘들다. 때로는 자기를 보호해주지 못한 어머니를 향한 미움이 울컥 올라오기도 한다. 어머니를 향한 들끓는 감정들, 관계에서 오는 모든 진동들을 감당하면서 진아는 어머니하고 함께 살고 있다.

멋진 '복수'는 나의 힘

원심 재판만 1년 반이 걸렸다. 얼마 전 끝난 항소심과 지금 진행 중인 상고심까지 합하면 2년이 넘는 시간 동안 이어지고 있는 힘겨운 싸움이다. 수사와 재판 과정은 친족 성폭력 피해자에 관한 편견을, 가해자의 협박과 어머니의 비난을, 그리고 무죄라는 결과를 감당해야 하는 시간이었다. 그러나 진아가 그 과정에서 상처만 받은 것은 아니었다. 형사 사법 절차를 거치며 진아는 힘을 기르고 용기를 내는 모습을 보여 활동가들에게도 큰 울림을 줬다.

재판이 한창 진행되던 무렵 진아는 가해자하고 마주치는 사태까지 각오하고 빠짐없이 재판을 방청하러 갔다. 자기가 어떻게 진술하느냐에 따라 재판부의 처분이 달라진다는 사실을 깨닫고 피고인 쪽의 주장을 귀담아 들으려고 노력했다. 법정에서 가해자를 마주칠까봐 두려웠지만 "제가 봤으니까, 제가 당했고 제게 일어난 일들인데, 제가 봐야 하니까" 재판에 꼬박꼬박 참여했다고 한다. 또한 가해자에게 성형수술을 시켜달라고 하거나 용돈을 달라고 한 행동을 이해할 수 없다는 피고인 쪽 변호사에게는 "제가 그동안 그렇게 아빠에게 당했으면 그 정도는 요구할 권리가 있다고 생각해요"라고 당당하게 맞받아쳤다. 가해자를 처벌해달라는 분노에 찬 탄원서를 재판부에 여러 번 내기도 했다. 성폭력 사건 재판에서 피해자는 당사자가 아니라 사건의 '증인'으로 존재한다. 그러나 피해자가 재판부의 판결만 기다리지 않고 자기가 아는 진실을 적극적으로 주장할 때 사건의 '주체'가 될 수 있다는 것을 진아는 생생히 보여줬다.

진술은 고통스러운 경험을 되짚어야 하는 과정이었다. 여러 번 반복해서 피해 경험을 이야기하는 일은 결코 쉽지 않았다. 그렇지만 이야기하면 할수록 성폭력 경험에서 거리를 둘 수 있었고, 과거의 일들을 새롭게 바라볼 수 있게 됐다. 그러면서 피해 경험을 직면할 수 있는 힘도 길렀다. 진아는 형사 사법 절차를 거치며 법정뿐 아니라 소중한 '절친들' 앞에서도 성폭력 경험을 이야기하기 시작했다. 예전에는 부끄러워 숨기고 싶은 경험이었다면, 피해자인 자신이 수치스러워해야 할 일이 아니라는 사실을 알게 되면서 이제 '말하기'를 시작한 것이다. 진아가 용기를 내어준 만큼 많은 사람들이 곁에 함께했다. 열림터 활동가들, 법률 조력인, 소중한 친구들은 고통과 슬픔으로 흔들릴 때마다 진아를 붙잡아준 고마운 손들이다.

제가 나에 대해서 숨길 때는 아무한테도 도움을 받을 수 없는 거죠. 그래서 너무 힘들었어요. 새아빠에게 계속 당하고 있는데 나는 이것을 너무 부끄러워하고 오픈할 수 없으니까 계속 당하게 되고, 의지하거나 도움받을 수 있는 사람이 하나도 없었죠. 그런데 저에 대해서 열고, 말을 하고, 창피해 안 하려고 하고 그러니까…… 제가 오히려 이걸 말해서 저를 살릴 수 있었던 것 같아요. 피해자가 당당해져야 하는데, 아직까지는 편견이 있기

때문에 그 정도는 아닌 것 같고요. 그런데 좀 이런 생각을 하게 되더라고요. '당당해지자.'

진아는 법적 싸움이 "힘을 기르고 성장할 수 있는 과정"이었다고 말한다. 무죄가 나와 속상하지만, 재판 결과보다 그 결과에 다가가는 과정에서 배운 게 많다. 자기를 지지해주는 사람들을 만났고, 그 사람들 덕분에 더욱 단단해질 수 있었다. 살면서 가장 믿고 따를 수 있는 가족에게서 성폭력을 당한 진아에게, 믿음을 되찾는 일은 다시 살아가려 하는 치유의 노력이었다. 그리고 자신을 믿어주는 사람이 이렇게나 많다는 것을 알게 된 수사와 재판 과정은 결과에 상관없이 소중한 경험이다.

진아는 설령 무죄가 나오더라도 피해자들이 가해자를 꼭 고소해야 한다고 말한다. 다른 이유 때문이 아니라 "나를 살리기 위해서" 말이다. 과거의 상처를 마주하고 해결해가는 일이 때로는 성폭력의 고통보다 더 크다고 하더라도, 그 길이 곧 나를 살리는 길이다.

피해자들이 고소하는 것 필요하냐고요? 당연히, 저는 필요하다고 생각해요. 일단 나를 살리기 위해서는, 저는 고소를 해야 되거든요. 저는 해야 돼요. 다른 사람들은 어떨지 모르겠는데, 저는 그 상황에서 고소를 해야 해요. 고소를 안 하면 발목이 묶여 있고, 아마 대학교도 못 갔을지 모르고 고등학교도 못 졸업했을지도 모르고…….

항소심 무죄 판결이 나온 뒤, 조마조마한 마음으로 진아를 만났다. 진아가 무죄라는 결과를 어떻게 받아들이고 있을지 크게 걱정했는데, 다시 만난 진아는 생각 이상으로 의연하고 단단한 모습이었다. 우리는 재판 결과보다 대학 생활에 관해, 좋아하는 드라마에 관해, 하루하루의 소소한 일상에 관해 더 많은 수다를 떨었다. 물론 무죄 판결 때문에 많이 속상해했지만, 여느 때처럼 밝고 힘 있는 모습이라 한결 마음이 놓였다. 가해자가 언제 쫓아오지 않을까 두려워하면서도, 열심히 힘을 길러서 10년 뒤 멋지게 살아가는 모습으로 복수해주고 싶다는 진아. 내가 아는 진아는 누구보다도 힘 있는 사람이기 때문에, 그 '복수'를 통쾌하게 해내리라 믿는다. 진아가 펼쳐갈 내일을 온 마음을 담아 응원한다.

기쁨과 불행은
반반으로 온다

✚ 소라 이야기

소라는 2012년 3월 열림터에 들어와 1년 반 동안 생활하다 지금은 퇴소해 어머니하고 살고 있다. 열림터에 들어오기 전, 소라는 친아버지에게 3년 동안 성폭력 피해를 입었다. 소라는 집을 탈출하면서 가해자를 고소했고, 가해자는 원심에서는 무죄, 항소심에서 징역 7년을 선고받았다.

열림터에서 자원 활동을 하면서 몇 번 마주친 적이 있어 우리는 서로 낯이 익은 사이였다. 흔쾌히 인터뷰를 허락받았지만, 그래도 이렇게 길게 이야기를 나누는 자리는 처음이라 인터뷰를 어떻게 시작할지 고민이었다. 먼저 열림터에 들어오기 전 이야기를 해달라고 하자 소라는 "굉장히 스토리가 길어요. 되게 복잡해요. 이거 진짜 영화 찍어도 될 것 같은데"라며 말문을 열었다.

"네가 알아서 하라고, 네 일 아니야?"

영화 찍어도 될 것 같다는 말대로 스무 살 소라가 살아온 삶은 복잡다단했다. 어릴 때 부모님이 이혼한 뒤 소라는 친척 집을 전전하며 자랐다. 어머니는 열두 살이 지난 뒤 연락이 닿지 않았고, 아버지는 소라 남매를 삼촌 집에 맡겨놓고 가끔 보러오는 정도였다. 삼촌 집에 공짜로 얹혀사는 대신 식모살이하는 것처럼 집안일을 하고 애들을 돌보는 것은 소라의 몫이었다. 가끔 찾아오는 아버지는 열다섯 살 때부터 소라의 몸을 만지기 시작했다. 아버지의 손이 느껴질 때마다 "아빠 뭐하는 짓이야!"라고 소리치고 싶었지만 도저히 그럴 용기가 나지 않았다. 아버지가 자고 있는 소라의 몸에 성기를 삽입할 때에도 자는 척하며 몸을 뒤척이는 것이 소라가 할 수 있는 가장 큰 반항이었다. "아빠가 나를 좋아하고 다정한 부녀 사이로 지내고 가족들이랑 같이 하하 호호는 아니지만 트러블 없이 잘 지내는, 이걸 깨고 싶지 않았"기 때문이다.

계속되는 피해를 참다못한 소라가 가족 중에서 피해 사실을 처음 이야기한 사람은 '같은 여자'인 사촌 언니였다. 언니는 처음 며칠은 함께 울고 속상해하며 소라를 위로했다. 그러나 자신도 감당하기 힘들었는지 얼마 지나지 않아 "네가 알아서 하라고, 네 일 아니야?"라고 말하며 차갑게 돌아섰다. 집에 있는 다른 어른들도 마찬가지였다. 다들 알면서도 쉬쉬하는 분위기였고 조용히 묻으려고만 했다. 소라에게 유일하게 도움의 손길을 건넨 사람은 어른들이 아닌, 한 살 터울의 사촌 오빠였다. 사촌 오빠에게 피해 사실을 이야기한 다음 날, 소라는 사촌 오빠, 친오빠와 함께 여성긴급전화 1366 사무실로 향했다. 여성긴급전화 1366은 가정폭력, 성폭력, 성매매 등으로 긴급한 구조 보호 또는 상담이 필요한 여성들이 24시간 피해 상담을 받을 수 있고 적절한 자원을 연계받을 수 있는 기관이다. 3년 동안 지속된 피해에서 벗어난 순간이었다.

진술, 기억을 상대로 싸우기

소라는 아버지를 고소하는 문제는 생각해본 적도 없었고, 그럴 마음도 없었다. 애초에 1366에 신고한 것 자체가 소라의 뜻에 상관없이 사촌 오빠가 진행한 일이었다. 1366 상담원의 조언대로 다음 날 소라는 학교 가는 것처럼 집을 빠져나와 원스톱지원센터로 향했다(원스톱지원센터는 성폭력 피해자를 대상으로 상담 지원, 의료 지원, 수사 지원, 법률 지원을 한 곳에서 제공한다). 그러고는 원스톱지원센터의 안내에 따라 마음의 준비 없이 갑작스레 고소를 하게 됐다. 곧바로 증거 수집을 위해 산부인과 검진을 받았고, 생각을 가다듬을 틈도 없이 경찰 조사와 진술 녹화가 시작됐다. 하루 동안 휘몰아친 이 모든 것들이 열여덟 살 소라에게는 너무나 급작스럽고 버거웠다. 많은 절차와 낯선 사람들 속에서 갑자기 미아가 된 느낌이었다.

"진술 한 번만 하면 끝인 줄 알았던" 형사 사법 절차는 항소심 결과가 나올 때까지 2년 동안 이어졌다. 수사 과정 어디에서도 앞으로 어떤 일을 겪게 될지, 어떤 부분이 힘들고 어려울지 충분히 안내받지 못했다. 검찰이나 법정에서 진술할 때는 너무 무섭고 긴장돼서 한마디도 제대로 하지 못했다. 피고인 쪽 변호인에게 반대 신문을 받으면서는 죽고 싶다는 생각도 많이 했다. "성폭력을 당하는 것보다 조사 과정이 더 싫고 힘들" 정도였다. 심리적으로 불안한 상태라 진술도 정확하지 못했고 여러 번 흔들렸다. 결과는 원심 무죄 판결이었다.

친족 성폭력은 오랜 기간 반복되는 피해인데도 대부분 범행을 입증할 물리적인 증거가 없다. 피해를 직접 목격한 가족들은 그런 일이 있었다는 사실을 부인하는 경우가 많고, 다른 사람의 증언이 있더라도 대개 피해자에게 전해들은 이야기다. 따라서 재판부는 피해자의 진술이 얼마나 정확하고 일관성 있는지를 주목하게 된다. 소라의 재판에서도 쟁점은 '피해자 진술의 신빙성 여부'였다.

아빠가 집이 여기기는 한데 지방에 내려가고 하니까 구체적으로 몇 월 며칠 무슨 요일에, 주말에 이런 거를 얘기하기가 좀 헷갈리는 거예요. 내가 무슨 컴퓨터 기억장치도 아니고 이것저것 기억하는 사람도 아닌데, 어떻게 일일이 다 기억해요. 그걸 일일이 다 기억하는 사람이 신기한 사람인 것 같아요. 저는 그렇게 기억할 만큼 똑똑하고 야무지지도 못했고, (피고인 쪽 변호인이) 그런 거를 왜 기억 못하냐는 식으로 "왜 그걸 기억 못하나요, 증인분?" 이렇게 물어보기도 했고……. 너무 강하게 물어보니까 저도 모르게 전전긍긍하면서 말하면서 세 시간이나 네 시간이나 했거든요. 재판을 그렇게 했는데, 정말 처음부터 끝까지 쉬지도 않고 울었던 것 같아요. 너무 무서운 거예요.

피고인 쪽 변호인은 5센티미터가 넘는 두께의 가해자 휴대폰 통화 내역을 뽑아와 한 장 한 장 넘기면서 반대 신문을 했다. 증인인 소라가 말한 이날에는 가해자가 없었고, 이날에는 지방에 내려가 있었다, 주말에 가해자가 왔다고 했는데 이날에는 낚시를 하러 나갔다는 식이었다. 3년간 피해가 반복된 상황에서 정확한 날짜를 기억해내는 일은 '컴퓨터 기억장치'가 아닌 소라에게는 불가능에 가까웠다. 법정 진술 도중 몇몇 날짜가 틀렸다고 진술의 신빙성을 의심받게 됐을 때는 "내가 도대체 무슨 잘못을 해서 여기서 사람들한테 취조 받고 있는지 모르겠다"는 말까지 하게 됐다. 피고인 쪽 변호인의 공격적인 질문을 감내해야 하는 상황이 괴로운 나머지 흘러나온 말이었다.

소라의 진술에서 일관되지 못한 것은 가해자의 행동이나 피해 내용이 아니라 구체적인 피해 일자였다. 피해 일자는 법률가들에게는 매우 중요한 요건일 수 있지만, 일상적으로 성폭력 피해를 당해온 소라에게는 그렇지 않았다. 언제 그런 일이 있었느냐가 아니라 아버지에게 그런 일을 당한 것 자체가 중요했다. 따라서 가해자의 행동이나 말은 비교적 정확하게 기억하고 있었지만 구체적인 피해 일자는 기억에 담아두지 않았다. 피해가 오랜 기간 반복된 데다 잊고 싶은 기억이라 무의식적으로 기억을 뒤섞어버리기도 했다. 생각하고 싶지 않아서 잊으려고 노력한 결과 자연스레 기억이 흐릿해진 것이다. 왜 기억을 못하느냐는 피고인 쪽 변호인의 계속된 추궁에 소라는 이렇게 대답했다. "아빠한테 강간당했는데 기억할 수 있어요? 저는 기억하기 싫어요."

피해 일자를 정확하게 기억하지 못하는 것은 소라뿐 아니라 많은 친족 성폭력 피해자들이 겪는 고충이다. 우리는 일상에서 날짜나 시간을 쉽게 착각한다. 시간의 흐름에 따라 과거의 일을 서서히 잊는 것이 훨씬 더 자연스럽기도 하다. 친족 성폭력 피해자들이 피해 일자를 완벽히 기억해 진술하리라고 기대하는 것이 오히려 더 부자연스러운 일이다.

　가해자에게 징역 7년을 선고한 항소심 재판부는 판결문에서 이렇게
적는다. 이 재판부는 친족 성폭력 피해자가 진술하는 과정에서 겪는 어
려움에 깊은 공감을 나타내고 있다.

> 친족간 성폭력 범죄의 경우, 가해자와 피해자의 관계, 가해자에 대해 느끼
> 는 피해자의 이중적인 감정, 특히 나이 어린 피해자의 경우 양육자가 형사
> 처벌을 받게 됨에 따라 처하게 될 불안과 생활의 곤란 등으로 심리적·정서
> 적으로 억압된 상태에 놓이게 되는 것이 일반적이기 때문에 다른 성폭력 범
> 죄와 달리 피해자가 범행 시점 등을 정확히 기억하지 못하고 마치 사진과
> 같이 부분 부분만 기억하는 경우가 적지 않다. 따라서 특히 나이 어린 피해
> 자가 장기간에 걸쳐 친족간 성폭력 범죄를 당한 경우, 피해자 진술의 신빙
> 성 여부를 판단할 때 이와 같은 친족간 성폭력 범죄의 특수성을 고려할 필
> 요가 있다. (항소심 판결문)

　소라가 피해 일시에 관한 진술을 번복한 점을 언급하며 진술의 신빙
성을 인정할 수 없다고 본 원심 재판부의 판단하고는 대조적이다. 친족
성폭력의 특수성을 고려하면 피해자가 진술을 뒤집는다고 해서 무작정
의심하며 배척하는 태도는 올바른 판결을 내리는 데 걸림돌이 될 수 있
다. 법이 기대하는 만큼 피해자들이 정확하고 일관된 진술을 할 수 없는
이유와 조건은 무엇인지, 법이 너무 엄격한 잣대를 들이밀고 있는 것은
아닌지 고민해봐야 한다.

가해자와 피해자, 아버지와 딸

"아빠에게 그런 일을 당했는데 왜 아무런 대응을 안 했어요?" 반대 신문 도중 피고인 쪽 변호인이 소라에게 던진 질문이다. 아버지의 성폭력이 싫었다면 적극적으로 반항하고 거부하는 것이 피해자로서 상식적인 대응이라는 주장이었다. 동의 없는 강간이었다는 점을 입증하기 위해 성폭력 피해자가 얼마나 저항했는지를 따지는 형사 법정의 숱한 풍경하고도 많이 닮아 있다. 소라의 재판에서도 피해 상황에서 소라가 어떻게 행동했는지, 저항할 수 없었다면 과연 반항이 불가능한 '항거 불능 상태'(형법 제297조에 따르면 심신 상실의 이외의 원인 때문에 심리적 또는 물리적으로 반항이 절대적으로 불가능하거나 현저히 곤란한 상태)에 놓여 있었는지 등이 쟁점으로 다뤄졌다.

아버지의 성폭력이 있을 때마다 소라가 할 수 있는 최대한의 저항은 '자는 척하며 몸을 뒤척이는 것'이었다. 집안 식구들이 피해 사실을 알게 됐을 때 이상하게 쳐다볼까봐 두려웠고, '엄마도 안 계신데 아빠까지 감옥에 가면 나를 누가 보살펴주나' 하는 걱정도 들었다. 가뜩이나 무서운 아버지한테 괜히 저항했다가 어떤 일이 벌어질지 모른다는 두려움도 지울 수 없었다. 집안 어른들에게 이야기해도 별다른 도움을 기대할 수 없었다. 소라는 어릴 때 고모부에게 성추행을 당한 적도 있는데, 어른들에게 도움을 요청했다가 도리어 행실이 얌전하지 못하다며 야단맞았다. 이런 상황에서 소라는 성폭력이 있을 때마다 마치 잠자고 있는 듯, 아침에 일어나서는 아무것도 기억하지 못하는 것처럼 행동할 수밖에 없었다.

소라가 피해 속에서 일상을 지키기 위해 한 행동들은 법정의 도마 위에 오르자 '합리성'의 잣대에 어긋나는 것으로 여겨졌다. 왜 저항하지 않았느냐는 변호인의 질문을 받고 소라는 처음으로 법정에서 눈물을 흘렸다. '자는 척하며 몸을 뒤척이는 것'이 자신이 할 수 있는 최대한의 저항이었다는 소라의 말은 이해될 수도, 전달될 수도 없었다.

전체 성폭력의 70퍼센트가 넘는 '아는 사람이 저지르는 성폭력'에서 피해자들은 가해자하고 맺고 있는 관계 때문에 적극적으로 저항하지 못한다. 친밀한 가족 관계에서 발생하는 친족 성폭력의 경우 피해자의 저항은 더더욱 힘들다. 친족 성폭력 피해자의 일상에서 아버지와 딸의 관계를 삭제한 채 왜 성폭력에 강하게 저항하지 않았냐고 묻는 것은 '합리적'인 법 논리일 수 없다. 지금껏 법이 협소하게 정의해온 '저항'의 의미는 피해자들의 경험을 제대로 담아낼 수 없다.

다행히 항소심 재판부는 소라가 가족 관계 속에서 적극적으로 저항하지 못한 이유를 충분히 이해하고 피해자로서 저항이 불가능하거나 현저히 곤란한 '항거 불능의 상태'에 있었다고 판단했다. 무죄를 선고한 원심이 항거 불능을 인정하지 않고 소라가 피해 상황 속에서 보인 소극적인 여러 행동에 물음표를 던진 모습에 크게 대조된다. 똑같은 사건이라도 피해자의 경험을 어떤 관점에서 어떻게 읽느냐에 따라 법의 해석이 완전히 달라지는 셈이다. 재판부가 친족 성폭력의 특수성과 피해자들이 놓인 삶의 조건을 이해하는 일이 얼마나 중요한지 알 수 있다.

가해자에게 하고 싶은 말이 있느냐는 판사의 질문에 법정에 선 소라는 이렇게 말했다. "밥 잘 먹고 있으려나. 미안해요." 감옥에 있는 가해자가 밥은 잘 먹고 있는지 걱정된 소라가 눈물을 흘리며 한 말이다. 피고인을 처벌하는 문제에 관한 생각을 묻자 이렇게 대답했다. "생각은 해봤지만, 거기까지는 결정을 못 하겠더라고요. 좀더 생각해 볼게요. 법으로 보면 마땅히 벌을 받아야 된다고 생각하는데, 마음속에서는 아빠였으니까 안 그랬으면 좋겠다는 생각도 들고요." 수사와 재판 과정에서 소라는 가해자를 향한 분노에 더해 연민과 미안함을 느끼고 있었다. 소라가 가해자를 안쓰럽다고 생각한다니까 수사 기관 담당자들은 도무지 이해할 수 없다는 듯 반응했다. 아무리 아버지라지만 이렇게 끔찍한 짓을 한 가해자에게 어떻게 미안하고 안쓰러운 마음이 들 수 있느냐는 것이다. 그 사람들은 '미안하다'는 소라의 말이 무슨 의미이고, 소라의 눈물은 무엇을 뜻하는지 이해하지 못했다.

가해자는 지금껏 가족이자 아버지라는 이름으로 함께 살아온 사람이다. 돌봄이 필요한 피해자에게 가해자는 어쩔 수 없이 기대야 하는 존재였다. 가끔은 진심 어린 관심과 사랑을 받기도 했다. 온 가족이 나를 보호해준다고 믿던 행복한 어린 시절도 있다. 아버지와 딸, 가해자와 피해자의 관계로 살아온 많은 삶의 맥락은 '분노'라는 한 감정만으로 정리되지 않는다. 형사 사법 절차 속에서 가해자에게 갖게 되는 복합적인 감정은 피해자를 끊임없이 끌어당긴다. 가해자를 향한 양가감정은 많은 친족 성폭력 피해자들이 감당하고 있는 몫이다.

소라를 만나기 전에 나는 관련 기록을 찾아봤다. 상담 파일에서 발견한 소라의 메모에는 "아빠의 잘못이야. 물론 거절 못한 나도 잘못이 있지만"이라고 적혀 있었다. 한창 법정에 증인으로 출석하며 진술하던 시기에 쓴 글이었다. 소라는 꽤 오랫동안 아버지의 폭력에 힘껏 저항하지 못했다는 죄책감과 가해자를 향한 미안함을 안고 있었던 듯하다. "네 잘못이 아니다." 너무나 당연한 이 말을 해줄 수 있는 사람이 소라에게는 절실하게 필요했다. 그리고 열림터 활동가들의 지지와 항소심 재판부의 유죄 판결로 소라는 가해자에게 더는 미안해하지 않아도 된다는 것을, 더 적극적으로 저항하지 못한 자신에게 죄책감을 느끼지 않아도 된다는 것을 깨닫게 됐다.

'가족'은 누구를 지키는 울타리일까

열림터 통계에 따르면 친족 성폭력 사례 중 피해 사실을 가족이 알고 있던 경우는 절반에 이르지만 피해자에게 적극적으로 도움의 손길을 내민 경우는 드물다. 가족들은 피해 사실을 알게 돼도 가족이 깨질까 두려워 침묵하거나, 집안의 수치라고 말하며 피해자에게 침묵을 강요한다. 적극적으로 저항하지 못한 피해자의 행동을 문제 삼으며 성폭력을 피해자 탓으로 돌리기도 한다. 이런 상황에서 친족 성폭력 피해자들은 고소를 하고 싶어도 용기를 내지 못하거나 다른 가족들을 생각해 참게 된다. 힘겹게 고소를 결심한 뒤에도 가족들의 비난과 설득에 못 이겨 도중에 취하하기도 한다.

소라도 가족들의 지지나 도움은커녕 비난에 직면했다. 법정에서 "혼자서 쇼하는 거라고, 미친 거라고, 애가 돌았다"고 주장한 것은 다름 아니라 소라의 가족들이었다. 소라가 가족 중 처음으로 피해 사실을 털어놓은 사촌 언니는 "아버지를 먼저 유혹한 건 소라"라고 증언하기도 했다. 가족들이 고소를 취하해달라며 소라가 다니는 학교에 찾아온 일도 있었다. 열림터에 사는 소라에게 연락이 닿지 않자 전학 간 학교를 수소문해서 학교 앞까지 직접 찾아온 것이다. 고모는 다시 돌아오면 잘 돌봐주겠다며 소라를 달랬고, 삼촌은 "만약 네가 거짓말하면 (열림터) 선생님들이랑 너를 다 죽여버릴 거다"라는 협박을 하고 돌아갔다. 성폭력을 당한 소라를 믿어주는 가족은 없었다. 십 몇 년 동안 함께 살아온 가족들이 모두 소라에게서 등을 돌렸다.

재판이 한창 진행 중이던 어느 날, 친오빠가 열림터에 사는 소라를 찾아왔다. 사촌 오빠하고 함께 소라가 집을 탈출할 수 있게 도와준 오빠가 결국에는 가족들의 설득과 협박을 이겨내지 못한 것이다. 반년 만에 만난 오빠는 잘 지냈냐는 말 한마디 없이 "아빠 한 번만 봐주면 안 되겠냐", "아빠 살려주면 너 하고 싶은 대로 다 해주겠다"고 하며 소라를 설득하기 시작했다. 그러고는 고소를 취하한다는 각서를 써달라며 종이를 내밀었다. 아버지를 용서해달라고 비는 오빠를 보고 소라는 가슴이 찢어지는 듯했다. 이렇게 힘든데 그냥 다 용서하고 가족한테 돌아갈까 하는 생각도 들었다. 그렇지만 오빠가 내민 종이에 각서 대신 '한 번만 더 이런 불쾌한 일로 찾아오면 경찰에 신고하겠다'는 말을 써서 돌려줬다. 아무리 생각해도 이건 좀 아니라는 생각이 들었기 때문이다.

줄곧 담담하게 말하던 소라는 오빠 이야기를 시작하면서 눈시울이 붉어졌다. 가족들이 피해자인 소라를 비난하는 이유가 대체 뭘까? 왜 잘못을 한 가해자가 아니라 피해를 당한 소라가 가족들에게 비난받고 집을 떠나야 하는 걸까? 마음 아파하는 내게 소라는 이런 이야기를 들려줬다.

제가 그 얘기를 들었어요. 1366 처음 들어왔을 때 소장님이 저한테 얘기해주셨는데, 가족의 울타리가 이렇게 있대요. 그 와중에 약자, 피해당한 사람이랑 강자가 있겠죠. 아빠, 그 주변에는 가족들이 있는데, 가족들은 이 울타리를 지키기 위해서 피해자를 모른 척한다는 거예요. 강한 사람을 붙잡고 있으면 겉으로라도 단단해 보이겠지, 아무런 일도 없어 보이겠지 해서 죽이는 거예요, 약자를. 약자를 죽이는 거예요. 그냥 없던 일로 치려고. 이 상황에서 다 아빠 편을 들었거든요.

우리 사회에서 가족은 마지막 보루이자 반드시 지켜야 할 울타리로 여겨진다. 그렇지만 어떤 사람은 이 울타리 안에서 성폭력을 경험하고 침묵을 강요받는다. 성폭력 사건이 알려지면 가족이라는 안전한 울타리가 무너진다고 생각한 가족 구성원들은 이 울타리를 지키려고 약자인 피해자를 외면한다. 그리고 강자에 의지해 겉으로라도 '정상 가족'을 유지하고 싶어한다. 그렇게나 절박하게 지키려고 한 가족은 과연 누구를 위한 보루일까, 대체 누구를 지키고 보호할 수 있는 울타리인 걸까.

원심 선고 공판이 열리던 날 소라는 학교 수업 때문에 법정에 가지 못했다. 대신 오빠의 카카오톡 프로필에 적힌 메시지를 보고 무죄 판결을 직감한다.

저는 그때 안 갔어요, 학교 수업 때문에. 학교 수업이 세 시가 넘어야 끝나거든요. 저는 그때 어떻게 알았냐면, 선생님한테 들은 것도 아니고 아무한테도 안 들었는데 어떻게 알았냐면, 오빠의 카톡을 보고 알았어요. 카톡 프로필 딱 보면 '축하드려요 아빠', 이렇게 써 있는 거예요. 그런데 선생님이 그 전날 저한테 얘기해줬거든요. 오늘 몇 시에 결과가 나온다고, 결과 나오면 저한테 얘기해준다고 했는데, 그때 핸드폰 딱 열었는데 그 메시지 딱 보니까, '내가 졌구나' 하는 생각밖에 안 드는 거예요. 그런데 그 상황에서는 어떻게 해야 할지 모르겠는 거예요. '아, 내가 졌구나……' 정말 혼란스러웠어요. 정말 저는 그 메시지를 죽어도 못 잊을 것 같아요.

"내 목숨을 위해" 다행인 유죄 판결

가족이라는 공간에서 아버지라는 사람에게 당한 지속적인 성폭력. 그 당시 소라에게 고소는 선택지 여럿을 놓고 고민할 수 있는 문제가 아니었다. 사촌 오빠의 손에 이끌려 하게 됐지만, 고소는 소라가 "집을 당당하게 나올 수 있는 유일한 탈출구"였다. 그러나 진술, 양가감정, 가족의 비난 등 폭풍같이 휘몰아친 소용돌이를 감내해야 하는 과정이기도 했다. 또한 원심에서 무죄가 나오고 항소심에서 유죄 판결을 받기까지, 재판 결과를 기다리는 하루하루가 피 말리는 긴장의 연속이었다. 그렇다면 형사 사법 절차가 끝난 지금, 소라에게 고소의 의미는 어떻게 달라졌을까? 소라의 삶 속에 이 선택은 어떻게 자리매김하고 있을까?

그때로 다시 돌아가도 고소를 선택할 것 같으냐는 질문에 소라는 잠시 생각에 잠겼다. 많은 상처를 받은 너무 힘든 과정이어서 쉽게 대답할 수 없다고 했다. 그렇지만 항소심에서 유죄 판결이 나온 것은 정말 다행이라고 말했다. 만약 무죄였다면 거짓말로 "아빠 한 방에 보내버리려는 몹쓸 기지배"가 됐을 테고, 가해자나 가족들이 쫓아와 괴롭히지 않을까 매 순간 두려움에 떨어야 했을 테니 말이다. "내 목숨을 위해서" 유죄가 나온 것이 다행이라는 소라의 이야기에서 말로 표현하기 힘든 먹먹함이 느껴졌다.

친족 성폭력 사건에서 유죄 판결은 단지 법적인 인정 이상의 의미를 지닌다. 가해자를 고소한 행위가 정당하다는 점을 사회적으로 인정받을 수 있는 통로가 바로 유죄 판결이기 때문이다. 법적 인정은 피해자가 막연한 죄책감을 떨치고 성폭력이 자기가 아니라 가해자의 잘못이라는 사실을 확인하는 계기가 되기도 한다. 유죄 판결은 성폭력 피해를 인정받고 치유의 첫걸음을 내딛는 출발점이자 디딤돌이다. 더불어 소라의 말처럼 가해자에게서 분리돼 내 삶의 공간을 지키고 안전한 일상을 꾸려갈 수 있게 된 것도 유죄 판결이 지니는 소중한 의미다. 만약 무죄가 나왔다면 소라는 일상에서 안전함을 느끼거나 세상을 향한 믿음을 갖기 힘들었을 테고, 앞으로 걷게 될 치유의 길 또한 지금하고 많이 달라졌을지도 모른다.

형사 사법 절차가 끝난 지금 소라는 오빠를 포함해 가족들하고 모두 관계가 끊어져버렸다. 카카오스토리에서 화기애애하게 수다 떠는 가족들을 보면 많이 속상하고, 고소한 일이 후회되기도 하다. 다른 생존자들에게도 고소를 추천하고 싶으냐는 물음에 소라는 잠시 머뭇거렸다. 수사와 재판 과정은 많은 고통을 이겨내야 하는 과정이었다. 그 고통을 잘 알기 때문에 다른 생존자들에게 고소를 권하기가 힘들다고 했다. 그렇지만 신중하게 고민하고 자기 스스로 고소를 결정할 수 있기를 바란다는 이야기도 해줬다. 마음의 준비 없이 갑작스레 고소를 하게 되면서 많이 힘들고 다친 경험을 한 사람이 하는 조언이다.

"기쁨과 불행은 반반으로 온다." 소라가 다른 생존자들에게, 그리고 자기에게 해주고 싶은 말이다. 이제 불행은 겪었으니 기쁨을 느낄 차례라고, 그러니 함께 살아가자고 소라는 이야기한다.

엊그저께 만난 선생님이 그랬는데, 기쁨과 불행은 반반으로 온다는 법칙이 있대요. 좋은 글을 써서 주셨는데, 그런 글이 있더라고요. 불행은 반은 온 것 같으니까, 불행은 나중으로 미뤄두고 이제 기쁨을 느낄 시간인 것 같고……. 혹시 나중에 힘들다면 재판하면서 겪은 어려움을 기억하면서 잘 이겨냈으면 하는, 다 같이 살았으면 하는…….

이제 스무 살이 된 소라는 고등학교를 졸업하고 인생의 새로운 출발점에 섰다. 세계 곳곳을 찾아다니면서 추억을 남기고 멋진 풍경을 담아오는 여행 작가가 소라의 꿈이다. 나중에 여행 에세이를 쓰게 되면, 한 친족 성폭력 생존자가 어떤 치유 과정을 밟아왔는지도 함께 이야기하고 싶다고 한다. 소라가 앞으로 다가올 삶의 여정을 잘 꾸려가기를, 그리고 머지않은 미래에 아주 특별한 용기와 지혜가 담긴 소라의 글을 읽을 수 있기를 기대한다.

법이여,
마음을 열어라

한국 사회에서 친족 성폭력 피해자들이 고소를 결심하려면 많은 난관을 헤쳐 나가야 한다. 대부분 어릴 때부터 시작돼 일상이 된 이 행위가 성폭력이라는 사실을 인식하는 데 오랜 시간이 걸린다. 무엇보다 성폭력 '가해자'는 매일 함께 생활하며 자기를 키워준 아버지 또는 믿고 따르는 오빠나 삼촌이기 때문에 피해자들은 커다란 혼란과 갈등을 겪는다.

용기를 내어 고소를 한 뒤에도 많은 어려움에 부딪힌다. 유림과 진아처럼 자기 처지에서 이 사건을 바라볼 것이라고 믿고 기대한 어머니가 아버지 편에서 자기를 공격하고 비난하는 믿지 못할 상황에 놓이기도 한다. 수사와 재판 과정에서는 명확한 피해의 증거가 필요하고 일상적으로 반복되던 피해는 육하원칙에 따라 하나하나 사건으로 구성돼야 한다. 또한 담당자들의 전문성과 인권 의식이 부족해 2차 피해를 입기도 한다.

그런데도 유림, 진아, 소라처럼 친족 성폭력 피해자들은 고소 뒤 이어지는 험난한 수사와 재판 과정을 꿋꿋이 견뎌내고 있다.

친족 성폭력 피해자에게 고소는 가족 안에서 견고한 권력을 갖고 있는 가해자에 정면으로 맞서는 일이다. 상식적으로 있을 수 없다고 믿는 일이 실제로 벌어졌다는 사실을 증명해야 하는 고된 싸움이다. 대부분의 피해자들은 고소를 하는 동시에 가족들의 회유와 협박에 시달리거나, 혼자서 집을 떠나야 하는 상황에 내몰리기도 한다. 따라서 가해자가 유죄 판결을 받아야만 피해자들이 그나마 숨을 쉴 안전한 공간이 생긴다. 우리가 만난 유림과 소라는 가해자인 아버지가 유죄 판결을 받았지만, 진아는 안타깝게도 항소심에서 무죄가 선고돼 또다시 어려운 싸움을 앞두고 있다.

세 사람의 경험에서 우리는 법에도 '마음'이 있어야 한다는 사실을 확인할 수 있었다. 세 사람의 생존자는 자기들이 왜 계속 피해를 입을 수밖에 없었는지, 왜 저항하기 어려웠는지, 왜 명확한 증거를 모을 수 없었는지, 딸이 받은 피해를 마주한 어머니의 반응은 왜 이렇게 갈등적이고 모순적인지를 생생하고 힘 있게 이야기한다. 그동안 닫혀 있던 법의 '마음'도 피해자의 경험과 목소리에 귀 기울이며 조금씩 열려가고 있다. 아직 희미하지만 분명히 느껴지는 이런 변화는 성폭력을 바라보는 사회적 인식의 변화를 촉구하고 있다. 또한 친족 성폭력을 법이 결코 눈감지 않을 것이라는 굳은 의지를 담아 법과 제도를 보완하고 형사 사법 절차를 제대로 운영해야 한다.

유림, 진아, 소라의 고소는 피해 사실을 드러내지 말고 '가만히 있어라'라고 말하는 무언의 사회적 압력에 굴하지 않고 용기 있는 '말하기'를 시도한 행동으로서 아주 의미가 크다. 이어진 형사 사법 절차에서 2차 피해를 겪고 고통과 절망을 느끼기도 했지만, 주변의 지지와 응원에 힘입어 부당한 현실에 아주 당차게 맞섰다. 세 사람의 생존자는 입을 모아 법적 싸움이 "힘을 기르고 성장할 수 있던 과정"이라고 말한다. 그리고 수사와 재판 과정에 함께하면서 따뜻한 시선으로 응원해준 열림터가 어려움을 견뎌낼 수 있는 든든한 버팀목이 됐다고 말한다.

법적 절차는 친족 성폭력 생존자들에게 끝이 아니라 시작이었다. 가해자의 유무죄를 넘어 생존자들은 이제 다시 치유의 길을 걷고 있다. 소송을 마치고 난 뒤 일상에서 나를 인정하고 존중하기, 세상에 말 걸기, 소통하기는 어디에도 정답이 없고, 스스로 노력하면서 만들어가야 하는 과정이다. 그 사건에서 어느 정도 벗어난 듯하다가도 어느 날 불쑥 기억이 되살아나며 그동안 쏟은 노력이 무색할 정도로 일상이 온통 흔들리는 일이 다반사다. 그 상태에서 또다시 일어서 길을 걸어가야 하는 것이 성폭력 생존자들을 둘러싼 현실이다.

유림, 진아, 소라의 경험이 아직 말조차 하지 못하고 있는 많은 친족 성폭력 피해자들이 세상을 믿고 치유의 여정을 시작하는 희망의 근거가 될 수 있기를 바란다. 세 사람의 생존자가 수사와 재판 과정에서 보여준 아주 특별한 용기, 그리고 이런 과정을 거쳐 변화하게 될 사회를 향한 상상이 우리 가슴을 뛰게 한다.

3장

내비 없어도
내비두기

✛

가족 없이
나 홀로
흔들리는
자립

김지현(나랑) 2008년 내담자로 한국성
폭력상담소를 처음 만났다. 2011년 3
월부터 2013년 4월까지 열림터에서
야간 활동가와 주간 활동가로 일했다.
목소리가 되지 못한 여성들의 목소리를
기록하려고 여성주의 저널 '일다'에서
일하고 있다. 이 책을 펴내는 데 책임연
구원으로 함께했다.

열림터에 사는 친족 성폭력 생존자들은 정해진 기간이 지나면 퇴소를 한다. 대부분 가족이 있는 집으로 돌아갈 수 없기 때문에 퇴소 뒤 혼자 살거나 그룹 홈으로 가는 등 다양한 경로를 모색하며 자립이라는 긴 여정의 출발선에 선다.

생존자들에게 퇴소는 두려움이 큰 일이다. 퇴소하면 그동안 열림터에 살면서 받던 다양한 물질적, 정서적 지원을 받을 수 없게 된다. 빠르게 사회적 안전망 바깥으로 밀려나 모든 것을 혼자 해결해야 하는 홀로서기의 시작인 셈이다. 열림터 생활을 하는 동안 자기를 규정하던 '친족 성폭력 생존자'라는 정체성에서 벗어나 당당한 사회 구성원으로 살아가고 싶지만, 퇴소 뒤의 삶은 가족의 부재를 끊임없이 직면해야 하는 시간이 되기도 한다.

자립은 '스스로 섬'을 뜻한다. 그러나 모든 것을 혼자 척척 잘해낼 수 있는 사람은 없다. 오히려 자립은 사회적 자원을 적극 활용하고 다른 사회 구성원들과 적절한 관계를 맺으며 더불어 살아가는 상태를 의미할 것이다.

그렇다면 열림터를 퇴소한 친족 성폭력 생존자들은 어떻게 자립해 살고 있을까? 어떻게 돈을 벌고, 사회적 관계를 맺고, 가족을 구성하며 살아가고 있을까? 생존자들이 사회 속에서 더불어 살아가지 못하게 가로막고 힘들게 만드는 요인은 무엇일까? 그런데도 삶을 지속할 수 있는 힘의 원천은 무엇일까? 또 열림터에서 산 시간을 자기 삶에 어떻게 자리매김하고 있을까?

민아, 승자, 옥지 세 명의 퇴소 뒤 삶의 궤적을 따라가며 이런 물음에 답하려고 한다. 퇴소한 지 각각 2년, 7년, 10년이 된 이 세 명의 생존자는 때로는 넘어지고 때로는 구르면서도 자기에게 주어진 삶의 길을 있는 힘껏 걸어가고 있다.

잘 살고 있다,
나는

✚ 민아 이야기

나는 2011년 3월 말부터 열림터에서 야간 활동가로 일하기 시작했다. 며칠 뒤 열림터 식구들이 환영회를 해줬고 그 자리에서 민아를 처음 봤다. 스물두 살이던 민아는 그날 몸이 안 좋았는지 방에 계속 누워 있다가 부스스한 모습으로 나타났고, 처음 만난 나하고 눈을 잘 마주치지 않았다. 키도 크고 목소리도 크고 활달하고 유머러스하면서도 왠지 나를 경계하는 눈빛을 보였고, 사람을 쉽게 믿지 않을 듯했다. 우리는 친해지는 데 오랜 시간이 걸렸다. 야간에 열림터에 있으면 생활인들이 자주 상담을 요청하는데, 민아는 내가 일한 지 몇 달이 지난 뒤에야 상담을 원했다.

민아는 어린 시절부터 할아버지와 오빠의 성폭력, 아버지의 폭력에 시달렸다. 할머니는 민아를 미워하고 오빠를 두둔했다. 아버지 대신 생계를 꾸려야 하는 어머니는 민아를 보호할 여력이 없었는데, 계속되는 아버지의 폭력을 견디지 못하고 민아가 중학생일 때 집을 나갔다. 함께 폭력에 시달리던 여동생은 고등학생이 된 뒤 가출했다. 민아가 집에서 벗어난 때는 대학생이 된 뒤였다. 집을 나온 민아는 스물한 살에 열림터에 들어왔다.

민아는 열림터에서 맏언니 구실을 했다. 민아가 귀가하면 다른 생활인들은 민아의 손에 어떤 간식이 들려 있는지 먼저 살폈다. 주말에는 요리 솜씨를 발휘해서 특식도 만들었다. 나도 많이 의지했다. 어릴 때부터 할머니를 따라다니며 살림을 한 덕분인지 민아는 집을 어떻게 건사해야 하는지 감이 있었다. 열림터 살림을 하면서 모르는 것이 있을 때마다 나는 민아에게 이것저것 많이 물어봤다. 배탈이 난 내게 민아가 흰죽을 끓여준 기억도 있다.

그렇게 어른스러운 민아는 마음이 여려서 누가 조금이라도 딱딱하거나 퉁명스럽게 말하면 상처를 받았다. 언젠가 한번은 주말에 프로그램 때문에 일찍 일어난 민아가 짜증을 내자 나도 화가 나 쌀쌀맞게 "짜증내지 마"라고 짜증을 냈다. 민아는 상처를 받았는지 프로그램 중간에 나와서 엉엉 울면서 다른 활동가에게 전화를 했다. 숙직방에 내가 있는 줄 모르고 숙직방 바로 밑 담벼락에서 한참 통화를 하며 섭섭함을 털어놨다. 민아가 자기감정을 드러내면 "응, 그랬어?" 하며 받아줄 사람이 필요해 보였다. 민아는 가족이 그런 구실을 해주기를 바랐고, 열림터가 그런 가족이기를 바랐다.

3평 원룸에 둥지를 틀다

자기 말마따나 민아는 열림터에서 2년을 꽉 채워 살고 스물세 살에 '만기 제대'했다. 열림터에 사는 동안 민아가 어릴 때 집을 나가 지방에서 작은 식당을 하고 있는 엄마하고 연락이 닿았다. 그곳은 민아가 태어나고 자란 곳이며 오빠에게 성폭력 피해를 입은 곳이다. 민아는 그곳에서 전문대를 졸업했고 친구들도 있었지만, 가해자가 여전히 살고 있는 그곳으로 돌아갈 수는 없었다. 임신한 여동생은 남자 친구하고 함께 살고 있었다. 선택지가 많지 않았다. 퇴소 뒤 살 곳은 수도권, 그중에서도 집값이 가장 싸고 원룸이 많은 동네였다. 열림터 활동가와 함께 부동산에 가 집을 알아보면서 퇴소 준비가 시작됐다.

민아는 퇴소할 때 자립 지원금을 받았다. 정부는 2011년부터 성폭력 피해자 쉼터에서 2년 이상을 지낸 만 18세 이상의 생존자에게 자립 지원금 300만 원을 지원하고 있다(이 기준은 2013년에 바뀌어 지금은 쉼터에서 1년 이상 지낸 만 18세 이상의 생존자에게 자립 지원금 500만 원을 지급하고 있다. 이런 지원 제도가 최근에야 마련된 사실은 그동안 친족 성폭력 생존자의 '자립'이 주된 관심이나 논의의 대상이 아니었다는 것을 말해준다). 살 공간을 마련하는 일이 급해서 이 지원금은 대부분 월세 보증금으로 쓰인다. 열림터에 살면서 개별 후원자가 생기지 않는 한 목돈을 마련할 길이 없다. 생존자들은 이 지원금 말고는 다른 여유 자금 없이 퇴소하게 된다.

이런 상황을 잘 아는 민아는 열림터에서 살뜰하게 돈을 모았다. 학원비를 지원받아 회계 관련 자격증을 땄고, 회사를 다니면서 받은 월급을 대부분 저축했다. 짠순이처럼 옷도 거의 사지 않고 맛있는 것도 사먹지 않았다. 그래서 자립 지원금 말고도 500만 원을 모아 적금을 들어뒀다. 열림터에서는 전무후무한 일이었다.

2년을 꽉 채우고 나가는 생활인을 처음 겪는 나는 그만큼 민아가 애틋하고 마음이 쓰였다. 콜밴을 불러서 짐을 옮긴 뒤 빨간색 지갑을 탁 열어 택시비를 내는 민아가 왠지 멋져 보이면서도, 그때서야 비로소 민아가 퇴소한다는 사실을 실감했다. 원룸이라고 해도 화장실을 포함해 고작 3평짜리 방이니 그냥 현관이 달린 고시원이라고 보는 게 맞을 것 같았다. 방을 쓸고 닦고 짐 정리를 같이 했다. 근처 슈퍼에서 바가지나 수세미 같은 간단한 살림살이 몇 개를 사다준 뒤 자장면을 먹고 헤어졌다. 건물이 깔끔하고 큰길에서 깊숙이 들어가지 않아 그나마 안심이 됐지만, 생각보다 방이 좁아서 속상하던 기억이 난다.

나만의 규칙을 만들어가기

열림터에 있을 때는 2년 동안 그렇게 빡세게 있다가, 제약이 있다가 제약이 없어지니까 너무 편한 거예요. 제가 원하는 건 그렇게 많지가 않았는데, 제가 원하는 건 그냥 밤늦을 때까지 노는 거? 왜냐하면 그런 걸 해본 적이 없으니까. 처음에 가서 뭘 했냐면요. 짐 정리 안 하고 나와서 해 뜨는 거 봤어. 그게 너무 기분이 좋은 거야. 열림터 전에도 억압받으면서 살았는데, 열림터에서는 조금 더 나아졌지만 그래도 억압받으면서 지낸 게 있는데, 내가 억압받으면서 제일 못한 게 해 뜨고 해 지는 걸 못 봤을 거 아니에요.

그게 너무 보고 싶었어.

퇴소한 생존자들은 열림터에 살 때 가장 불편한 점으로 대부분 귀가 시간을 꼽는다. 민아는 규칙을 잘 지키는 편이었는데도 열림터 생활을 답답하게 느꼈다. 열림터는 귀가 시간, 취침 시간, 식사 시간, 청소 시간이 정해져 있었다. 평일에는 공부 시간이나 요가 등으로, 주말에는 각종 프로그램과 가족회의, 대청소 등으로 꽉 짜여 있어서 자유 시간이 많지 않았다. 민아는 퇴소 뒤 시간을 자유롭게 쓸 수 있어 즐거워했다.

할아버지와 오빠의 성폭력, 아버지의 가정폭력, 할머니의 폭언이 일상이던 어린 시절의 집, 그리고 지켜야 할 규칙이 많던 열림터 생활. 모두 하기 싫은 것들을 억지로 참고 해야 했다. 그렇지만 퇴소 뒤에는 청소도 하고 싶을 때 할 수 있고, 밤에는 클럽에 가거나 해돋이를 볼 수도 있었다.

시간뿐 아니라 돈도 자유롭게 쓸 수 있게 됐다. 민아는 돈을 꾸준히 벌었지만, 다른 생활인들이 느낄 박탈감 때문에 필수품 말고는 사기를 꺼려했다. 추위를 많이 타서 온열매트가 필요했고 예쁜 샴푸나 린스 통 같은 소품도 사고 싶었는데, 퇴소 뒤에는 자유롭게 그런 씀씀이를 계획하고 실행할 수 있었다.

시간과 돈을 자유롭게 쓸 수 있다는 것은 꿈꾸고 상상하며 이것저것 시도할 수 있는 기회가 많아졌다는 뜻이었다. 민아는 퇴소 1년 뒤 사이버대학교 법학과에 편입했다. 열림터 퇴소를 앞두고 고소를 결심했는데, 이때 만난 변호사를 롤 모델로 삼게 됐다. 변호사의 권유로 편입을 결심했고, 퇴소 뒤 시간적인 여유가 생기면서 학교생활을 시작할 수 있었다. 평일에는 회사에 다니고, 주말에는 학교에 특강을 들으러 가거나 학생회 활동을 하고 있다.

여러 시도를 하며 민아는 자기 욕구에 집중하면서 자기가 무엇을 좋아하고 무엇을 싫어하는지 탐색하게 됐다. 집에서 지낼 때 민아는 좋고 싫음을 생각할 겨를 없이 복종만 하고 살았다. 열림터에 와서 자기 욕구를 들여다볼 기회를 얻었지만, 공동 생활이 주는 제약 때문에 자유롭게 이것저것 시도할 수는 없었다. 퇴소 뒤 민아는 자신만의 규칙을 만들어가고 있다. 클럽 가서 춤추는 것은 좋지만 남자들의 스킨십은 싫다. 형법은 재미있지만 민법은 재미없어서 공부를 하지 않는다. 학점이 낮게 나와도 스스로 책임지려 한다. "그냥 아직은 내가 재미있는 거 찾아보고 싶은, 내 감정을 좀더 진솔하게 바라보는 그런 과정"이다.

민아에게 퇴소는 공동 생활이 준 제약에서 벗어나 자기 생활을 주체적으로 계획하고 관리할 수 있고, 상상력과 운신의 폭이 넓어지며, 자기 욕구를 탐색할 기회가 열린 것을 뜻했다. 그러나 이런 다양한 욕구와 상상력은 '빈곤한 자원' 탓에 현실화되지 못하고 번번이 좌절됐다.

"실패할 권리"가 없는 청춘

퇴소 뒤 민아는 "장을 봤는데, 몇 개 안 샀는데 15만 원 넘어갈 때" 답답하면서 자기가 세상 물정을 모르고 있다는 생각을 했다. 사회적 안전망 바깥으로 밀려나 학비, 병원비, 집을 건사하는 데 들어가는 돈이 모두 자기 부담이 된 것이다. 민아의 엄마는 경제적 지원을 할 수 없는 상황이었다. 그래도 민아는 적금 500만 원을 깨고 싶지 않아서 영화도 안

보고 고기도 안 사먹으며 버텼다.

혼자 살 때는 그렇게 아낄 수 있었지만 동생이 이혼하고 민아의 집으로 들어오면서 지출이 늘어났다. 동생은 아이를 낳은 뒤 치아가 부실해지고 원인 모를 두통에 시달렸다. 병원 진료비로 500만 원이 넘게 들었는데, 절반을 민아가 댔다. 그 뒤 둘이 함께 살 큰 집으로 이사하면서 가전제품이나 가구를 새로 사야 했다. 또 민아가 이직을 하면서 공백이 생긴 몇 달 동안 생활비가 필요했다. 민아는 적금을 깨면서 펑펑 울었다. 그 500만 원은 결국 지금 한 푼도 남지 않았다.

민아는 회사에 다니면서 주말에 피시방 아르바이트를 하기도 했다. 그즈음 민아는 성판매의 유혹에 시달렸다. 많은 돈이 아니라 딱 월세 낼 만큼 돈이 더 필요했다. 당장 월세 낼 날짜는 다가오는데 몇 십만 원이 없을 때 도움을 청할 곳이 없었다.

(퇴소해서) 가장 힘들 때는 월세 나갈 때가 제일 힘들더라고요. 매달 월세 낼 때가 제일 힘들어, 매달, 매달. 생활비 나가고 카드값 나가고 그때? 매달 전쟁인 것 같아. 보통 집 같은 경우는 엔 분의 일을 하거나 집이 있거나 그렇게 할 텐데, 그게 제일 힘든 것 같아요.

자녀가 독립하는 시기가 늦어지고 있다. 대학을 졸업해도 안정된 자리에 취직하기가 쉽지 않고, 취직이 돼도 집을 사거나 결혼할 때 드는 목돈은 부모 집에 얹혀살지 않으면 모을 수 없다. 이런 '캥거루족'은 세계적인 현상이다. 그러나 민아 같은 친족 성폭력 생존자에게는 먼 나라 이야기다. 민아는 또래들하고 얘기할 때 박탈감을 심하게 느꼈다. "어디 사세요?"라고 물어봤는데 누가 "엄마, 아빠랑 같이 살아요"라고 대답하면 너무 부러웠다. 요즘 읽은 자기 계발서에는 '20대면 월급의 80프로를 저축하라'고 적혀 있었다. 부모 집에 같이 살면서 도움을 받는 사람은 그럴 수 있을지 모른다. 그렇지만 민아는 다른 출발선에 서 있었다. 그렇다고 또래가 아닌 30대를 만나면 월급쟁이라는 점만 똑같을 뿐 경제력은 크게 차이가 나 주눅이 들었다.

혼자서 자기 생계를 온전히 책임져야 하는 현실은, 민아가 소속감을 느끼고 인간관계를 맺을 수 있는 공동체를 선택하는 데에도 주요한 조건으로 작용했다. 민아는 편입하면서 스터디에 참여하고 싶었다. 기출 문제를 많이 뽑아줘서 학점에 도움이 됐고 사람들하고 친해지고 싶기 때문이었다. 그러나 1년 회비 30만 원을 낼 수 없어서 포기했다. 결국 민아는 어디에도 낄 수 없었다.

이런 자신의 조건을 민아는 "실패할 권리가 없다"고 표현한다.

내가 만약에 여기서 실패를 한다, 내가 만약에 회사를 다니다 갑자기 잘렸어요. 그럼 나를 먹여줄 사람이 없는 거야. 보통 가정집 같은 경우는 어머니가 학비를 대주든가 생활비를 대주든가 아니면 집으로 들어와, 이렇게 하겠죠. 나는 그게 전혀 없다. 나는 나 혼자 살아야 되는데, 난 여기서 잘리면 안 된다.

보통 20대는 좌충우돌할 수 있는 시기로 여겨지지만 민아는 그럴 수 없다. 가장 큰 고민거리는 월세다. 공부도, 노는 것도 그다음이다. 민아는 퇴소하면 가보고 싶던 클럽을 두어 번 간 뒤 이제 가지 못한다. 집에서 텔레비전을 보거나 게임만 할 수 있을 뿐 클럽을 가거나 공연을 보는 등 또래들의 문화를 즐길 수 없다. 이런 사정은 민아뿐 아니라 가난한 가정의 20대에게 모두 해당된다. 그렇지만 민아는 가난에 맞닥뜨릴 때마다 자기를 지원해야 할 가족이 어떻게 파괴됐는지를 떠올리게 된다. 20대를 지나는 내내 돈에 쪼들려 비틀거릴 때마다 민아는 자기가 친족 성폭력 생존자라는 사실이 서러울 것이다.

'난로 대용 곰돌이'의 따뜻한 온기라도

퇴소 뒤 처음 살게 된 원룸은 민아에게 '집'이라는 느낌을 주지 못했다. 좁은 공간 안에 세탁기, 에어컨, 개수대, 책상 등 있을 것은 다 있었다. 그렇지만 그곳에서 전자레인지에 데워 먹는 정도 말고는 살림을 하지 못했다. "누워서 파닥거리면" 끝인 공간에서 "무료하고, 짜증나고, 답답하고, 짜증나니까 울고, 우니까 우울한" 일상을 반복했다.

좁기도 했지만 같이 사는 사람이 없다보니 늘 집 안을 감도는 썰렁한 냉기가 집을 집 같지 않게 했다. 집에 가봤자 아무도 없고 혼자 밥 먹기도 싫었다. 밥 사줄 사람을 만나거나 집 근처를 하염없이 걸어 다녔다. 밤이 돼서 걸어 다니기 무서우면 집 앞에 덩그러니 앉아 있기도 했다.

민아는 혼자 밥을 먹을 때 외로움을 가장 절절하게 느껴서 밥을 잘 챙겨먹지 않았다. 가끔은 컴퓨터로 게임을 하거나 스마트폰으로 랜덤 채팅을 하면서 밥을 먹었다. 진정성 있는 관계가 아니어도 괜찮았다. 게임이나 채팅을 하면서 시시껄렁한 대화라도 나눠야 혼자 밥 먹는 서러움을 잊을 수 있었다. 민아는 오늘 뭐 했는지, 무슨 일이 있었는지 수다 떨 수 있는 일상적인 관계를 원했다.

외로움이 절정에 다다를 때 마침 열림터를 퇴소한 친구 한 명을 집에 들였다. 두 달 뒤 동생이 들어오게 되면서 친구는 나가고, 민아는 동생하고 함께 방이 2개인 집으로 이사를 하게 됐다. 이 집에서 그때 사귀던 남자 친구하고 동거를 시작했다.

나는 민아가 열림터에서 오랜 시간 공동 생활을 했기 때문에 다른 사람이 간섭하지 않는 독립 공간을 바란다고 생각했다. 만약 다른 사람하고 같이 산다면 악착같이 돈을 모으는 성격에 경제적 부담을 고려한 선택일 것이라고 봤다. 그렇지만 친구와 동생, 남자 친구가 함께 사는 동안 생활비를 거의 보태주지 않았는데도 민아는 불만이 없어 보였다. '가족 같은 느낌'을 준다면 경제적 부담은 감수할 만한 일이었다.

동생이 되게 짜증나는 짓도 했고 친구도 마음에 안 들기는 했는데, 그래도 집 안에 사람이 있다는 게. 모든 사람들이 결혼하는 이유가 집에 딱 들어왔는데 냉기가 너무 싫어서라고 그러잖아요. 집에 딱 들어갔는데 온기도 없고, 맞아주는 사람도 없고, 내가 왜 들어가나 싶기도 하고, 집이 집 같지도 않은 그런 느낌이 너무 싫어요. 친구나 동생이 있을 때는 집에 꼬박꼬박 들어갔지, 걱정되니까.

민아가 원하는 가족은 경제적 공동체보다는 애정과 친밀함으로 맺어진 공동체였다. 그래서 경제력이 없는 남자 친구에게도 관대할 수 있었다. 남자 친구는 민아가 고소를 하고 법적 싸움을 진행하는 과정에서 큰 힘이 됐다. 밤에 악몽을 꾸고 벌떡 일어나 울 때마다 같이 밤을 꼬박 지새우며 위로하는 자상한 사람이었다. 돈을 많이 벌지 못하고 생활비도 주지 않았지만, 중요하지 않았다.

시간이 흘러 헤어진 뒤에도 남자 친구는 민아의 집에서 나가지 않고 있다. 민아도 억지로 쫓아낼 생각은 없어 보였다. 이미 정은 떨어졌지만 누군가의 온기가 필요하기 때문에 "그냥 곰돌이 하나 있는 것"처럼 생각하면서 "난로 대용"으로 삼고 있다고 했다.

사회가 불안정할수록 가족은 안락하고 따뜻한 보살핌의 공간으로 떠오른다. 민아도 그런 가족을 원했다. 가족을 향한 목마름 때문에 민아는 관계의 불평등이나 불리함도 감수하고 있었다. 그렇게 악착같이 돈을 아끼고 모으던 민아가 동생과 전 남자 친구를 건사하느라 여윳돈 한 푼 없이 살아가는 모습을 보면 안타까웠다. 민아에게는 가족이 주는 온기가 절실했다.

빈자리를 채워주는 사람들

열림터 앞에서 그냥 서성인 적도 있었어. 아, 진짜? 너무 가고 싶은 거야. 애들이 너무 보고 싶어서. 누구 애들? 그냥 열림터 생활이 너무 좋았어요. 열림터 가서 그 앞에서 쭈그리고 애들 막 웃잖아. 그 소리가 밖에까지 나니까. 아, 저기 있었으면 진짜 좋았을 텐데. 그 생각 되게 많이 했어요. 그 앞에 갔는데 따뜻한 게 확 느껴져서, 그때 아픈 게 확 나았어요.

열림터는 퇴소자들에게 열림터 집을 개방하지 않는다. 지금 살고 있는 생활인들의 안전을 최우선으로 하기 때문에 퇴소자들과 활동가는 주로 사무실에서 만난다. 퇴소 뒤 처음으로 많이 아플 때 민아는 열림터의 따뜻한 느낌, 가족 같은 분위기가 그리웠다. 열림터에 와서 근처를 서성였고, 그것만으로 좋은 에너지를 받았다. 민아는 열림터 후원회원으로 가입해 다달이 후원회비도 내고 행사에도 적극 참여했다. 지금 살고 있는 생활인들을 만나면 먼저 살아본 선배로서 조언을 하고, 밥 한 끼 사주겠다며 핸드폰 번호를 주고받기도 했다.

민아는 열림터가 "친정 같은 곳"이 돼주기를 바랐다. 힘들 때 언제라도 달려와 하소연하면 등 두드려주는 곳 말이다. 그렇지만 열림터 활동가들은 지금 살고 있는 생활인들을 챙기느라 바빴고, 열림터에 살 때처럼 민아를 세심하게 돌보지 못했다. 민아는 그런 현실을 알면서도 기대를 버리지 못하고 오랫동안 서운해했다.

열림터에서 함께 산 친구들은 여전히 민아의 '베스트 프렌드'다. 지난 추석에 열림터에서 같이 산 친구들이 한집에 모여 고기를 구워 먹었다. 이번 설에는 한 친구하고 함께 차례도 지냈다.

추석이 다가오니까 (친구가) 아버지가 보고 싶다 그러면서 그런 얘기를 하는 거예요. (나도) 우리 고모 돌아가셔서 이제 차례 상 같은 거 지내고 싶은데 "우리 한번 제사상은 못 차리더라도 차례 상은 지내면서 돌아가신 분들 추억이나 한번 해볼까?" 이러고 처음 시작한 거예요. 그렇게 해서 왔는데, 진짜 둘 다 펑펑 울었어. 차례 지내는 내내.

세상의 모든 가족들이 저마다 한자리에 모여 정답게 웃고 있을 것 같은 명절에 둘은 서로 가족의 빈자리를 채워줬다. 향도 없이 플라스틱 그릇에 빵을 올린 차례 상이지만 애틋했다. 의례적인 연례행사가 아니라 자기들이 기리고 싶은 사람을 떠올리며 지내는 진짜 차례였다.

민아는 친구가 아프다고 하면 죽을 끓여주고, 쌀이 없다거나 김치가 없다고 하면 집에 있는 것을 가져다줬다. 누군가에게 힘이 된다는 사실이 존재의 이유가 되기도 했다. 민아에게 열림터에서 함께 산 친구는 직장이나 학교에서 할 수 없는 속 얘기를 할 수 있는 존재다. 누가 가족 관계를 물어보면 대충 둘러대지만, 열림터에서 만난 사람들에게는 온전히 자신을 드러낼 수 있다.

잘 살고 있다, 나는

집에서 살 때 민아는 할머니한테 "넌 결혼해도 첩일 거고 일을 해도 몸 파는 일을 할 것"이라는 얘기를 귀에 못이 박히도록 들었다고 한다. 그래서 그런지 누구든 자기를 아는 사람들에게 떳떳한 사람이 되고 싶어서, 퇴소 뒤 무너질 것 같은 순간마다 버텼다고 한다. "난 잘 살고 있다"고 떳떳하게 말하고 싶은 스물다섯 살 민아가 사회 속에서 안정된 삶의 기반을 만들어가는 일은 앞으로도 쉽지만은 않을 것이다.

얼마 전 민아는 동생하고 월세를 절반씩 내기로 하고 남는 돈으로 스포츠 댄스를 배우기로 한 소식을 전해왔다. 댄스복과 댄스화를 사는 데 돈이 많이 들기는 하지만 이제는 오롯이 자기를 위해 돈을 써보고 싶다고 했다. 민아의 결정이 반가웠다. 애정을 갈구하며 가족이라는 공동체를 유지하려고 혼자 애쓰던 시간에서 조금 자유로워진 듯했기 때문이다. 민아가 '자립'의 어려움을 혼자만의 몫으로 짊어지지 말고 같이 사는 존재들하고 나누면서 천천히, 그리고 단단히 사회 속에 뿌리내리기를 바란다.

그래도
말 못하는 비밀

✚ 승자 이야기

운동을 좋아한 당돌한 웃음 '쏘—녀'

밤늦게 혼자 걸어갈 때는 뭐 만약에 사람이 이래 와 가 뭐 내 손을 잡고 그런다든가 그러면은, 혼자 시뮬레이션을 하는 거예요, 머릿속에. 일단 그 시간에 나갔다는 건 내 손에 뭐가 있다는 거잖아요. 뭘 사왔다든가. 내 손에 뭐가 있나를 일단 생각을 하는 거예요. 일단 뭐, 음료수? 소주병? 맥주병? 혼자 생각을 해요. 그런 것도 없다, 핸드폰 딱 하나밖에 없다. 핸드폰을 어떻게 들면 무기가 되지? 이런 생각을 하는 거예요. 내 손에 무기가 있는데 겁낼 필요는 없죠. 타격이 클 데는 눈? 코? 일단 맞고 별 보일 만한 데. 아니면 (미간을 가리키며) 요기, 요기. 요런 데를 때려야죠. (핸드폰을 세우며) 요걸로, 요걸로. 아, 하면서, 아쿠, 요럴 때 (성기 쪽을 발로 차는 시늉을 하며) 요걸 차줘야죠. 저도 제가 어떻게 할지 모르거든요. 벼르고 있어요? 생각은 해요. 한번 걸려봤으면 좋겠는데.

나는 승자를 알지 못했다. 처음 승자 이야기를 들을 때 내 마음을 두드린 것은 여성주의 자기방어 훈련 프로그램에 참가한 사실이었다. 여성주의 자기방어 훈련은 성폭력의 공포가 '여자는 원래 몸이 약하고 수동적이다'라는 편견하고 결합해 많은 여성들에게 무력감을 강요하고 있다는 문제의식에서 출발한다. 자기방어 훈련은 '여성다움'이라는 성별 규범을 깨뜨리는 짜릿한 즐거움과 자기 몸이 하루하루 달라지는 낯선 경험을 전해준다. 한국성폭력상담소는 2005년 겨울 '쏘-녀본색, 감춰온 힘을 드러내다!'라는 제목을 달고 10대 여성 스무 명을 모아 캠프를 떠났다. 춘천에서 연 2박 3일의 캠프에서 '쏘-녀'들은 눈 쌓인 운동장을 뛰어다니며 공을 차고 방망이를 휘두르고 짐볼로 배구를 했다. 학교 체육 시간에 피구나 발야구만 한 '쏘-녀'들. 주먹을 뻗고 발차기를 하고 엎치락뒤치락하면서 내장 깊숙이 담아놓은 기합을 내뿜을 때 승자의 눈빛은 어땠을까? 거친 숨소리와 땀 냄새 가득한 운동장에서 공을 차며 뛰어다닐 때 승자는 얼마나 즐거웠을까?

만나기 전에 승자에 관한 기록을 찾아봤다. 반성문 한 장이 눈에 띄었다. 열림터 안에서 다른 생활인들하고 담배를 피우다 걸린 승자는 이렇게 썼다. "저는 언니들을 꼬드겨서 열림터에서 담배를 피웠습니다. 그래서 언니들에게 미안했고, 그리고 다신 이런 일 있지 않도록 하겠습니다. 그리고 덧붙여서 담배 끊을 생각은 없습니다." 옆에는 담배 피우는 여자의 그림을 그려놨다. 오호, 반성문에 이런 당돌함이라니! 저런 당돌함을 드러내도 활동가들하고 맺는 관계나 열림터 생활이 흔들리지 않는 다는 자신감, 그리고 어떤 선택이든 자신이 주체적으로 한다는 당당함이 엿보였다.

승자는 열림터에 잘 적응하며 사람들하고도 좋게 지냈다. 선홍빛 잇몸이 드러나는 환한 웃음 때문에 승자를 좋아하는 사람도 많았다. 그런데 "늘 웃고 활달하게 지내는 것으로 슬픔이나 아픔도 회피하는 것으로 보인다"는 기록도 있었다. 승자는 열림터 프로그램 중에서도 집단 상담을 특히 힘들어했다. 힘든 얘기를 하면 상대방이 부담스러워하거나 자기를 불쌍하게 볼까봐 싫었다. 자기 마음을 다 드러내면 사람들이 떠날까 두려워하며 웃음으로 덮어버리는 것이 승자의 생존 방식인 듯했다.

승자의 가해자는 셋째 큰아버지와 작은아버지였다. 아버지는 초등학교 1학년 때 농약을 마시고 세상을 떠났고, 얼마 지나지 않아 어머니도 집을 나갔다. 남동생들하고 함께 작은집에 간 승자는 초등학교 6학년 겨울방학 때부터 성폭력을 당했다. 그리고 중학교 2학년 때 열림터에 들어와서 고등학교를 졸업할 때까지 살았다. 결혼을 하고 애 둘을 낳고 살고 있다는 스물여섯 살의 승자. 퇴소 뒤 7년이라는 시간 동안 살아온 이야기를 들어본다.

일상의 멘토가 사라지다

승자는 2007년에 열림터를 퇴소한 뒤 지역의 4년제 대학 체육학과에 입학하면서 기숙사에 들어갔다. 열림터에 살던 고등학교 3학년 때 시작한 합기도에서 두각을 나타내자 사범이 대학에 가라고 권했고, 승자는 수시 모집에 합격했다. 실업계 고등학교를 다닌 승자는 대학에 갈 생각이 없었지만 뜻밖에 합격을 하고 대학 생활을 시작하게 됐다. 등록금은 그동안 모아둔 후원금에다 상담소와 열림터 활동가들이 십시일반 모은 돈으로 마련했다. 대학 생활을 시작했지만 승자는 학과의 특성인 선후배 사이의 위계적인 분위기, '다나까' 같은 군대식 말투와 기합 문화에 적응하기 힘들었다. 졸업하면 취업이 보장되는 것 같지도 않는데 비싼 등록금을 내고 그런 문화를 견디면서 다닐 이유가 없었다. 한 학기 만에 학교를 그만두고 기숙사에서 나와 자취방을 얻었다. 등록금을 마련해준 활동가들에게 미안해서 한동안은 연락을 못했다. 호프집에서 아르바이트도 하고 핸드폰 조립 공장에도 다녔다. 앉아서 컴퓨터 자판을 두드리는 일보다 몸 움직이는 일이 좋은 승자는 공장 일이 적성에 맞았다. 나이가 어린 축이라 언니나 오빠들에게 밥과 술을 얻어먹으며 즐겁게 다녔다.

그렇지만 퇴근해서 혼자 사는 집으로 돌아오면 쓸쓸했다. 열림터나 기숙사 같은 공동 생활과 왁자지껄한 분위기에 익숙한 탓인지 혼자 있을 때는 외로움이 사무쳐 울기도 많이 울었다. 승자는 공장에 다니던 때가 열림터 퇴소 뒤 가장 힘들기도 하고 가장 행복하기도 한 시절이라고 회상한다.

퇴소하고 가장 행복했던 때. 일할 때요. 공장에서? 네. 일할 때. 일하고 나서 첫 월급 받았는데, 그게 그렇게 좋을 수가 없더라구요. 이제 아르바이트가 아니라 첫, 이제 길게 한 달 딱 일해서 딱 돈을 받았는데, 액수도 크고 너무 좋은 거예요. 힘들었던 때를 꼽자카면 또 자취할 때, 혼자 살 때. 그때가 행복하기도 했고, 힘들기도 했고. 혼자인 게 좀 컸던 것 같아요. 모여서 우엉우엉거리다가 혼자 딱 덩그러니 있으면, 그게 그렇게 힘들더라고요.

독립한 느낌은 좋았지만 이제는 "그냥 뭘 하든 내 혼자 알아서 해야" 했다. 열림터에 살 때는 활동가들이 옆에 늘 있어서 사회생활 할 때 필요한 정보도 바로 물어볼 수 있었다. 퇴소하고 나니 사람살이에 관한 기본적이고 사소한 정보를 물어볼 사람이 가까운 곳에 없었다. 열림터에서는 "안 되면 고민 상담도 하고 선생님들이랑 얘기도 많이" 할 수 있었다. 활동가들하고 대화하면서 모호한 욕구가 분명해지기도 하고, 미래를 계획하기도 했다. 돈 관리도 함께 하면서 낭비를 줄일 수 있었다. 그러나 퇴소하면서 이런 '멘토'가 사라졌다.

승자는 다니던 공장의 작업반장이 소개를 해 남편을 만났다. 띠동갑 연상인 남편은 인상이 참 좋은데다 착하고 재미있는 사람이었다. 사귄 지 100일 만에 승자는 덜컥 임신을 했다. 가족이 있었다면 인생의 이런 큰일을 어머니나 언니하고 상의했을 것이다. 열림터에 살았다면 활동가들에게 조언을 구했을 것이다. 그렇지만 승자에게는 이 모든 일을 상의할 사람이 친구 한 명밖에 없었다.

될 대로 되라는 심정으로 남편에게 임신 사실을 이야기했다. 예상밖으로 남편은 흔쾌히 결혼을 제안했다. 그렇지만 시어머니가 걱정이었다. 승자는 남편에게 가족 이야기를 거의 하지 않았다. 가족 얘기를 어떻게 꺼내야 하나, 결혼을 반대하면 어떻게 하나 조마조마한 마음으로 시어머니를 만났다. 첫인상은 무서웠다. 마음은 더 쪼그라들었다. 그런데 뜻밖에 "부모님 얘기, 그런 얘기는 아예 안 하시고, 결혼식은 언제쯤 하는 게 낫겠느냐"며 시원하게 승자를 받아주셨다. 얼떨떨한 기분이었다. 모아둔 돈이 없는 승자의 혼수는 배 속의 아이뿐이었다. 시어머니는 예식장도 잡아주고, 신부 화장 할 곳도 알아봐주고, 신혼집과 살림살이에다 예물까지 모두 장만해줬다. 친구들은 시집 잘 간다며 호들갑이었다. 그렇지만 결혼식 날이 다가올수록 승자는 불안해졌다. 신부 쪽 부모와 하객 자리에 앉을 사람이 없었기 때문이다.

한바탕 전쟁 같던 결혼식

다른 많은 사람들이 그렇듯 친족 성폭력 생존자에게도 결혼식은 중요한 의미를 지닌다. 태어나고 자란 가족은 갈가리 찢어졌을지라도 새로 꾸리는 가족은 온전하기를 바란다. 그렇지만 친족 성폭력 때문에 가족하고 단절한 경우 결혼식이라는 삶의 중대한 한 장면은 일그러지고 만다. 생존자들은 고민한다. 고민 끝에 가해자인 아빠 손을 잡고 신부 입장을 하겠다는 결심을 하기도 하고, 아빠가 부모 자리에 앉아 있기를 바라기 때문에 고소를 포기하기도 한다. 그게 뭐 그렇게 중요하냐고 물을 수도 있겠다. 가해자인 아빠를 끌어들여서라도 온전한 결혼식을 치르고 싶어하는 마음은 '정상' 범주에 들지 못하는 사람이 갖는 결핍감 때문에 생기는 것만은 아니다. 오히려 내가 태어나고 자란 가족이 '정상성'을 갖추지 못한 사실이 결혼 생활에 얼마나 불리한 조건으로 작용할지 알고 있는 사람의 본능적인 생존 전략이다.

승자는 중학교 2학년 때 작은 집을 나와 열림터에 온 뒤 가족이나 친척들하고 거의 왕래가 없었다. 열림터 있을 때 수소문 끝에 엄마를 찾아내 딱 한 번 만났을 뿐이다. 그런데 결혼식이 다가오자 엄마와 친척들 생각이 났다. "시댁 식구들도 다 올 텐데, 시어머니 쪽 손님들도 오고 다 올 텐데 친정 쪽에 아무도 안 앉아 있으면" 결혼식을 망칠 것 같았다.

승자는 신랑을 데리고 먼저 엄마를 찾아갔다. 엄마는 미안해했지만 친척들 얼굴 볼 엄두가 안 난다며 결혼식에 올 수 없다고 했다. 승자는 서럽게 울었다. 그때서야 신랑은 승자의 상황을 조금 알아챈 듯했다. 친척 집도 찾아갔다. 신랑하고 같이 인사를 드리고 청첩장을 전했다. 가해자인 작은아버지 집도 찾아갔다. 엄마에게 거절당한 승자가 신부 쪽 부모 자리에 앉아달라고 부탁한 사람은 다름 아닌 가해자의 부인, 작은어머니였다. 그때 승자의 심정이 오죽했을까.

작은엄마한테 부탁을 했었거든요. 동생들도 델꼬 있고, 내가 마지막까지 있었던 데니까 부탁을 했어요. 앉을 사람이 없었어요, 마땅히. 다른 친척 분이 오실 거라고 생각도 못 했고, 계신 여자 친척분이, 제가 생각할 때 오실 수 있는 분이 그분 한 분밖에 없었어요.

작은어머니는 가해자의 부인이었지만 승자가 열림터에 온 뒤에도 계속 연락을 주고받았다. 작은어머니는 남편이 가해한 사실을 믿지 못하면서도 승자에게 미안한 마음을 전했다. 승자로서는 이런 부탁을 해볼 수 있는 유일한 친척 어른이었다. 그렇지만 작은어머니도 못 앉겠다고 했다. 이유는 직접 듣지 못했지만, 그런 관계로 승자하고 엮이고 싶지 않아서라고 추측할 뿐이다. 승자는 결혼식 당일까지 발을 동동 굴러야 했다. 시어머니는 결혼식을 30여 분 앞두고 정 앉을 사람이 없으면 시어머니 친정 분 중 한 분이라도 앉혀주겠다고 했다. 못 오는 줄 알고 있던 승자의 둘째 큰어머니가 한복까지 들고 와 부모석에 앉으면서 결혼식이 시작됐다. 한바탕 전쟁처럼 힘겹게 결혼식을 치르고, 그렇게 승자는 자기 울타리를 만들었다.

이 여자가 사는 법

승자는 가끔씩 전화를 할 뿐 결혼 뒤에 엄마를 만나지 않았다. 영상통화로 외손주들 얼굴을 보여드리기는 했지만 더 친해지거나 깊은 관계를 맺고 싶은 생각은 없다. 승자의 남동생들은 지금도 작은 집에서 가해자하고 함께 살고 있다. 성인이 되면서 나와 살다가 큰 동생이 알 수 없는 이유로 정신 질환을 앓게 되면서 둘 다 작은집으로 다시 들어갔다.

그냥 데리고 나와서 살고 싶기도 하고. 그러고 싶기는 한데 그게 안 되니까. 왜 안 될 것 같아요? 뭐, 남편한테 말하기 그래서? 그런 것도 있고. 그냥 좀……. 어떤 게 부담돼요? 경제적인 거? 경제적인 것도 부담되고, '내가 잘 해줄 수 있을까?'라는 생각도 들고. 워낙 지금도 계속 시댁에 매달려야 되는 상황이니까, 계속 왔다갔다 거리고 내가 신경을 써줄 수 있을까 하는 생각도 들고. 애기들 보고 있는 상황에서 잘할 수 있나 하는 생각도 들고. 온전히 책임지지 못할 것 같은? 핑계죠.

열림터에 살 때도 승자는 동생들을 그리워했지만 한편으로는 부담스러운 존재로 생각하기도 했다. 집단 상담을 하며 동생들에 관한 느낌을 묻자 승자는 "부모님과 나를 누르는 무게는 같다. 내가 잘 돼서 보살펴야 한다. 내 인생은?"이라고 답하며 누나라는 자리를 버거워했다. 승자는 핑계라는 말을 했지만 그게 전부는 아니었다. 오히려 승자는 자기가 감당할 수 있는 것과 없는 것을 구분하고 감당할 수 있는 책임만 지고 있었다.

혈연 가족하고 단절한 채 살아갈 수밖에 없지만 그런 사정 때문에 승자의 삶이 어두워지거나 끊임없이 결핍에 시달리지는 않았다. 새롭게 꾸린 가족들하고 애정과 돌봄을 나누고 있기 때문이다. 시어머니는 승자를 딸처럼 애틋하게 아끼는 듯했다. 시어머니는 승자 나이 때 세상을 뜬 딸이 있었다. 아들을 승자하고 결혼시킬 때도 그 딸을 생각하며 "딸내미 시집보내는 것처럼 그런 생각을 갖고 계신 것" 같았다. 시어머니에게는 승자가 딸 대신일지도 모른다. "맛있는 거 사주시고 옷 사주시고 신발 사 주시고 해줄 거 다 해주시"는 시어머니가 승자는 꼭 친정엄마 같다.

물론 어렵게 느껴질 때도 있다. 혼이 나기도 한다. 그렇지만 애정이 담긴 잔소리라는 것을 안다.

혼나기도 많이 혼나요. (웃음) 그 여기 말로 낭창낭창하다 카던데, 대답은 되게 잘해요. 어머니가 청소해라 빨래해라 뭐 해라 그러면, "예, 어머니" 하고 돌아서서 딴짓하고 있으니까. 혼내서요? 되게 많이 혼나요. "넌 좀 하기로 한 건 해!" 그게 막 이렇게 잡을라고 혼내시는 게 아니라 그냥 했으면 하는 거죠. 배웠으면 하는 것도 있고. 아니까.

승자가 시어머니 잔소리에 건성건성 대답하고 시키는 대로 하지 않는 모습은 여느 어머니와 딸의 모습을 닮아 있었다.

승자는 다섯 살, 네 살배기인 아들 둘하고 매일 실랑이를 한다. 아이 키우기가 힘들지만 재미도 있다. 아무리 자기 자식이라도 남자면 싫을 것 같다는 한 생존자의 말이 떠올랐다. 남편하고 하는 성관계야 결혼 생활을 유지하려면 의무라고 생각하고 감당하지만 자식만큼은 아들보다 딸이 나을 것 같다는 말이었다. 승자에게 아이를 낳을 때 어땠는지 물었다.

<u>그런데 아무리 자식이라도 아들이면 싫을 것 같다는 거예요. 생각날 거 같</u><u>다는 거예요. 승자 씨는 어땠어요?</u> 아니 그런데, 그 막상 그런 생각은 다들 하실 건데, 막상 이제 열 달 배 속에 이렇게 한 몸처럼 이렇게 댕기다보면, 다니다보면, (웃음) 같이 다니다보면 그런 생각이 안 들어요. 그냥 내 배 속에서 내가 먹는 음식 먹고 나온 애구나. 내 피를 이어받았고, 뭐 그런 생각밖에 안 들지. 그런 생각은 안 들었어요.

그러면서 승자는 남의 몸은 함부로 만지면 안 되고, 함부로 보여줘서도 안 되고, "그런 거는 애기 때부터 주입을 해야 되는 중요한 거"라고 했다. 평범한 옆집 아줌마 같다가도 "영어, 수학, 국어, 그때는 아무 소용 없고 성교육이 더 중요하다"고 힘주어 말할 때는 자기 경험을 삶의 밑천으로 삼는 씩씩한 생존자였다.

그래도 말 못하는 비밀

결혼식 피로연 때 승자는 신랑을 데리고 와 열림터 활동가들에게 인사를 시켰다. 신랑은 감사하다고 인사하며 나중에 한번 찾아뵙겠다고 말했다. 그리고 정말로 열림터 사무실에 둘이 함께 찾아와 승자를 돌봐주셔서 감사하다고 인사를 했다. 그렇지만 알고보니 승자는 남편에게 성폭력 피해 사실을 얘기하지 않은 상태였다.

그럼 남편한테 피해 사실은 언제 얘기했어요? 어, 몰라요, 지금. 어? 몰라요? 그냥 청소년 쉼터에 있었다고만 알고 있어요. 열림터에 와서 인사도 했다면서요? 알지도 모르겠는데, 모르는 척해주는 걸지도 모르겠는데. 제가 군이 얘기 안 했어요. 아, 그럼 열림터가 청소년 쉼터인 줄 알아요? 네, 그렇게 알고 있어요. 내가 일이 있어서 식구들이랑 사이가 안 좋아서 청소년 쉼터에 좀 가 있었다. 아직까지는 용기가 안 나요.

승자는 자기 울타리 안의 남편을 믿는다고 했다. 그러나 믿는 것과 피해 사실을 이야기하는 것은 다른 차원의 문제였다. 언젠가 기회가 생겨 얘기할 수도 있겠지만 지금은 최대한 숨기고 싶은 게 솔직한 심정이다. 말하면 남편이 어떤 반응을 보일지 짐작이 가지 않는다.

친족 성폭력 생존자이고 혈연 가족이 해체됐다는 사실은 결혼이라는 장 속에서 자기 위치를 불리하게 만든다. 친정이 없어서 명절 내내 시댁에서 일을 하기도 한다. 아이 맡겨놓고 잠시라도 편히 쉴 수 있는 곳이 없고, 급전이 필요할 때 손 내밀 곳도 없다. 가족이 그런 이유로 해체됐다는 사실은 엄청난 결함이기 때문에 한 이불 덮고 자는 남편에게도 얘기할 수 없다. 그 사실이 언제 부메랑이 돼 돌아올지 모른다는 의심과 불안이 마음속 깊이 자리하고 있기 때문이다.

그럼, 뭐, 예를 들면 돌잔치 때도 내 쪽 하객들은 별로 없고, 그리고 평소에도 명절 때도 친정 갈 일도 없고, 이런 게 뭔가 내가 꿀린다거나 약점이 된다거나 그런 느낌은 안 들어요? 조금, 조금 그런 게 없지 않아 있죠. 미안하기도 하고. 신랑한테 미안하기도 하고. 미안하다는 게 뭐? 물론 내 잘못이 아닌데도, 내 잘못이 아닌 걸 아는데도, 그냥, 어, 다른 신랑 친구들이 얘기하는 거 보면 오늘은 뭐 처갓집 갔다 왔다, 처갓집 식구들이랑 밥 먹었다, 이런 얘기하는 거 보면 좀 미안하기도 하고. 그런 게 좀 있어요. 명절 때 되면 다들 뭐 처갓집 어디 갔다 왔다, 밥 먹고 왔다, 누가 뭐 했더라 이런 식으로 얘기하면 좀 미안하기도 하고, 신랑 눈치도 좀 보이고.

결혼 생활이 행복하냐는 내 질문에 승자는 자주 싸우지만 "다른 생활하다가 만난 거니까 같을 수는 없다"고 생각한다면서, "이것도 결혼 생활의 한 일부분"으로 여긴다고 했다. 그러면서도 남편이 자기 성격을 다 알지는 못할 것이라고, "마음 놓고 드러내 보이는 사람들이랑 내가 딱 어느 정도 선을 지켜서 드러내는 사람들이랑 따로 있다"고 말했다.

남편 가족도 시어머니와 남편 단 둘뿐이다. 시아버지는 돌아가시고 여동생도 일찍 세상을 떠났다. 그런 조건 덕분에 승자를 무리 없이 받아들인 것 같았다. 승자와 남편은 부부 싸움을 할 때 가족 이야기는 꺼내지 않는다. 가족 얘기는 "건드리면 안 되는 폭탄"이다. 그래서 싸움이 커

지지 않고 싱겁게 끝날 때가 많다. 그렇지만 가족을 사별한 남편하고 다르게 성폭력이 일어난 집안에서 자란 탓에 승자는 여전히 남편에게 말 못하는 비밀을 안고 산다.

일당백! 내 든든한 지원군

남편에게도 말 못하는 비밀을 나눌 수 있는 사람들은 열림터 사람들과 친구들이다. 승자의 결혼식에는 열림터 활동가들, 승자하고 함께 생활한 생존자, 걸파워 캠프를 같이 간 친구도 참석했다. 활동가들은 우리를 어떻게 소개할까, 행여 우리의 존재가 승자에게 흠이 되지는 않을까 걱정했다고 한다.

걱정하고 다르게 열림터의 존재는 승자에게 큰 힘이 됐다. 결혼식 때 따뜻하게 축하해줄 가족, 의지할 수 있는 가족이 없어서 서럽지 않았느냐는 질문에 승자는 "아니요. 저는 있었어요. 열림터 선생님이 계셨잖아요"라고 대답했다. 너무 반가워서 울 뻔했고, 얼굴을 보자 마음이 탁 놓였다고 했다.

승자가 첫째 아들을 낳았을 때도 열림터 활동가들이 찾아갔다. "되게 뭔가 막 친정엄마 온 느낌"이고 너무 든든했다. 열림터 식구들은 그렇게 가족의 빈자리가 크게 느껴질 만한 대목마다 등장해서 승자를 응원했다. 지원군 구실을 톡톡히 했다.

승자는 얼마 전 아이들을 어린이집에 보내놓고 가까운 곳에 살고 있는 열림터 퇴소자를 만나 낮술을 마셨다. 친정이 없는 서러움에다 열림터에서 쌓은 추억을 나누며 진한 시간을 보냈다. 고등학교 시절 친구들과 대학 때 기숙사에서 한 방을 쓴 친구도 흉금을 털어놓는 소중한 존재들이다. 승자는 남편이 보면 놀랄까봐 은어와 속어를 섞어서 친구들하고 대화하는 채팅방은 늘 철저히 삭제한다고 유쾌하게 말했다. 승자의 자산은 '사람'들이다.

결혼하고 애 낳고 명절에 시댁에 가기 등 집안 대소사가 생길 때마다 승자는 자기가 친족 성폭력 생존자라는 현실을 마주해야 했다. 그러나 결핍에 서러워하기보다는 때로는 툭툭 털고 때로는 씁쓸히 웃어넘기며 살아가고 있다.

승자는 이번 겨울에 시어머니하고 둘이 김장 50포기를 했다며 열림터는 김치를 어떻게 대냐고 물었다. 사먹는다고 했더니 내년에 김장을 하면 부쳐준다고 했다. 코끝이 찡했다. 인터뷰를 마치고 헤어질 때 우리는 힘껏 포옹했다. 밤길을 두려워하지 않는 대찬 아줌마, 승자의 씩씩한 인생을 응원한다.

같이 방황할 사람이
필요하다

✚ 옥지 이야기

"지각했는데 어떻게 해요?"

지난주 하담을 퇴소한 옥지가 어제 아침에 전화를 했다. 출근하는데 지각
을 했다고 어떻게 하냐고 물었다. 죄송하다고 말하고 열심히 일하면 된다
고 말해주었다. 그런데도 옥지는 진정을 못 하며 그 뒤에 무슨 일이 생기면
어떻게 하냐고 했다. 대답하려는데 옆에서 상사인 것 같은 남자가 소리 지
르는 게 들렸다. 늦었는데 지금 전화하는 거냐면서 화를 내는 것이었다. 옥
지에게 빨리 끊고 일을 시작하라고 했다. 그런데도 전화를 끊지 않아서 하
담지기가 먼저 끊었다.

　　오늘 아침에 또 전화가 왔다. 지각을 하게 됐는데 처음이 아닌데다, 들
어가서 일을 하려고 하는데 너무 불안하고 일이 손에 잡히지 않아 그냥 나

와버렸다고 했다. 지금 집에 가는 택시 안이라고 했다. 옥지에게 어떻게 하고 싶으냐고 묻자 잘 모르겠다고 했다. 회사를 그만둘 때는 그렇게 나와버리는 게 아니라 잘 마무리해야 한다고 이야기했다. 계속 나가게 되든지 그만두게 되든지, 어느 경우라도 통화를 하거나 직접 찾아가서 말씀드리라고 했다. (옥지의 하담 상담일지)

옥지는 그렇게 하담지기하고 마지막 통화를 했다. 옥지는 초등학교 3학년 때부터 아버지에게서 성폭력 피해를 입다가 열일곱 살에 열림터에 들어와 스무 살까지 살고 퇴소했다. 그 뒤 자립 지지 공동체 하담에 들어가 스물두 살 때까지 살았다(한국성폭력상담소는 2004년 자립 지지 공동체 '하담'의 문을 열었다. 그러나 하담은 열림터하고 차별화된 자립 공동체로 자리 잡지 못했고, 정부가 지원하던 운영비마저 끊기면서 2007년 문을 닫았다. 그 뒤 고양여성민우회에 이관된 '하담'은 지금은 고양파주여성민우회 부설 기구가 됐고, 열림터하고 같은 성격의 성폭력 피해자 쉼터다. '하담지기'는 하담 활동가를 뜻한다). 열림터를 퇴소한 지 10년 세월이 흘러 서른 살이 된 옥지는 어떻게 살고 있을까?

열림터 시절 아주 친하게 지낸 활동가의 소개를 받아 옥지를 만났다. 앉은 자리에서 바나나 10개를 먹어치우는 먹성을 미리 들었지만, 막상 만나니 100킬로그램은 족히 될 만한 큰 몸집에 놀랐다. 옥지는 인생이 잘 안 풀려서 며칠 전 개명을 했다면서 얼마 전 정신병원에 입원한 이야기를 들려줬다. 후배 남편의 오토바이를 타고 내린 뒤부터 갑자기 환청이 들리고 환시가 보이기 시작했다. 환청과 환시가 시키는 대로 했더니 어느 날은 발가벗고 거리를 걷고 있었고, 어느 날은 가위로 몸을 찌르고 있었다. 가족들은 옥지를 정신병원에 입원시켰고, 옥지는 두 달간 치료를 받고 퇴원했다.

담담하게 얘기했지만, 퇴소 뒤 옥지의 삶이 순탄하지 않았다는 사실을 알 수 있었다. 옥지는 어린 시절 이야기를 들려줬다.

깨어진 유리 조각 이어 붙이기

옥지는 초등학교 3학년 때부터 중학교 2학년 때까지 아버지에게서 성폭력 피해를 입었다. 생업으로 바쁜 어머니는 무서운 사람이었다. 무슨 얘기만 하면 잔소리를 하거나 화를 낼 것 같아서 어머니 앞에서는 입을 꾹 다물었다. 옥지는 늘 무섭던 어머니보다 가해자이지만 그나마 말이 통하던 아버지에게 친밀감을 더 느꼈다. 남동생은 옥지를 무시하고 자주 부려먹었다.

한번은 남동생이 과자를 사다달라고 했다. 슈퍼에 갔더니 남동생이 말한 과자가 없어서 옥지는 자기가 좋아하는 과자를 사고, 동생이 말한 것하고 비슷한 과자도 샀다. 남동생은 화를 내면서 자기는 안 먹겠다고, 다시 가서 돈으로 바꿔오라고 소리를 질렀다. 누나에게 명령하듯이 폭력적으로 말하는 남동생 앞에서 옥지는 쩔쩔맸다. 그때 옥지는 환불이 된다는 사실을 처음 알았다. 기본 상식이 없던 옥지는 평소에도 심부름을 제대로 못해 혼이 많이 났다. 가족 중 어느 누구도 옥지에게 그런 것들을 차근차근 가르쳐주지 않았다.

사회 속에서 살아가는 법을 배우지 못한 옥지의 학교생활도 평탄할

리 없었다.

아, 초등학교 때 애들이 때렸어요? 네. 어떤 이유로? 돌아가면서 그냥 아무 이유 없어요. 학년 바뀔 때마다 사람 바뀌면서 이렇게 많이 그랬어요. 그럼 중학교, 고등학교 때는 어땠어요? 중학교 때는 좀 성추행 비슷하게 그래 가지고. 누구한테? 남자애들. 좀 그래 가지고, 별로 안 좋아요.

열림터에 들어온 옥지를 만난 심리치료사는 "유리에 금이 간 게 아니라 깨진 유리 조각이어서 다시 하나하나 이어 붙여야 한다"고 말했다. 어린 시절의 성폭력 피해뿐 아니라 기본적인 돌봄 자체가 없는 환경이 끼친 영향은 그만큼 컸다. 옥지는 지적인 능력이나 사고력이 떨어지지만 '장애'로 분류할 정도는 아니었다. 그래서 자기 자신이나 주변 사람들이 '괜찮다'고 생각하는 것이 더 큰 문제를 만든다고 했다.

열림터에 와서 비슷한 진단을 받은 몇몇 생존자들이 떠올랐다. 그때그때 위기를 모면하려고 거짓말을 자주 했고, 열림터 식구들하고 조금이라도 관계가 불편해지면 대책 없이 무조건 퇴소하겠다고 했다. 같은 반 친구가 싸이월드 미니홈피에 욕을 남겼다고 내일부터 학교에 안 간다며 전학을 시켜달라고 조르기도 했다.

옥지도 대인 관계를 힘들어했다. 학교 다니는 게 힘들었는지 하굣길에 가방을 버리고 온 적도 있었고 자주 우울해했다. 다른 사람의 언행에 지나치게 민감해서 누가 화를 내거나 분위기가 험악해지면 어쩔 줄 몰라 했다. 치료사나 자활 기관의 선생님처럼 옥지에게 우호적이거나 도와주려는 사람들하고도 잘 지내지 못했다. 자기가 약속을 못 지키는 등 조금이라도 불편한 상황이 되면 지나치게 위축돼 먼저 관계를 끊어버리는 방식으로 자기를 보호하려 했다.

그래도 세심하게 보살펴주는 활동가들과 열림터의 안정된 분위기 속에서 옥지는 더디지만 조금씩 자라기 시작했다. 4년 동안 열림터에 살면서 큰 문제 행동을 한 적은 없었다. 폭력을 쓰거나 가출을 하지도 않았다. 비교적 온순한 성격 덕분이었지만 돈이 없고 친구가 없는 것도 이유 중 하나였다. 이른바 '센' 아이들도 옥지하고 놀고 싶어하지 않았다.

옥지는 학교 직업반에서 컴퓨터 관련 자격증을 3개 땄다. 고등학교 졸업이 다가오면서 열림터를 퇴소해야 했다. 자립을 하려면 준비가 더 필요했지만 열림터에는 계속 입소 문의가 들어왔고 당장 개입해야 하는 생존자들도 많았다. 이제 성인이 됐기 때문에 다른 쉼터에 들어가기도 마땅치 않았다. 그렇다고 집으로 돌아갈 수도 없는 상황이었다. 옥지를 아끼던 활동가는 내가 데리고 살까 잠시 고민했다고 한다. 그렇지만 그 활동가도 언니 집에 얹혀사는 처지여서 결국 같이 살지는 못했다.

꾸준히 붙잡아줄 수 있는 사람이 필요했다. 보통 그런 구실을 하는 사람은 부모다. 그렇지만 아버지가 가해자인 옥지는 부모의 보살핌을 받을 수 없었다. 그렇다고 장애인 지원을 받을 수도 없었다. 장애 등급을 받을 방법을 고민하기도 했지만 사회적 낙인이 부담스러웠고, 무엇보다 옥지 자신이 원하지 않아서 실행하지는 못했다.

2004년에 한국성폭력상담소는 부설 기구로 자립 지지 공동체 하담을 운영하고 있었다. 하담은 활동가가 상주하거나 일일이 챙겨주는 곳이 아니라 걱정이 됐다. 그렇지만 대안이 없었다. 옥지는 하담에 입소해서 자립을 준비하기 시작했다.

옥지와 하담, 엇갈린 박자

2004년 3월 옥지의 자립계획서 — 몇 년 뒤 변화된 나의 모습은?

1년 뒤: 인터넷 검색으로 아르바이트를 할 것 같다. 5년 뒤: 살이 빠져있을

까……아님 다른 공부. 10년 뒤: 직장을 구하여 일을 열심히 하고 있겠다.

(옥지의 하담 상담일지)

하담은 정해진 생활비를 낼 수 있거나, 아직 취업하지 않은 사람은 취업을 준비하거나 교육을 받는 성인 여성들의 공동체를 목표로 했다. 쉼터는 주로 보호와 안정이 필요한 피해자를 중심으로 운영됐다. 당장 가족에서 분리해야 하고 갈 곳 없는 사람들이 줄 서 있는데, 어느 정도 안정된 사람들에게 사회적 자원을 쓰는 일은 낭비로 여겨졌다. 이런 분위기에서 "다른 쉼터로 갈 수 없는 성인 여성들은 열악한 조건 속에서 재피해의 위험에 노출되거나 불안한 거취 문제로 힘겹게 생활을 영위해 나가야" 했다. "쉼터 생활에서 얻은 안정이 다시 무가 되는 경우"들도 있었다. "조금의 시간, 조금의 여유, 약간의 지원만 있어도 자신의 삶을 꾸려갈 수 있는 생존자들"이 자립의 힘을 기를 수 있도록 돕는 게 하담을 만든 취지였다(하담, 〈자립지지공동체 하담 3년 돌아보기〉 중에서).

하담에 들어가면 꿈 찾기 프로그램을 거쳐 자기의 강점과 재능을 찾아보고, 그 결과를 바탕으로 자립계획서를 작성하고 직업 훈련도 해야 했다. 옥지도 하담에 들어와 자립계획서를 작성했다. 옥지가 세운 계획이 "자립에 관한 감이 없고 추상적"이라고 생각한 하담지기들은 현실에 직접 부딪쳐보라고 권했다.

옥지는 벼룩시장을 뒤져가며 구직을 시작했다. 그런데 면접을 가기로 해놓고 장소를 못 찾아 헤매다 돌아오는 일이 많았다. 못 찾으면 활동가들에게 전화해 물어볼 수도 있는데, 옥지는 막막한 상황이 생길 때마다 그냥 집으로 와버렸다. 집으로 돌아온 옥지를 데리고 다시 면접 장소를 찾아가기도 했다. 옥지는 처음 계획이나 예정된 상황에서 조금만 어긋나도 자기가 통제할 수 없다고 느끼는 듯했다. 그런 상황에서 한 번 더 생각하는 법을 몰랐고, 심하게 위축돼 "에라 모르겠다, 어떻게든 되겠지" 식으로 행동했다.

언제까지나 보호만 받을 수는 없는데, 사회생활의 출발선에도 서보지 못하는 옥지가 안타까웠다. 활동가들은 특단의 대책을 세웠다. 어느 활동가의 언니가 일하는 작은 회사에 일자리를 하나 만들어 옥지를 6개월간 일하게 하고 월급은 하담에서 지급했다. 물론 옥지에게는 비밀이었다. 그곳에서 옥지는 복사 등을 하는 사무 보조로 큰 무리 없이 일했다. 지각을 자주 하기는 했지만 다행히 옥지를 이해해주는 분위기였다. 지각을 하면 벌금을 내야 했는데, 옥지는 계속 벌금을 내면서도 약속한 6개월을 다 채웠다.

그러나 옥지의 성격은 세심하게 챙겨주는 보호자가 없거나 수용적인 환경이 아닌 곳에서는 용납되기 힘들었다. 자활 기관을 거쳐 빵집에 취직했지만 같은 문제가 반복됐다. 처음에는 곧잘 다니더니 시간이 지나면서 지각을 자주 하기 시작했다. 지각은 옥지의 고질이었다. 문제는 지각을 한 뒤에 보이는 태도였다. 일하는 곳에 전화를 해서 늦는다고 미리 알리지도 않았고, 늦게 출근해서 죄송하다는 말도 하지 않았다. 처음에는 변명을 하다가 몇 번 반복된 뒤에는 아예 말을 안 했다. 겉으로는 뻔

뻔하고 무례해 보였겠지만 옥지의 마음은 거부당할지도 모른다는 두려움으로 가득 차 있었다. 판매직이라 사람이 몰릴 때 당황해서 속도 조절을 할 수 없는 것도 힘들었다.

> 부장님이 저한테 뭘 시켰는데요, 또 언니가 일을 시켰어요. 그러면 제가 하나에 집중하다가 언니가 시킨 걸 잊어버려요. 그래서 나중에 했어요. 다른 사람은 빨리빨리 하는데 저는 빨리 못하니까. (옥지의 하담 상담일지)

어떻게 보면 이런 실수들은 용서받을 수 있고 배워가면서 고칠 수 있는 일들이었다. 그러나 옥지에게는 모든 것이 그만둬야 할 이유였다. 결국 일한 지 얼마 안 돼 빵집을 그만뒀다.

하담에 들어갈 때와 2년 뒤 퇴소할 때를 비교하면 옥지의 상태는 크게 달라지지 않았다. 하담의 리듬과 옥지의 리듬은 맞지 않았다. 하담은 귀가 시간이 따로 정해져 있지 않고 외박 규제도 없었다. 생활인들의 주체성을 강조하고 하담지기의 개입을 최소화했다. 열림터에서는 짜여 있는 규칙에 맞춰 생활하며 활동가들이 하나하나 챙겨줬지만, 하담은 일일이 세심하게 살펴주는 곳이 아니었다. 옥지는 갑자기 생긴 자유 앞에서 자기 삶을 야무지게 꾸리지 못했다. 다른 성인 여성들하고 똑같이 자립할 수 없는 옥지에게는 좀더 세심한 보호를 받는 환경이 필요했다. 그렇지만 그런 곳이 없었다.

안전하지 않은 사회, 그러나 "같이 방황할 사람이 필요하다"

스물두 살에 하담을 퇴소한 옥지는 친구 집, 가족이 있는 집, 다른 쉼터를 전전했다. 들어간 쉼터마다 천연 염색, 규방 공예, 북아트 등 직업 훈련을 계속 했지만 훈련에 그칠 뿐 직업으로 이어지지는 않았다. 열림 터나 하담에서 그런 것처럼 다른 쉼터에서도 사고를 크게 친 적은 없었다. 밖에서 친구를 만나 술 먹고 외박한 뒤 혼날까봐 두려워 퇴소하겠다고 쉼터에 먼저 통보하는 식이었다.

똑 부러진 능력도 없고 성격적 특성 탓에 안정된 직업을 구할 수 없는 옥지가 돈을 벌 수 있는 방법은 많지 않았다. 옥지는 인터넷 채팅을 통해 조건 만남(인터넷 채팅을 통한 성매매)을 했다. 자기 힘으로 자립에 필요한 자원을 갖추기 힘든 상황에서 몸을 수단으로 삼은 것이다. 또 옥지는 보이스 피싱과 핸드폰 명의 도용 사기에 가담해 벌금형을 받고 1000만 원이 넘는 큰 빚도 졌다.

아, 그거 보이스피싱 말고 또 다른 것도 있어요? 네, 불법으로 하는 것도 있었어요. 핸드폰. 핸드폰, 어떻게? 핸드폰 얼마에 한 대당 얼마 해 가지고, 받아가지고. 10만 원인가 얼마인지 잘 모르겠는데, 불법, 그것도 했었어요. 핸드폰 한 대당 얼마 해 가지고, 받아가지고 쓰고 그랬어요. 밖에 1년 동안 가출했는데, 돌아다니면서 폰을 뚫어 개통하면은 돈 받는 거, 그런 게 있어 가지고. 그거를 여러 개, 한 7개나 하다 보니까. 그, 이제 불법인데, 그거 해 가지고, 돈을 돈대로 썼어요.

사회는 옥지에게 안전한 곳이 아니었다. 옥지는 열림터와 하담에서 만난 생활인들이나 '방황'할 때 만난 이들 중 좋은 사람이 없다고 했다. 그런데도 함께 어울리고 사기를 당하는 이유는 그런 관계가 필요하기 때문이었다.

제일 힘들었을 때가, 그때 빚졌을 때요. <u>보이스 피싱?</u> 네. 근데 그때는 또 행복했다가도, 사람, 막 이 사람 저 사람 보고 다니고 만났을 때는 마냥 행복했죠. 근데 빚지고 나니까 불행했죠. <u>인간관계가 되게 중요한가 봐요, 옥지 씨한테.</u> 네. 인간관계가 별로 안 좋아요. <u>왜요?</u> 다 막 사기꾼들이나 그런 사람들밖에 없어 가지고, 주위에. 연락 많이 끊었어요, 그래 가지고. <u>왜 사기를 당하는 것 같아요?</u> 그냥 어쩔 수 없이. 같이 있으니까. <u>같이 있으니까 거절하기가 힘들어요?</u> 네.

옥지는 연애를 해본 적이 없다. 소개받아서 사람을 만나도 하루나 이틀 만에 금방 헤어지기 때문이다. 옥지는 자기가 "매력이 없기 때문에 결혼을 못 할 것 같다"고 한다. 옥지는 사회적 관계와 사람의 온기를 원했다. 그렇지만 자기보다 세 보이는 사람 앞에서 심하게 위축됐고 거절을 잘 하지 못했다. 그렇게 휘둘리며 사기를 당하는 게 싫어서 관계를 끊어버리지만, 아무 관계를 맺지 않고 살아갈 수는 없으니 옥지가 언제 다시 '사기꾼'들에게 휘말릴지 모를 일이다.

"지금은 집이 제일 편해요"

옥지는 열림터에 들어온 뒤 가해자인 아버지를 고소했고 어머니하고도 연락을 끊고 살았다. 아버지는 2년 6개월 실형을 살고 출소했다. 하담에 살 때 5년 만에 집에 가 어머니, 남동생, 아버지를 만난 옥지는 아버지 없이 혼자 동생을 키우느라 고생한 어머니에게 미안해서 울었다. 출소한 아버지는 옥지에게 사과하면서 "과거는 다 잊고 앞만 보면서 살자"고 했다. 아버지를 보면 여전히 불편했지만, 그 뒤 가족을 만나는 일이 잦아졌다.

퇴소 뒤 옥지는 집에 들어갈 때마다 아버지하고 다퉜다. 고소하면서 접근 금지 가처분 신청을 했기 때문에 재피해를 막을 조치는 돼 있었다. 그렇지만 아버지가 자기를 쳐다볼 때 그 시선이 자기 몸 어디를 향하는지 신경을 쓸 수밖에 없었고 늘 긴장 상태에 있었다. 아버지에게 성추행을 당하는 꿈을 꾸기도 했다. 옥지의 생활이 마음에 들지 않는 아버지와 어머니는 잔소리를 많이 했고, 간섭이 싫은 옥지는 집에 들어가도 오래 머물지 않았다.

아버지 어떤 게 싫어요, 집에 있으면? 처음에는 많이 싸웠어요. 처음에 어떤 걸로 싸웠어요? 막 청소를 하는데, 청소기가 좀 고장 났는데, 아예 다 부숴버린 거예요. 그런 것도 있고, 또 싸워서 제가 로션을 창문으로 던졌거든요. 그러면서 싸우고. 이렇게 아빠랑 계속 싸우다가, 처음에는 몇 번 부딪치고 그러다가, 지금은 괜찮아요. 지금은 왜 괜찮아진 것 같아요? 그냥 별다른 일은 없으니까요.

178

하담을 퇴소한 뒤 사기도 당하며 쉼터를 전전하던 옥지는 결국 집으로 들어가 정착했다. 갈 곳이 없기도 했지만 집이 그나마 안전하기도 했다. 아버지는 옥지의 빚을 갚아줬다. 옥지는 이제 집이 가장 편하다. 피해의 기억들은 거의 떠오르지 않는다. 자기의 경제 상황이 독립할 여건이 못 되고 또 아버지나 어머니가 "지금은 잘 해주니까" 큰 문제없이 살고 있다.

가해자를 용서하거나 핏줄이 당겨서 옥지가 집에 들어간 것은 아니었다. 사실 지금도 부모가 무엇을 제대로 해주지는 않는다. 오히려 아버지가 진 카드 빚을 자기가 떠안을까봐 걱정하고 있다. 더러는 크게 싸우기도 한다. 그렇지만 관계 속에서 자기를 보호하지 못하고 사기꾼들에 휘둘릴 바에야 차라리 집이 낫다고 생각한다. 옥지는 요즘 나이트클럽에 가느라 외박을 해 혼이 났다. 그렇지만 자기 상황이 안 좋기 때문에 가끔씩 가족들하고 다퉈도 집을 떠나지는 않는다. 그렇게 옥지와 가족들은 최소한의 협력 관계를 맺고 살아가고 있다.

옥지는 요즘 '정신 질환자 사회 복귀 시설'에 다니고 있다. 정신 장애인들이 사회생활을 할 수 있게 돕는 재활 프로그램을 운영하는 곳이다. 그곳에서 양갱도 만들고, 풍선아트도 하고, 소풍도 간다. 정기 상담을 받고 약도 먹는다. 돈을 못 버는 게 불만이기는 하지만, 예전보다는 안정되게 살고 있다. 그 시설에서 알게 된 친구하고 가끔씩 값싼 뷔페에 가 마음껏 먹는 게 옥지의 유일한 즐거움이다.

안전하지 않은 사회에 맞서 자기를 보호하기 위해 가해자가 있는 집으로 들어간 옥지. '미친' 사람이 되고 자해를 해야만 알맞은 보호를 받고, 정신병원에서 퇴원한 뒤에야 안정적으로 다닐 수 있는 시설을 만나는 상황. 이 기막힌 역설에 나는 마음이 아팠다.

천천히, 다시 자라기

옥지는 환경에서 잡아주면 곧잘 따라오려 애씁니다. 환경이 또박또박하면 옥지도 좀 또박또박해지고 환경이 어수선하고 아무도 잡아줄 사람이 없으면 금세 흐트러지고 산만해지고 멍해집니다. (옥지의 하담 상담일지)

옥지를 오랫동안 상담한 치료사가 한 말이다. 사람은 환경의 영향을 받는다. 어린 시절 자기 삶의 기둥을 제대로 세우지 못한 옥지 같은 사람에게는 더더욱 환경이 중요하다. 폭력적인 환경에서 성장이 멈춘 옥지는 열림터에 들어와서 천천히 다시 자라기 시작했다. 그러나 퇴소 뒤 만난 세상은 더딘 성장을 기다려주지 않았다.

옥지는 가장 하고 싶은 일로 동물원과 놀이동산에 가기를 꼽았다.

롯데월드 가고 싶어요. 롯데월드란다. 서울랜드, 서울랜드. 롯데월드 말고요, 서울랜드. 아니면은 동물원. 왜 아직 못 가봤어요? 아니 갔는데, 처음에는 갔는데, 입구만 돌아다니다 온 거에요. 돈이 없으니까. 두 번째는 갔는데, 동물원이 저녁 시간에 문 닫았대요. 그래 가지고 또 왔어요. 세 번째 가면 성공해야죠.

서른 살 옥지의 소박한 꿈은 이루어질 수 있을까?

자립이 필요한 사람,
자립에 필요한 시간

열림터를 퇴소하는 친족 성폭력 생존자들에게 나는 "이제는 피해자 정체성이 아니라 자기 자신으로 살라"고 당부했다. 그렇지만 민아, 승자, 옥지가 그랬듯 많은 생존자들이 자기를 둘러싼 힘든 조건에 압도당하고, 이제는 성폭력 피해가 아니라 세상의 풍파 속에서 '생존'하는 것을 당면 과제로 삼고 살아간다. 혈연 가족하고 단절되고 다른 자원도 없는 취약한 조건은 끊임없이 발목을 잡는다. 생존자들이 사회 속에서 더불어 잘 살아가기란 개인의 노력만으로 될 수 있는 일이 아니다. 친족 성폭력 생존자의 자립은 사회가 함께 고민해야 할 문제다.

자립에 필요한 시간이 개인마다 다르기 때문에 퇴소하는 시점과 자립하는 시점은 일치하지 않는다. 따라서 퇴소한 뒤에도 자립을 훈련하며 사회에 적응할 수 있게 이런저런 방식으로 지원해야 한다.

쉼터를 퇴소하는 피해자 앞에는 다양한 선택지가 놓여 있어야 한다. 하담처럼 자립을 준비할 수 있게 세심한 지원을 받으면서도 자율적으로 생활할 수 있는 공간도 필요하다. 여성성공센터 윙(W-ing)에서 운영하는 '상도동 우리집'처럼 일을 한다는 조건 아래 값싼 비용으로 공간을 빌려주고 나머지는 독립생활을 보장하는 곳도 있어야 한다. 옥지처럼 겉으로 명확히 드러나는 장애는 없지만 자립을 준비하는 데 오랜 기간이 걸리는 성인 생존자들을 세심히 돌보는 공간도 필요하다. 또 임대아파트나 임대주택에 살 수 있는 우선순위를 주거나 목돈을 마련하기 어려운 생존자들의 경제 상황을 고려해 대출 요건을 낮추는 등 다양한 방식을 생각할 수 있다. 선택지가 다양할수록 생존자들은 자기 상황에 맞는 지원을 받으면서 긴 호흡으로 사회에 뿌리내릴 수 있을 것이다.

한국 사회는 혈연 가족을 기본 단위로 삼고 있다. 그 가족 속에서 나고, 자라고, 결혼을 해 또 다른 가족을 꾸리며 세대를 재생산하는 것만을 '정상'으로 여긴다. 이렇듯 전형적인 가족상에 들어맞지 않는 가족은 '비정상' 가족이 되는 사회에서 혈연 가족이 해체된 생존자들의 삶은 굴절될 수밖에 없다.

의식주, 돌봄, 교육, 애정, 소속감까지 한 사람의 자립에 필요한 모든 요소는 '가족'의 기능으로 수렴된다. 모든 자원을 가족으로 수렴할 때, 우리는 가족이 모든 것을 충족해주기를 바란다. 서로 기대가 클수록 가족이라는 존재는 무거운 짐으로 다가온다. '정상'을 욕망하고 그 목표를 향해 달릴수록 욕망은 굴레로 돌아와 우리를 끊임없는 결핍에 시달리게 한다. 이렇듯 '정상 가족'이라는 환상은 친족 성폭력 생존자뿐 아니라 우리를 모두 힘들게 한다.

'가족'이라는 이름에 너무 많이 지워진 짐을 사회가 나누고, 우리를 사람답게 살게 하는 많은 요소들을 보장해주면 어떨까. 꼭 혈연과 혼인으로 맺어진 배타적 가족이 아니더라도 상상력을 발휘해 다양한 가족을 인정하면 어떨까. 그렇게 되면 민아도 가족이라는 환상을 붙잡으려고 그토록 애쓰지 않아도 되고, 명절에 갈 친정이 없는 승자도 좀더 편하게 자기 이야기를 할 수 있다. 옥지도 사회 속에서 안전하게, 자기의 고유한 리듬에 맞춰 살아갈 수 있다. 친족 성폭력 생존자들이 쉼터 퇴소 뒤에도 배제되거나 소외받지 않고 안정되게 살아갈 수 있는 사회를 꿈꾸어본다.

4장

후유증

✚

피해
'이후'를
살아내기

김지현(나랑) 2008년 내담자로 한국성
폭력상담소를 처음 만났다. 2011년 3
월부터 2013년 4월까지 열림터에서
야간 활동가와 주간 활동가로 일했다.
목소리가 되지 못한 여성들의 목소리를
기록하려고 여성주의 저널 '일다'에서
일하고 있다. 이 책을 펴내는 데 책임연
구원으로 함께했다.

'어떤 일을 치르고 난 뒤에 생긴 부작용'을 후유증이라고 한다. 친족 성폭력 피해의 후유증은 무엇일까? 언론은 친족 성폭력을 두고 '아빠의 탈을 쓴 악마'가 저지른 '영혼의 살인'이라고 보도한다. 영혼이 파괴된 친족 성폭력 피해자는 어두운 구석에서 웅크린 채 숨죽여 울고 있는 사람, 폭력에 압도된 무기력한 존재로 그려진다.

열림터에서 피해자들을 만나면서 영혼이 파괴됐다고 느낀 적은 없었다. 매일 함께 지지고 볶는 일상 속에서 피해자들은 동정이나 가여움의 대상이 아니었다. 자기가 살아온 환경 속에서 만들어낸 생존 전략을 구사하는, 질기디 질긴 생명력을 지닌 사람이었다. 기 싸움에서 나는 매번 밀리는 느낌을 받았다.

어떤 사람이 스무 살에 성폭력 피해를 입었다고 치자. 그 사람에게는 성폭력 사건 앞과 뒤가 구분될 테고, 사건 이전에는 나타나지 않던 행동에 '후유증'이라는 이름을 붙일 수 있을 것이다. 이 경우 전에 갖고 있던 자존감, 삶에 관한 통제력, 세상을 향한 신뢰를 회복하는 것이 피해자의 과제일 수 있다.

반면 친족 성폭력은 특정할 수 있는 하나의 '사건'이 아니다. 피해자의 성격이 형성되는 어린 시절부터 일상적으로 계속되는 사례가 많기 때문에 앞과 뒤를 딱 잘라 나눌 수 없다. 가족은 개인이 애정과 소속감을 느끼고 정체성을 형성하며 사회의 가치와 행동 방식을 익히는 곳이다. 친족 성폭력이 가족 안에서 발생한다는 사실은 피해자의 가치관, 성격, 생활 습관 등이 피해에 복잡하게 얽혀 있다는 것을 뜻한다. 이런 특성 탓에 피해자의 삶에서 피해 경험만 따로 떼어놓고 보기 어렵고, 무엇이 후유증인지 콕 집어 말하기도 곤란하다. 후유증을 명확히 규정할 수 없으면서도 피해 경험은 삶의 방식, 생활 습관으로 남아 피해자를 구성하고 있다. 이렇게 피해자에게 체화된 삶의 방식은 피해 '이후', 피해자가 새로 접하는 환경과 낯선 관계 속에서 다양한 양상으로 드러난다.

우리는 이 장에서 유림이, 현주, 수희를 만난다. 피해자들이 어린 시절 가족 안에서 익힌 삶의 방식이 피해가 중단된 뒤 변화된 환경에서 어떻게 드러나는지 살펴볼 것이다. 또한 피해자들이 새로운 시도 속에서 이런 방식을 어떻게 변화시키는지 따라가 본다. 더불어 피해 경험을 새롭게 해석하는 계기는 무엇인지 살펴보려 한다. 이 세 명의 생존자들이 들려주는 이야기는 우리가 갖고 있는 고정된 표상을 가로질러 피해자를 좀더 입체적으로 이해하는 데 도움을 줄 것이다.

피해자라는
포근한 옷

✚ 유림이 이야기

2011년 3월의 어느 날, 떨리는 마음으로 열림터에 간 나는 생활인들을 만나 첫인사를 나눴다. 한 생활인이 갓 활동을 시작한 나를 환영한다면서 갖고 있던 바이올린으로 영화 〈여인의 향기〉의 오에스티를 연주했다. 서툰 솜씨였지만 한눈에 재능 많은 친구라는 사실을 알 수 있었다. 유림이였다. 연주가 끝난 뒤 내가 환호하자 유림이는 쑥스러워하면서도 짐짓 자랑스러운 모양이었다. 알고 보니 유림이는 그림도 잘 그리고, 기타 치면서 노래도 부르고, 영어도 잘하는 재주꾼이었다.

유림이는 아버지에게서 7살 때부터 14년간 성폭력 피해를 입고 열림터에 들어와 2년을 살았다. 스물여섯 살 유림이는 지금 주거 공동체에 살면서 사회적 기업에서 계약직으로 일하고 있다. 일이 끝나면 비폭력 대화 연습 모임에 가거나 이따금 요가 수련을 하러 간다.

아버지를 고소하면서 집을 나온 때는 스물두 살이었다. 열림터에 입소할 때 유림이를 본 활동가들은 날개가 꺾인, 힘없는 한 마리 새 같았다고 회상한다. 유림이는 쉼터에 살기 시작한 뒤부터 '통증'을 느끼기 시작했다. 가해자인 아버지하고 함께 살 때는 "아파도 그냥 내 몸 신경 쓸 겨를 없을 만큼 긴장하고 있고 바깥으로 시선이 가 있었기" 때문에 통증이 꽁꽁 숨어 있었다. 아버지를 벗어나 쉼터에 살기 시작하자 그제야 "나를 느끼고 악몽을 느낄 그런 여유"가 생겼다. 통증을 느끼기 시작하면서 유림이는 오랜 피해 경험이 남긴 흔적들을 만나는 긴 여정의 출발선에 서게 됐다.

벗어났지만 어느 곳에나 있는 아버지

아버지는 어릴 때부터 유림이에게 늘 "너는 틀렸다", "너는 이상하다.", "너는 잘못하고 있다"고 말했다. 7살 때 처음 자기를 만지는 아버지에게 이상하다고 말하자 "네가 건강한지 보는 거야"라며 이상한 게 아니라는 대답을 들었다. 이상하다고 말한 유림이는 이상한 애가 됐다. 아버지가 나하고 바람을 피우는 것 같은 느낌, 다른 친구들은 이런 짓 안 할 것 같은 느낌이 들었지만 진실은 알 수 없었다. 성인이 돼 피해 사실을 얘기하자 어머니는 네가 유혹한 게 아니냐고, 너도 즐기지 않았냐고 말했다. 유림이는 정말 내가 이상한 건가 혼란스러웠다. "행복을 깨지 말라"는 명령이 무겁게 집 안을 감돌았다.

자기 느낌이나 생각을 말하면 늘 부정당했다. 성폭력에 관련된 것만 그런 게 아니었다. 아버지는 유림이를 과대망상 환자이고 거짓말 박사라고 불렀다. 고등학교 때는 신문을 읽으라고 하면서 "너는 상식이 너무 부족하다", "네가 너무 특이한 말을 하기 때문에 사람들이 되게 황당해한다"고 했다. 맞을 때 경찰에 신고한다고 대들자 아버지는 어머니랑 동생들한테 "아빠를 경찰에 신고하겠다고? 얘, 진짜 이상한 애네"라고 했다. 이상한 애라는 말 한마디에 유림이는 늘 주눅이 들었다.

집을 나오면서 벗어났지만, 아버지는 어디에나 따라다녔다. 열림터 생활 초기에 유림이는 다른 사람에게 "아빠 같다"는 말을 많이 했다. 한 번은 남자 친구가 무기력하게 있는 유림이에게 좀 에너지 넘치게 살라면서, 공부를 열심히 하든가 알바를 열심히 하든가 뭐든 좀 열심히 해보라고 했다. 쉬어야 하는데 열심히 살라고 말하는 남자 친구가 아버지처럼 느껴졌고 유림이는 그 남자 친구를 더는 만나지 않았다. 열림터 활동가들도 "아빠 같다"는 말을 자주 들어야 했다.

쌤한테는 괜히 무언가를 잘못하면 혼날 것 같다. 그래서 내 얘기를 마음껏 하지 못하는 것 같다. ○○쌤하고도 얘기하고 나면 아빠 생각이 나서 힘들었다. ○○쌤의 말은 이해되지만 아빠가 나한테 했던 지적들이 생각나곤 했다. 지금은 아무 것도 안 하고 그냥 쉬고 편히 지내고 싶다. 쌤들이 나의 미래를 걱정해서 하는 말들이 지금은 상처가 되고 아프다. (유림의 상담일지)

비난하는 마음 없이 조언을 하거나 다른 의견을 제시했을 뿐인데 유림이는 "아빠 같다"고 말했다. 활동가들은 말 한마디, 행동거지 하나하나가 조심스러웠다. 나이 많은 사람만 유림이가 그렇게 느끼는 것이 아니었다. 자기보다 나이 어린 열림터 생활인에게도 아버지의 모습이 보인다고 했다.

유림이는 자기를 무조건 수용하거나 지지하지 않는 사람이면 모두 아버지 같다고 느끼는 듯했다. 수용이 아니면 곧 "너는 이상해"라거나 "너는 틀렸어"라는 아버지식 메시지로 받아들였다. 그런 말을 듣는 상대방도 당황스러웠지만 주변 사람들에게서 끊임없이 아버지의 모습을 발견해야 하는 유림이도 힘들었을 것이다. 유림이는 "미쳤다거나 이상하다거나, 이기적이다, 무책임하다, 특이하다는 등 아빠가 내게 한 말들을 또 누군가에게서 들을까봐" 늘 경계하고 마음을 졸여야 했다. 가해자는 그만큼 깊고 짙게 유림이의 삶에 그늘을 드리웠다.

집 안에서 하던 대로 했을 뿐인데

처음에 유림이는 다른 생활인들하고 사사건건 부딪쳤다. 유림이하고 크게 한 번 다투지 않은 생활인이 한 명도 없을 정도였다. 주로 유림이의 행동이 발단이었다. 생활인들이 모여 수다를 떨다가 누가 '책임감'이라는 단어를 쓰자 유림이가 "그럴 때는 '끈기'라고 말하는 거야" 하며 끼어들었다. 그 생활인은 유림이가 자기 말에 끼어드는 게 기분 나쁘고 다른 생활인 편만 들어주는 것 같다며 서운해했다. 또 다른 생활인은 유림이가 연탄곡을 가르쳐달라고 해서 둘이 같이 피아노에 앉았는데 배운다던 유림이가 자기 보고 틀렸다면서 자기 손을 옮겨주자 "너는 내가 가르쳐달라고 하지도 않았는데 나를 가르친다"면서 불쾌해했다. 상대가 원하지도 않는데 고쳐주려는 태도, 필요 없는 간섭, 명령조 말투에 다른 생활인들은 무시당하는 것 같다며 불편해했다. 활동가들이 이런 불만을 전하자 유림이는 "내 동생들 같았으면 죽었다"면서 사과하지 않았다.

자기가 직접적인 피해를 입지도 않은 상황에 끼어들어서 남의 잘못을 지적하거나 분노하는 이유가 무엇인지 물었다. 유림이는 동생들이 제대로 안 하면 아버지가 자기를 혼내는 바람에 습관이 돼 그런 것 같다고 말했다.

> 아빠가 나를 혼내던 방식으로 내가 동생들을 혼냈어요. 내가 엎드려뻗쳐 시키고 엉덩이를 때린다거나. 근데 한번은, 언제였냐면 내가 동생들 때리고 너무 슬픈 거예요. 아빠한테 가서 "이렇게 하면 안 될 것 같다. 너무 슬프다" 그랬더니, 아빠가 "괜찮다, 가르치는 거다" 이런 식으로 얘기했어요. 근데 난 거기에 동의 안 했어요. 그걸 교육처럼 받아들였던 것 같아요. 바로 밑에 동생은 저한테 "언니가 엄마나 아빠도 아닌 데 왜 때리느냐"고.

가족 안에서 유림이의 위치는 애매했다. 딸이 아니라 아버지의 애인인 것 같은, 꼭 어머니의 라이벌인 듯한 위치. 마치 이 가족의 구성원이 아닌 듯한 느낌도 들었다. 비밀스럽고 공공연한 관계 속에서 아버지의 관심과 사랑을 받으면서 유림이는 어머니를 무시할 수 있었다. 아버지는 그런 상황을 용납했다. 유림이에게 동생들을 훈육할 수 있는 권력도 줬다. 유림이는 어머니를 신경 쓰지 않고 동생들을 야단치거나 때렸다. 이런 습관은 새로운 환경을 만나 갈등으로 나타났다.

동생들 위에 군림할 수 있는 권력에는 동생들을 책임져야 하는 의무도 뒤따랐다. 동생들이 아프거나 뭔가 잘못하면 유림이가 대신 혼나는 일이 많았다. 그런 탓인지 유림이는 열림터에서도 "내가 전체를 보고 있어야 된다, 상황을. 누가 뭐 힘들면 얘기라도 들어주고 바꿔주고 회의 안건으로 넣어서 바꾸거나 이런 것 해야 한다"는 생각을 자주 했다. 마치 열림터 생활인들의 대의원 같았다. "내가 무슨 자원봉사자도 아니고 선생님도 아니니까, 누가 아프고 힘들어도 선생님한테 얘기하면 되지 내가 그걸 어떻게 돌봐주거나 해야 하는 책임은 없"는데, 늘 전체를 봐야 할 것 같은 "오지랖"은 유림이를 피곤하게 했다.

가해자를 벗어나 열림터에 온 피해자들에게는 낯선 환경에 적응하는 과제가 놓여 있다. 다른 곳에서 다른 가치, 다른 규범, 다른 관계들을 맞닥뜨린다. 가해자를 벗어나기만 하면 다 해결되고 행복해질 줄 알았는데, 그렇지 않았다. 이제 낯설고 새로운 환경에 적응하고 새로운 생활 방식을 알아가야 한다. 피해자에게는 오랜 기간 폭력 아래에서 몸에 밴 생활 방식이 남아 있다. 이제는 위험에서 벗어났고 그 방식은 더는 유효하지 않다. 그런데도 자기 방식을 변화시키는 일은 결코 쉽지 않다.

질문하기, 스스로 선택하기

유림이는 스물한 살 때 남자 친구하고 성관계를 가진 뒤 아버지의 성폭력을 강하게 거부하기 시작했다. 자기가 원해서 갖는 관계와 강제로 하는 관계를 구분하게 됐고, 내가 원하는 사람하고만 관계를 갖고 싶은 마음, 내가 선택하고 싶은 마음이 커졌다. 그때부터 유림이는 아버지가 자기를 만지지 못하게 했고, 이런 거부가 결국 집을 나오고 아버지를 고소하는 발단이 됐다.

집에서 살 때는 아버지를 거역할 수 없었다. 싫다고 말하면 혼나거나 설득 당했다. 한번은 성행위를 요구해서 싫다고 했더니 아버지가 지난번에는 했는데 이번에는 왜 안 되냐고 했다. 유림이는 한 번 하면 또 해야 하는 줄 알고 아버지의 요구에 응했다. 늘 "아빠한테 계속 설득당하거나 기에 눌리거나 그런 식"이었다. 스스로 무엇을 선택해 본 적이 거의 없었고, 어쩌다 선택을 할 때는 비난받기 일쑤였다.

내가 스무 살에 아빠가 물을 끼얹은 적도 있어요. 아빠 카드로 학원을 등록하기로 하고 토플 학원을 등록해야 하는데, 토익 학원이 나을 것 같아 그거 끊고 "한 달 다니고 다음에 토플 할게요"라고 했어요. 제 딴에는 하나의 산을 넘어가고 싶어서……. 그날 아빠가 밥 먹고 있었고 난 앞에 앉아 있었는데, 갑자기 그렇게 물을 끼얹은 거예요. 왜 우리 얘기한 대로 안 했냐면서.

자기가 공부할 학원도 고를 수 없던 유림이는 이제 용기를 내어 '선택'을 하기 시작했다. 내가 맞는 건지 여전히 확신은 없지만 내 감정과 생각을 한번 믿어보기로 한 것이다. "집에서 아빠가 다 나를 위한 거라고 했는데 알고 보니 아니었던 것처럼" 누군가 하는 얘기가 정말인지 묻고 또 묻고, 부딪치고 깨지며 직접 경험하기로 했다. 선택하기는 쉽지 않았다. 필요한 정보를 찾는 법도 잘 몰랐고, 무엇을 우선순위에 둬야 하는지도 늘 헷갈렸다. "노"라고 말하는 것도 힘들었다. 내 상태를 존중하기보다 늘 아버지의 욕구를 먼저 살피며 살아왔기 때문이다. 자기가 한 선택에 사람들이 보이는 반응을 살피는 일은 피곤했다.

그래도 유림이는 용기를 내어 선택을 시작했다. 유림이의 선택하기는 주변 사람들하고 잦은 충돌을 빚었다. 유림이가 귀가 시간이 지난 뒤에도 들어오지 않고 연락도 없어 걱정하며 기다린 적이 있다. 늦게 온 유림이는 일부러 연락을 안 했다면서 "벌칙 받으면 끝 아니에요? 선생님이 걱정하는 것까지 신경 쓰기 귀찮아요"라고 말해 나를 당황스럽게 했다. 규칙을 지키라고 하면 "쌤들이 그렇게 말할 때마다 어른들은 다 똑같고 부모님이랑 다를 게 없다는 생각이 든다"면서 순간순간 감정에 충실하게 살고 싶다고 했다. 유림이는 이런 태도가 자기의 선택이라고 생각하는 것 같았다.

그렇지만 사회는 감정대로 자유롭게 살 수 없는 곳이었다. 열림터처럼 여러 사람이 더불어 살고 규칙이 촘촘히 짜인 곳에서는 이런 방식이 특히 허용되기 힘들었다. 활동가들하고 유림이는 끊임없이 말싸움을 해야 했다. 겉으로 보면 그저 '지각하는 것'이고 '규칙을 안 지키는 것'일 뿐이었다. 유림이는 자율과 방종을 혼동하는 사람처럼 보이기도 했다. 그런데 유림이에게는 이 과정이 꼭 필요했다. 아버지 밑에서는 늘 기가 눌리거나 설득당했지만, 새로 만난 사람들 앞에서는 화내고 따지고 감정에 솔직했다.

유림이는 하고 싶은 일도 자주 바뀠다. 외교관이 되고 싶다고 편입 준비를 했다가, 한의사가 되고 싶다며 수능 준비를 했다가, 요가 지도자 과정도 수강했다. 활동가들은 갈피를 잡을 수 없었다. 자격증 하나라도 따서 퇴소하기를 바라는 마음에 안타깝기만 했다. 활동가들이 어떻게 생각할까 두려워하면서도 유림이는 그때그때 하고 싶은 일을 택했다. 퇴소 뒤에는 국비를 지원받아 그래픽 디자인 공부를 해 엽서나 공책을 만들어 팔기도 했다.

유림이에게 '스스로 선택하기'는 위험을 가져다줄지도 모르고, 지름길이 아니라 멀리 돌아가는 길일 수도 있다. 때로는 자기를 도우려는 사람의 말도 듣지 않았기 때문에 현실 감각이 없는 것처럼 보이기도 했다. 그렇지만 자승자박이 되더라도 자기 뜻대로 선택하는 것이 유림이에게는 중요해 보였다. 가해자를 벗어나 자기 삶을 살고 있다는 느낌이 들기 때문이다. 선택할 수 있게 된 유림이에게 삶은 다른 빛깔로 다가왔다. 선택할 수 없는 삶은 깜깜했다. 미래가 없었다. 선택하는 삶은 힘들지만, 그래도 색깔이 있다. 삶을 지속될 어떤 것으로 생각해본 적이 없기 때문에 긴 안목으로 해야 하는 선택은 특히 두렵다. 그래도 "깜깜한 게 아니라 알록달록 빛나 색이 있는" 삶이 계속 이어질 것 같다는 확신이 있다.

관계 속으로 걸어 들어가다

유림이에게 관계 맺기는 쉽지 않은 일이었다. 어린 시절, 친밀함은 아버지가 원하는 때 아버지가 원하는 방식으로 제공됐다. 거부하면 물질적 지원과 정서적 지원이 끊어졌다. 중학교나 고등학교 때는 가까워지면 피해 사실을 말해버릴 것 같은 두려움에 친구들을 먼저 밀쳐냈다. 집을 떠나 열림터에 와서도 생활인들이나 활동가들하고 자주 부딪쳤다. 회복과 치유가 관계 속에서 진행된다는 생각을 하지 못했다.

그러던 중 유림이는 열림터에서 치유 프로그램으로 진행한 비폭력 대화 수업에 빠져들었다. 비폭력 대화는 '모든 사람은 같은 욕구를 공유하고 있고, 그 에너지는 서로 연결돼 있다'고 본다. 또한 '관찰-느낌-욕구-부탁'이 비폭력 대화의 네 요소인데, 이 네 가지를 명확히 표현하는 대화 방식이 삶을 풍요롭게 만들 수 있다고 본다. 심한 갈등을 겪다가 몸싸움까지 한 생활인이 이 수업을 들을 때 옆에 앉았는데, 유림이는 그때 '이 친구도 원하는 게 나랑 같구나, 얘도 인간이구나' 하면서 이해가 되고 마음이 놓였다. 내가 그렇게 미워한 사람이 나하고 같은 욕구를 지닌 사람이라는 사실을 깨닫자 관계가 달라질 수 있다는 희망이 생겼다.

비폭력 대화를 배우기 전에는 사람들이랑 대화해봤자 싸우고 힘들고 지치고, 나는 사람들과 관계 안에서 상처를 받았고, 그래서 딱히 인간관계를 통한 풍성해지거나 행복할 수 있다는 것에 회의적이었어요. 근데 비폭력 대화 연습을 하고, 아, 대화하면서도 풍성하고 재미있을 수 있구나 알게 됐고, 그런 관계에 희망을 갖게 됐어요.

비폭력 대화는 관계 속으로 걸어 들어갈 수 있는 힘을 줬고, 유림이는 새로운 시도를 했다. 만나는 사람들을 상대로 비폭력 대화를 연습했다. 물론 서툰 만큼 좌충우돌했다. "수능 잘 봤니?"라고 묻는 내게 "뭐가 알고 싶으신 거예요?"라고 답하거나, "오늘 요가 왜 안 갔어?"라고 묻는 야간 활동가에게 "선생님은 제가 요가 안 가서 어떠셨어요?"라고 되물어 당황스럽게 했다. 준비가 안 된 사람에게 비폭력 대화 모델을 도식적으로 사용해 거부 반응을 일으키기도 했다. 그렇지만 포기하지 않았다. 비폭력 대화 중재자 교육을 받고 영국에서 열린 워크숍에도 다녀왔다. 비폭력 대화 연습 모임을 하며 "수용, 돌봄, 이해, 도움, 사랑, 함께 살아가기"를 꾸준히 경험하고 있다.

물론 사는 곳, 일하는 곳에서 맺는 관계가 연습 모임처럼 따뜻하지만은 않다. 연습 모임에서는 자극을 받아도 솔직하게 말할 수 있고 갈등으로 번지지도 않지만, 지금 살고 있는 주거 공동체에서는 "싸우게 돼도 잘잘못을 가리고 옳고 그르고 따지고, 그러다 보면 배우는 기술을 까먹고 습관대로 행동하고, 그러면 다시 싸우게 되고 하니까" 여전히 힘들다. 그렇지만 포기하기보다는 늘 부족함을 채워가려 한다.

관계를 깊게 경험하고 자기 느낌을 관찰하면서 유림이는 다른 사람 탓으로 돌리던 문제가 사실 내 안에 있는 어떤 것을 건드려 일어난 반응이라는 사실을 깨닫는다.

어떤 말을 들었는데 제 안에서 어떤 감정이 올라와요. 근데 이 감정이 그때랑 비슷해. 그러면 좀……. 그래서 예전에는 '말'이라고 생각했는데요. 요즘에는 그 '감각'인 것 같아요. 내 안에 있는 거기 때문에 사실 밖에 있는 사람들이나 나 이외의 사람이 뭔가 준비하거나 조심해서 안 일어나게 할 수 있는 방법은 없는 것 아닐까? 이런 생각.

자기가 느끼는 감정을 책임진다는 말이었다. 유림이는 이제 누군가의 말에 자극받아 어떤 감정이 올라오면 상대가 '아빠 같은 말을 해서, 아빠 같은 사람이라서' 그렇다고 생각하기보다, 자기 마음을 먼저 살피게 됐다.

그토록 오랫동안 자기를 지배한 사고 회로를 바꿔낸 유림이가 참
멋져 보였다.

피해자, 포근한 옷

열림터에 살 때 유림이는 여성폭력 피해자 자활센터에 다닌 적이 있
다. 그 센터의 공동체 윤리 중 하나가 '핑계 대지 말자'였다. 폭력 피해 여
성의 무기력해진 신체를 바꾸고 무너진 일상을 복원하는 데 초점이 있었
다. 무슨 일이 있더라도 약속을 지키며 핑계 대지 않는 훈련이 필요했다.
유림이는 어떻게 핑계를 안 댈 수 있냐고 물었다. 일을 잘 못한 데는
이유가 있고, 활동가가 부당한 지시를 하면 문제를 제기할 수도 있고,
몸이나 마음이 힘들면 지각할 수도 있지 않은가. 그건 절실하고 분명한
이유였지 핑계가 아니었다. 유림이는 자기가 피해자라는 사실이 중요했
다. 피해자로서 이 상처를 끌어안고 있을 시간이 필요했다. 자기 몸과 감
정 상태를 존중한다면 조퇴도 결근도 할 수 있는 일이었다. 유림이는 그
곳 활동가들하고 부딪칠 수밖에 없었다. "감정은 집에 두고 오세요"라거
나 "슬픔에 기생한다"는 얘기까지 들어야 했다.
피해자가 스스로 피해자라는 사실을 인정하는 일은 의미가 크다. 자
기가 이상해서 겪은 줄 알고 있던 경험에 '성폭력'이라는 사회적인 이름
이 붙으면서 이제 더는 개인 문제가 아니게 된다. 성폭력의 고통은 이제
남들도 이해해주는 사회적 경험이 된다. 유림이 또한 자기 경험에 '성폭
력'이라는 이름을 붙인 뒤에는 그 고통이 따뜻한 돌봄을 받을 만한 가치

가 있다는 사실을 알았다고 한다. 자기를 이해하고 지지할 수 있는 사람들을 만날 가능성이 펼쳐진다. 그렇게 '피해자'가 정체성의 일부가 된다.

그러나 쉼터 생활이나 기관의 지원이 오래 이어지면 피해자들은 받는 데 익숙해진다. 피해자를 바라보는 동정 어린 시선을 내면화하기도 하고 자신을 합리화하는 데 쓰기도 한다. '도움을 받아야 할 사람'을 자기 정체성으로 오래 갖고 있으면 내적 역량을 확인하지도 못하고 쓰지도 못하게 된다.

또 사람들이 자기를 이해하고 자기 이야기에 귀 기울인다는 사실을 거듭 확인하면서 피해자 정체성은 자기 힘을 확인하는 수단이 되기도 한다. 피해자 정체성을 버리면 그 힘을 잃게 될까 두려워진다. 어느 순간, 피해자 정체성은 낡았지만 벗어버리기 싫은 포근한 옷이 된다.

유림이는 자기가 친족 성폭력 생존자라는 사실을 쉽게 말하는 편이었다. 열림터의 다른 피해자들이 그 사실이 알려질까 쉬쉬할 때 유림이는 처음 만난 사람에게도 선뜻 자기 이야기를 했다. 이유는 여러 가지였다. "나에 대해 이해할 때 사람들이 의아해하는 이해를 돕고 싶어 이야기하는 부분도 있고, 더 진솔하게 친해지고 싶은 마음에 그럴 때도 있고, 그냥 나를 인정하느라 말할 때"도 있었다. 자기 역사의 핵심이어서 그 사실을 빼놓고는 자기를 설명할 수 없다고 생각했다. 동정을 바라거나 맡은 일을 적게 하고 싶어서 자기가 피해자라는 사실을 밝힌 것은 아니었다. 딱하다는 말은 듣기 싫었다. 그렇지만 끊임없이 도움을 받아야 할 듯한 유림이의 깊은 불안은 피해자를 '보호 대상'이자 '무력한 사람'으로 보는 시선하고 묘하게 마주쳤다.

열림터에 들어와 2년을 살고 퇴소를 앞둔 때 유림이는 여기에 좀더 살면 안 되냐고 물었다. 활동가들이 보기에 유림이는 역량이 충분했고 더 머무르면 자립할 힘을 기르는 데 도움이 되지도 않았다. 그렇지만 유림이는 예측할 수 있는 안정감과 정서적인 도움이 더 필요하다고 말했다. 피해자라는 사실을 안 사람들이 준 옷을 받거나 밥을 얻어먹거나 돈을 받은 적도 있었다. 뭔가 "꺼림칙하고 탐탁지 않은데 돈은 필요하니까 받은" 것이다.

유림이는 요즘 직장에 자주 지각한다면서 극복하고 싶은 문제라는 말도 했다. "스무 살 때 강간이 심했는데, 침대에 누워 있으면 햇빛이 살살 들어오는데 아빠가 내 위에서 움직이고 있었다." 그 경험 탓인지 요새도 왠지 "7시쯤 눈을 떠도 꺼림칙하고 아픈 것 같고 계속 자야 될 것 같고, 피곤하니까 더 자서 풀어야 할 것 같다." 지각하는 버릇이 피해 경험 때문인지 아닌지 잘 모르겠다는 말도 했다.

유림이가 피해자면서 피해자가 아닐 수 있는 힘을 갖게 되기를 나는 바란다. 자기의 어떤 습관이 피해에 닿아 있는지 파악하는 일은 중요하다. 그렇지만 '그래서 나는 도움을 받아야 해. 피해자니까 봐줘야 해'라는 생각으로 이어지지 않았으면 좋겠다. 주저앉고 싶은 자기를 일으켜 세워 일상을 살기를, 제시간에 출근하고 퇴근하고, 세끼 잘 챙겨 먹고, 자기 몸을 돌보기를 바란다. 도움을 받아야만 하는 나약한 피해자는 어찌 보면 가부장 사회가 만들어낸 허상이 아닐까. 한없이 약해지고 무기력해지는 피해자상은 이 사회가 만든 덫이 아닐까.

유림이에게 피해자 정체성이 중요한 이 시간 또한 지나가리라. 피해자라는 옷이 꼭 필요한 시간을 지나 그 옷이 더는 자기에게 맞지 않는 순간이 올 때, 그 옷을 벗고 자유로워지리라 믿는다. 딱히 피해자라서 그런 게 아니라 인간은 모두 불완전하며 서로 연결돼 있어서 알맞은 도움을 주고받으며 살아간다는 사실을 알게 되리라. 유림이가 피해 이야기만이 아니라 더 다채로운 삶의 서사들을 많이 만들어가기를 바란다.

길을 걷는 사람, 유림이

유림이는 여전히 엎치락뒤치락한다. 비폭력 대화를 할 때 누군가 어색하다고 말하면 '나 이상한 사람 아닐까' 생각한다. 혼자 요리를 할 때면 아버지가 퍼부은 비난이 떠오르고 망칠 것만 같아 불안하다. 같이 생활하는 사람들하고 부딪쳐서 힘들 때는 다시 쉼터에 들어갈 생각을 하기도 한다. 남자 친구가 있는데도 다른 남자들이 만나고 싶다고 하면 불편해도 "노"라고 말하기 힘들다. 그럴 때면 '내가 원하는 삶을 만들어낼 힘이 나한테 있나?'라고 자기에게 되묻는다. 느리든 빠르든 걷고 있다는 사실이 중요하다. 유림이는 걸어가고 있다. 사람들하고 끊임없이 부딪치면서도 자기를 열어놓는다. 변화의 마디 앞에 섰을 때 뒤돌아서지 않고 새로운 시도를 한다. 유림이가 지닌 힘이다.

성폭력 피해가 없었다면 어떤 삶을 살았을 것 같으냐고 묻자 유림이는 이렇게 대답한다.

콧대가 막 이만 해가지고 진짜 뭐랄까, 고등학교 졸업하고 외국에 대학교 가서 커리어를 쌓고 "라면이 뭐야? 굶주림이 뭐지? 돈이 없는 게 뭐야? 노동자들은 왜 노동운동을 해?" 이러면서 "밥이 없으면 고기를 먹으면 되는 거 아니야?"라고 묻는 사람이 돼 있을 것 같은 거예요. 신나게 뭔가 해나갔을 것 같아요. 나를 위해서. 그렇지만 다른 사람의 고통은 잘 보지 못하는, 왜냐하면 내가 고통이 없으니까. 내 안에 있으니까 다른 사람의 고통도 좀 볼 수 있게 되는 여지가 더 많고 그렇게 되는 것 같아요.

아픈 경험들은 앞으로 나아가려는 자신을 자꾸 잡아당겨 머무르게 하지만, 그 경험 덕분에 유림이는 타인의 고통에 접속할 수 있게 됐다. 다른 피해자들에게 "그 괴로움, 혼란스러움 알 것 같다"고 "여기까지 온 것만으로도 훌륭하다"고 말하고 싶다는 유림이. 유림이가 가는 길에 햇살 한 줌과 바람 한 결이 함께하기를.

"삶이 개판 같은 느낌이
만성이 됐어요"

✚ 수희 이야기

열림터에서 일하기 시작한 2011년 3월에 수희를 처음 만났다. 예쁘장한 외모에 하얀 피부가 눈에 띄는 고등학생이었다. 처음 볼 때 팔 군데군데에 상처 자국이 있었다. 살결이 하얘서 그런지 눈에 더 잘 띄었다. 나중에 물어보니 자해한 흔적이었다.

한번은 수희가 다른 생활인을 따라 에이전시에 갔다가 광고 모델 오디션을 보라는 권유를 받은 적이 있었다. 나는 행여나 불미스러운 일이 생길까봐 오디션 보러 가는 길에 따라나섰다. 이런저런 포즈를 취하고 표정을 지으라는 카메라 감독의 요구에 수희는 나름대로 노력했지만 역부족이었다. 웃는 얼굴도 자연스럽지 못했다. 한 번도 마음 편하게, 해맑게 웃어본 적이 없어서 그런 것 같아 안타까웠다.

우리 둘은 퇴소 뒤에 더 친해졌다. 열림터에 있을 때보다 좀 자연스

204

러워진 것 같았다. 그렇지만 무슨 일을 하면서 돈을 버는지 한 번도 속 시원하게 얘기한 적이 없었다. 갑자기 중국에 가기로 했다, 지방에 내려 가기로 했다 하면서도 정작 간 적은 없었다. 답답하기도 했고 걱정도 됐 지만, 캐물었다가는 연락을 끊을까봐 겁이 났다.

수희는 초등학교 때부터 아버지에게서 성폭력 피해를 입다가 고등 학교 2학년 때 열림터에 들어와 1년 5개월을 살고 퇴소했다. 스물두 살 의 수희는 피해 경험에 맞서 여전히 씨름하고 있다.

"비굴한 년, 더러운 년"

아버지와 어머니는 2살 때 이혼했다. 이혼 뒤 어머니는 소식이 없었 고, 아버지는 어머니가 교통사고로 죽었다고 말했다. 열림터에서 와 주 민등록증을 만들면서 가족관계증명서를 떼기 전까지 수희는 어머니가 죽은 줄 알고 살았다. 알고 보니 어머니는 다른 남자하고 결혼해 아이를 낳고 살고 있었다.

수희는 고모 집에 맡겨졌다가 6살 때부터 아버지하고 같이 살았다. 아버지는 늦둥이 외아들이었다. 별다른 직업 없이 할아버지가 물려준 부 동산을 담보로 대출을 받아 생활했다. 일도 안 하고 매일 낮밤 없이 컴 퓨터 앞에서 살았다. 외출이라고 해봐야 가끔 술 마시러 나가는 게 전부 였다. 한 달 동안 한 번도 컴퓨터를 끄지 않는 사람이었다. 주로 채팅을 하거나 음악 사이트 디제잉을 했다. 수희는 "다른 집 아버지는 회사 가거 나 열심히 일을 하시고 그런 게 있는데, 집에 가면 항상 있는" 아버지가 꼴 보기 싫었다. 학교 끝나고 집에 가면 아버지는 수희를 쳐다보지도 않고 모니터만 들여다봤다.

수희가 처음 기억하는 폭력은 아홉 살 생일 때다. 아버지는 케이크를 놓고 폭죽을 터뜨리려 했다. 풍선 터지는 소리처럼 갑자기 나는 큰 소리를 무서워하던 수희는 아버지가 폭죽을 터뜨리자 놀라 소리를 질렀다. 순간 주먹이 날아왔고 발로 여러 차례 밟혔다. 잘못했다고 비는 수희에게 아버지는 "불만 있을 때는 떼쓰면서, 맞을 때는 잘못했다고 하는 비굴한 년"이라고 욕했다. 그 뒤 2~3일에 한 번씩 맞는 날들이 이어졌다.

열 살 때 새어머니가 생겼다. 새어머니가 들어오면서 아버지는 수희를 때리지 않았다. 대신 새어머니를 때렸다. 밤에 자다가 어디선가 퍽퍽 맞는 소리에 잠이 깨면 등골이 오싹해져 다시 잠 못 들기 일쑤였다. 다음 날 보면 새어머니 몸에 시퍼렇게 멍이 들어 있었다. 그렇게 첫째 새어머니가 얼마 못 버티고 나가고 둘째 새어머니가 들어왔지만 마찬가지였다. 새어머니에게 의지하거나 보살핌을 받을 수 있는 상황이 아니었다.

아버지는 강제로 입을 맞추거나 몸을 만졌다. 그러면서 늘 수희한테 "더럽다"고 했다. 성폭력 가해를 할 때만 그런 행동을 하는 게 아니었다. 아버지는 수희가 중학생 때까지 집 안에서 옷을 다 벗고 다녔다. 거실에서 텔레비전을 보면서 자기 성기를 만지거나 폰섹스를 하다가 핸드폰을 억지로 수희 귀에 갖다 대고 10분 동안 그 소리를 들려주기도 했다. 채팅에서 만난 여자들을 데려와 수희가 보는 앞에서 성관계를 하기도 했다.

싫은데 억지로 강제로 스킨십 하는 거는 항상 그랬던 거 같고. 어렸을 때 자꾸 모르는 여자들을 데려와서 성관계하는 거를 내 앞에서 보여주거나,

관계가 끝나고 나서 다 벗고 그냥 아무 처리도 안 한 상태인데 나한테 휴지 갖고 오라고 해서 내 앞에서 막 닦거나. 자고 있는데 바로 옆에서 하거나, 뭐 그런 거죠. 나는 그런 기분 나쁜 소리나 그런 것들이 다 기억이 나서.

수희의 몸을 직접 만지는 행위는 수희가 커가면서 조금씩 줄어들었다. 그렇지만 아버지의 과잉된 성행동은 멈출 날이 없었다.

조금이라도 덜 맞으려고 아버지한테 빌면 "비굴한 년" 소리를 듣던 수희는 아버지가 때릴 때 더는 빌지 않게 됐다. 잘못했다고 빌거나 입 다물고 아무 말 안 하거나 맞는 것은 똑같았다. 뭔가 잘 한다고 해서 딱히 달라지는 게 없었다. 수희는 아버지를 '죽여 버리고 싶다'는 생각만 하며 살았다. 아버지가 술 취해서 자고 있으면 쥐도 새도 모르게 죽여버리고 싶었다. 영화나 드라마를 보면서 돈 많고 지위 높으면 사람 죽이는 일은 아무것도 아니라고 생각했다. 빨리 어른이 돼 성공해서 복수하고 싶었다. 공부를 열심히 했다. 야간 자율 학습을 하고 집에 늦게 오면 그나마 덜 맞기도 했다. 성인이 되기 전에 집에서 나갈 생각은 하지 못했다. 쉼터가 있는 줄 몰랐고, 집을 나가면 공부를 포기해야 할 것 같았다. 그러면 아버지가 그렇게 말하던 대로 "밤에 일 나가는 년"이 될 것 같았다.

2~3일에 한 번씩 맞으면서도 이 악물고 참기만 했다. 그러던 어느 날 일주일 동안 안 맞았더니 '왜 몸이 안 아프지? 맞을 때가 됐는데' 하며 혼자 병이 났다. 더는 이렇게 살 수 없었다. 고등학교 2학년 어느 날, 수희는 카디건과 돈 2만 원을 들고 독서실에 가는 척하고 집에서 나왔다. 피시방에서 검색을 해 여성긴급전화1366을 알아냈다. 상담을 받은 뒤 혼자 경찰서에 가 아빠를 고소했다. 그리고 열림터로 왔다.

몸에 새겨진 기억

수희는 어릴 때부터 저녁밥만 먹으면 매일 배가 아팠다. 폭력적 상황에 몸이 보이는 반응이었다. 열림터에 와서 가해자를 벗어나 안전해졌고 이제는 아플 이유가 없는데도 통증은 계속됐다. 피해 내용을 얘기할 때나 가해자하고 비슷한 외모나 목소리를 가진 사람을 보면 바로 배가 아프고 설사를 했다. 어느 날은 활동가하고 함께 학교에 가 전학 절차를 밟고 교복을 사러 가다가 아버지 차하고 똑같은 차를 봤다. 수희는 급히 골목에 숨더니 활동가에게 차 번호를 확인해달라고 했다. 아버지 차는 아니었지만 계속 불안해하더니 곧 배가 아프다면서 길에 쪼그리고 앉았다. 그렇게 가해자를 연상시키는 사소한 자극에도 아주 민감했다.

수희의 몸에는 피해 경험이 선명히 새겨져 있었다. 마치 피해가 몸에 들러붙어 있는 듯, 몇 분 전 일처럼 생생히 느껴진다며 힘들어했다. 집에 있을 때 아버지한테 성폭력을 당하고 나면 수희는 몇 시간 동안 샤워를 하면서 미친 듯이 비누로 씻었다. 오랜 시간 물에 닿아서 하얗게 불어 오른 피부를 잘라내기도 했다. 아버지의 침이 닿은 곳을 사포로 문지른 적도 있다. 옷이 가슴에 닿는 느낌이 싫어서 붕대로 가슴을 꽉 감거나 젖꼭지에 본드를 붙인 적도 있었다. 더 강한 자극으로 그 느낌을 잊고 싶었다. 열림터 와서도 "내 입술이 더러워서 살점을 다 뜯어내서 새 살이 돋아났으면 좋겠다"면서 입술의 살점을 잡아 뜯기도 했다.

씻어내고 뜯어내도 그 느낌은 다시 찾아왔다. 수희는 몸속의 피를 다 빼내고 다른 피를 넣고 싶다고 했다. 피해의 기억에서 자유로워지려면 새롭게 태어나는 수밖에 없어 보였다. 피해의 기억이 몸에 그토록 생생하게 남아 있는 이유를 묻자 수희는 '순결 의식' 때문인 것 같다고 했다. 고등학교 때까지 수희는 "결혼하기 전에 몸을 깨끗하게 해야 한다, 결혼할 사람이 아니면 몸을 절대 주면 안 된다는 생각이 머리에 박혀" 있었다. 흰 옷에 묻은 얼룩을 비벼 빨아 지우듯, 피해의 감각을 지우느라 몸이 성할 날이 없었다. 수희가 몸에 새겨진 기억을 씻어내려고 선택한 방법은 남자 친구였다.

이런 얘기 하긴 쪽팔린데 입술에 억지로 뽀뽀했던 기억이 생각나면 그 촉감이랑 소리랑 눈이 여기 있는 거랑 다 생각이 나요. 오감이 느껴요. 온몸에 소름이 돋아서 박박 긁는데 남친이 여기 있으면 이것 좀 지워달라고. 뽀뽀해달라고? 그런 로맨틱한 게 아니에요. 남자 친구가 해 주면 안심이 돼요. 나는 이제 씻겼어. 뭔가 더러운 게 묻으면 비누칠해서 씻듯이. 그런데 이제 남자 친구 없으면 패닉이죠. 어떡해야 되지? 사이코 같고 이상하고, 그런데 그 느낌이 너무 싫어서 남친한테 더 의지하게 되고.

남자 친구에게 의지해도 그 감각은 옅어지거나 덤덤해지지 않았다. 수희에게 몸은 과거의 피해를 현재에 재생하는 연결 고리였다.

때로는 그 몸과 의식을 분리시키기도 했다. 열림터에서 상담을 할 때였다. 수희가 친하게 지내던 생활인하고 싸운 뒤 힘들어해서 화해를 권하며 "잘 해봐. 걔 괜찮은 애잖아"라고 말했다. 그 순간 수희는 눈동자에 초점을 탁 풀고 허공을 응시했다. 한참을 그러고 있더니 방에서 나갔다. 수희는 활동가들이 자기편이 돼주지 않거나 자기 생각하고 다른 말을 할 때 자주 비슷한 반응을 보였다. 그 반응의 의미가 뭘까 나는 한참 생각했다.

집에서는 그런 느낌이 있었어요. 어떤 타이밍에 '아, 내가 지금 맞겠구나. 이제 슬슬 열 받는구나. 이제 나를 때리러 오겠구나. 걸음이 빨라진다.' 그게 다 느껴져요. '나한테 어떤 욕을 하겠지, 손이 저쪽으로 가는 걸 보니까 저걸 집겠구나, 선풍기를 집겠구나.' 다 예상이 되는데 발이 굳어진 것처럼 움직일 수가 없어요. 그런데 사람이 너무 무서우면 심장이 뛰다가 착 가라앉으면서 고요해지거든요. 사람이 정말 공포를 느끼면 아무것도 할 수가 없는데, 내 몸이 그냥 그 사람 힘에 이리저리 치이면서 맞는 거예요. 그럼 나는, 한바탕 그렇게 폭풍이 지나가면 '내가 또 이렇게 됐구나' 하고 눈물만 나고, 힘이 없고, 그냥 머리가 나빠지는 것 같아요.

샌드백처럼 맞아야 하던 수희는 공포를 견디다 못해 평정심을 찾는 법을 터득했다. 스스로 둔감해지는 방식으로 폭력에서 살아남았듯이 수희는 부정적인 말을 듣거나 갈등이 생길 때 눈동자의 초점을 풀면서 현실에서 벗어나려 했다. 인정하고 싶지 않은 지금-여기에서 사라지는 방법이었다.

"다들 날 무시해. 다들 자기 생각만 해"

아버지는 매사에 부정적인 말만 했다. 학교 갔다 와서 뭐가 서운했다, 친구랑 싸웠다, 얘가 이랬다 얘기하면 "네가 성격이 그런 애니까 친구들이랑 싸우지"라고 말했다. 현장학습 가야 된다고 하면 쓸데없이 그런데 왜 가냐고 했다. 한 번도 네가 옳다고 한 적이 없었다. 아버지는 말을 정말 잘 하고 합리적인 것 같았다. 수희를 때릴 때는 "네가 엄마 그 년을 닮아서 맞을 짓을 하니까" 맞는다고 했다. 수희는 자기가 정말 어머니 닮은 애, 성질 더러운 애, 맞을 짓 하는 애라고 생각했다.

열림터에 와서 아버지를 벗어났지만 수희는 자기가 괜찮은 사람이라는 확신이 없었다. 있는 그대로 봐줄 만하고 받아들여질 수 있다는 믿음이 없었다. 낯선 사람들 사이에서 살아가려면 이런 자기 모습을 감추고 잘 보여야 했다. "완벽하게 보이려고 하고 최대한 안 싸우려고 하고 좋은 모습만 보이고 거절을 못 하고." 수희가 열림터에서 살아가기 위한 방식이었다.

어느 날은 숙직을 들어가니 수희가 저녁 당번인지 채소를 썰면서 남자 친구하고 전화를 하고 있었다. 그러더니 주위에 다 들리도록 큰 소리로 "다들 나를 무시해. 다들 자기 생각만 해. 나만 다른 사람들 배려하는 것 같아"라고 말했다. 나를 비롯한 다른 생활인들은 당황하면서도 뭘 잘못했는지 몰라 어리둥절했다. 수희는 다른 사람의 기분을 맞추려 노력하고 마음에 없는 칭찬을 곧잘 했다. 그런 칭찬을 바란 적 없는 상대방은 배려를 받았다고 생각하지 않았다. 그러면 수희는 화를 차곡차곡 쌓아두고 있다가 상대방이 알아주지 않는다며 한꺼번에 터뜨렸다.

수희는 한 활동가에게 맹목적인 애정 표현을 했다. "쌤 내 꺼야"라고 말하며 그 활동가를 독점하고 싶어했다. 애정과 친밀함을 느낄 대상을 못 찾다가 자기에게 호의를 보이는 사람을 만나자 무한 애정을 주기 시작한 것이다. 생활 속에서 만나는 관계여서 늘 좋은 소리만 할 수 없기 때문에 혹시나 싫은 소리 한마디에 틀어지지 않을까 걱정이 됐다. 아니나 다를까 몇 달 뒤 수희는 "쌤이 나를 싫어하는 것 같아요"라며 상담을 요청했다.

그 쌤 진짜 좋아했거든요. 정말 좋아했어요. 근데 쌤 특유의 쿨한 말투가 어……항상 잘 받아들이다가 어느 날 막 의문이 드는 거예요. 어, 왜 이렇게 차갑게 대하시지? 되게 오해를 했는데, 뭐 하여튼 그렇게 틀어졌어요.

자기하고 사이가 안 좋은 생활인과 활동가가 숙직방에서 상담을 하고 있으면 수희는 자기 욕을 하는 것 같다며 의심했다. 어떤 날은 방문을 열어놓고 이불을 뒤집어쓴 채 고래고래 소리를 지르며 주위에 다 들리게 욕을 하기도 했다. 수희는 지지고 볶으며 믿음을 쌓아가는 관계를 경험한 적이 없었다. 믿을 만한 사람이 나타나면 지나치게 이상화해서 대하다가 그 사람의 말 한마디에 바로 신뢰를 거둬버리는 것이 수희가 자기를 지키는 방식이었다.

수희는 다른 사람이 하는 말을 대부분 공격으로 받아들였다. 사심 없이 말해도 자기를 향한 공격이라고 느꼈다. 다른 생활인들이 방에 모여서 자기 욕을 하는 것 같다거나 왕따시키는 것 같다는 이야기를 자주 했다. "왜 이렇게 항상 운이 없는지 모르겠어. 내 주위에는 나를 힘들게 하는 사람뿐이야"라고 말했다. 관계 맺기는 치유의 기회가 아니었다. 아버지나 아버지 아닌 다른 사람하고 안전한 관계를 맺은 적이 없는 수희에게 관계는 늘 위협으로 다가왔다.

궤도에서 이탈하다

수희는 열림터에 입소하기 전에 혼자 경찰서에 가 아버지를 고소했다. 강간만 성폭력인 줄 알고 있었고 성관계를 보게 한 일이나 폰섹스 소리를 듣게 한 일도 처벌받을 수 있다는 사실도 몰랐다. 어떤 도움도 없이 혼자 조사를 받으면서 수희는 성폭력 피해 내용을 꼼꼼히 진술하지 못했다. 성폭력 사건을 수사한 경험이 없는 담당 형사는 바쁘다면서 연락 한 번 하지 않았다. 검사도 추가 조사 없이 처음 한 진술 녹화를 근거로 서류 조사만 가지고 처분을 내렸다. 결과는 '가정 폭력은 벌금형. 성추행은 공소권 없음'이었다. 열림터에서 변호사하고 함께 항고와 구공판을 청구했지만 결과는 바뀌지 않았다.

결과를 전해 듣고 수희는 오열했다. 강렬한 복수를 꿈꾼 만큼 여파는 컸다. 수희는 가해자가 제대로 처벌받거나 직접 사과를 해야만 치유가 시작될 것 같다고 했다. 열림터에서 1년간 받은 미술 치료도 변화의 계기가 되지 못했다.

솔직히 좀 부족해요. 아무리 털어놓고 털어봐도 부족하구요. 대화로 했잖아요, 치료를. 나는 뭔가 막 부수고 싶었어요. 깨부수고 그래야 쪼끔이라도 풀릴 것 같았거든요. 어떤 방법을 해도 지금도 원망이 계속 커서 너무 강하게 내 머릿속에 박힌 거 같아요. 내가 직접 그 사람을 때리는 게 낫지, 상담으로는 이걸 풀어낼 수 없을 것 같아서, 해 봤자……. 차라리 가서 내가 한 대 때리고 말지. 상담을 해서 조금 나아질 수 있다면, 지금까지 미술 치료를 하면서 상담을 했잖아요. 그렇게 많이 도움이 된 거 같지는 않아요. 그 시간들은 참 좋았어요. 근데 분노는 그대로예요.

'가해자 처벌'만이 수희가 피해자로 승인받을 수 있는 유일한 방법이었다. 다른 방식으로는 피해 경험에서 자유로워질 수 없다고 생각했다.

수희는 1년간 상담을 하면서도 상담 선생님을 믿지 않았다. 열림터 활동가들도 마찬가지였다. 나는 활동가들에게 마음을 다 보이지 않는 수희가 답답하면서도 '만약 수희 같은 환경에서 살아왔다면 내가 사람을 믿을 수 있었을까?' 하는 질문 앞에서는 늘 답을 못 찾았다. 수희가 자기를 여는 데 긴 세월이 필요해 보였다.

폭력적인 환경에서 몸에 밴 생존 전략이 더는 알맞지 않다는 사실을 피해자들이 깨닫는 데는 오랜 시간이 걸린다. 말이 아니라 폭력으로 갈등을 해결하고, 명확히 요구하지 않으면서 알아주기를 바라며, 활동가를 지나치게 이상화하거나 무턱대고 불신하는 방식은 아주 천천히 힘을 잃어간다. 이 과정에서 열림터 활동가든 상담 선생님이든 연인이든, '깽판 쳐도 받아줄 수 있는 사람', 오랜 시간 곁에 머물면서 수용해주는 사람이 꼭 필요하다. 이렇듯 치유와 회복은 관계 속에서 가능하다. 물론 그 관계가 안정될 때까지 많은 고비를 넘겨야 한다. 활동가들을 상대로 한 힘겨운 '말싸움', 롤러코스터처럼 오르내리는 감정, 신뢰와 불신의 반복, 자꾸 과거로 돌아가고 싶은 마음을 통과하면서 비로소 새로운 삶의 방식이 뿌리내린다.

수희는 그 고비를 넘지 못하고 치유의 궤도에서 이탈했다. 고소 결과를 통지받은 뒤 불안한 상태가 계속되다가 수능을 앞두고는 잠이 많아지고 무기력해졌다. 아침에 깨워도 일어나지 못해서 지각하거나 아예 결석하기도 했고, 아프다며 조퇴하기도 했다. 공부에 욕심이 많은 수희가 걱정돼 지켜보는 활동가들도 속이 탔다. 그러다가 수능을 한 달 정도 앞두고 같은 방을 쓰던 중학생 생활인하고 함께 가출을 했다. 나중에 수희는 솔직히 수능 잘 볼 자신이 없었고 활동가들이 기대하는 게 부담스러웠다고 했다. 가출한 상태에서 수능을 본 수희는 대학에 지원하지 않았다. 그리고 다시 열림터에 들어왔다가 두 달 뒤 퇴소했다.

수능을 못 보거나 대학에 떨어져도 있는 그대로 받아들여지는 경험을 하면 어땠을까. 활동가들이 자기에게 실망할까봐 두려워한 만큼 수희는 그런 모습이 자기 자신이라는 사실을 받아들이기 두려운 것 같았다. 잘 보이고 싶은 자기, 잘 나가는 자기와 별 볼일 없는 자기, 막 살고 있는 자기가 분리돼 있었다. 그 두 개의 자기가 만나기에는 거리가 너무 멀었다.

열림터에서 퇴소한 뒤 수희는 고등학교 3학년 담임 선생님이 소개한 회사에 경리로 취직해서 일하다가 몇 달 뒤 그만뒀다. 다달이 월세 내기가 힘들다며 어느 날은 급하게 돈을 좀 빌려달라고 열림터로 전화를 하기도 했다. 그러다 어느 때부터는 모아놓은 돈이 조금 있다는 말만 하고, 어떻게 돈을 버는지, 어떻게 일상을 살아가는지 알려주지 않았다. 가끔씩 연락해 고민 상담을 할 때마다 활동가들은 수희에게 이런저런 자원을 연결해주고 조언도 했지만 그때뿐이었다. 수희는 사람들이 하는 조언을 다 자기 사정을 모르고 하는 말로 받아들이면서 더욱 고립감에 시달리는 것 같았다. 치유의 궤도에서 이탈해 늘 같은 자리를 빙빙 맴돌고 있었다.

"삶이 개판 같은 느낌이 만성이 됐어요"

얼마 전 만난 수희는 혼자 술 먹는 게 습관이 돼 살이 많이 쪘다고 했다. 소변에 피가 섞여 나오는 등 몸이 안 좋아졌고, 우울증도 심해서 상담을 받고 싶다고 했다. 열림터에서 상담 기관을 연결해줬다. 2주에 한 번 상담한다는 얘기를 들은 수희는 자기는 일주일에 한 번도 부족하다 며 상담에 가지 않았다. 그리고 다른 클리닉에 가서 우울증과 불면증 약 을 타와 한 번도 먹지 않았다. 이번에도 어찌어찌 덮고 넘어는 가지만, 이 러다 또 터질 것이라고 했다.

수희는 여전히 자신을 무시하는 듯한 말을 하는 사람을 만나면 가 해자가 떠오르고 피해를 당할 때의 무력감이 그대로 느껴진다. 자기가 어떻게 할 수 없던, 억눌려 지내던 분위기가 떠오르면서 소름이 끼친다. 또 자기에게서 가해자하고 비슷한 모습을 발견할 때 놀란다. 어떤 사람 이 실수를 하면 "얘가 나를 무시하나? 만만하게 보나?"라는 생각이 먼저 든다. 아버지가 늘 자기에게 한 말이다. 화가 났는데 그 사람이 사과를 하면 너무 어색하다. 사과라는 것을 한 번도 받아본 적이 없기 때문이다. 사과를 받아도 자꾸 의심하게 되고, 잘못한 사람이 무릎을 꿇고 빌어야 만 직성이 풀릴 것 같다. 수희는 잘 먹고 잘 살고 있는 가해자가 밉다.

아빠는 잘 먹고 잘 살고 있잖아요. 나는 아……. 너는 어떻게 살고 있는데? 전 개판이죠. 삶이 개판 같은 느낌이 만성이 됐어요. 언제부터 그런 것 같 아? 몸이 조금 피곤하고 안 좋아지면 바로 그런 생각이 드는 것 같아요. 돈을 많이 벌고 싶을 때, 다른 애랑 비교가 될 때. 주변 애랑 자꾸 비교하게 되니까. 주변에 친구들이, 좋은 대학 간 애들이 많아요.

공부 욕심이 많던 수희가 명문대에 간 친구의 대학 생활을 부러워하는 마음이 고스란히 전해져 짠했다. 개판인 내 삶의 원흉이 가해자이기 때문에 수희는 여전히 복수를 꿈꾼다. 피해 경험에 갇혀서 삶이 흘러가지 않고 있는 것 같아 안타까웠다. 힘들겠지만 자기가 겪는 고통을 절대화하기보다 지금-여기에서 잘 사는 방법에 좀더 집중하면 어떨까. 지금 내가 잘 살고 있다고 해서 당장 피해 경험이 사라지지는 않는다. 그렇지만 내 삶을 들었다 놨다 하는 문제로 작동하는 현실을 멈출 수 있지 않을까.

치유의 과정에 정해진 도식은 없으며, 모두 각자의 속도가 있다. 수희는 수희의 속도로 변화의 계기를 만날 것이다. 그 계기는 더는 참을 수 없는 통증일 수도 있고 가해자 탓을 하는 게 진절머리 나는 순간일 수도 있다. 마음을 열어 보일 수 있는 한 사람일 수도 있다. 삶의 길목에 서 있다가 수희가 원할 때 언제라도 손 내밀고 싶다.

보통의
존재가 되기

✚ 현주 이야기

"1년 10개월의 열림터 생활을 마치고 퇴소. 클리닉에서의 심리 치료도 모두 끝냈고 미용 관련 자격증도 취득하여 성공적인 퇴소 사례로 보여진다."

현주의 퇴소 기록이다. 현주는 퇴소한 지 한참이 지난 뒤에도 활동가들 사이에 많이 이야기된 피해자다. 열림터에 들어와 잘 살았고, 퇴소 뒤에는 열림터에서 과외를 해주던 상담소 회원하고 함께 살게 됐기 때문이다.

인터뷰를 하려고 처음 현주를 만난 나는 적잖이 놀랐다. '똑순이' 이미지일 줄 알았는데 아기처럼 순진한 얼굴에 무심한 듯 시크한 표정을 하고 있었다. 묻는 말에 답할 때는 알맞은 단어를 찾지 못해 답답해했다. 그날 현주는 쌍꺼풀 수술 리터치를 했다면서 양쪽 눈두덩에 반창고를 붙이고 있었다. 백화점 판매 사원으로 일하고 있는데, 매장에서 너만 못생겼다는 관리자의 말에 상처 받아 쌍꺼풀 수술을 했다는 것이다.

그다음 만날 때는 쌍꺼풀이 자리를 잡고 있었다. 현주는 쌍꺼풀과 앞트임만 했다고 말했지만, 나는 눈 밑을 도톰하게 하는 애교살 시술을 하고 붙임머리를 한 사실을 알아봤다. 꿀리지 않는 외모가 현주에게는 선택이 아니라 '생존'의 문제처럼 보였다. 그사이 현주는 야간대학 수시모집에 지원했고, 막 합격 소식을 들은 참이었다.

마지막으로 만난 때 현주는 1학기 기말고사를 치르고 있었다. 막바지 과제에 몰두하느라 바쁘다면서 우황청심환을 먹고 프레젠테이션 발표를 한 얘기를 했다. 뒤늦게 들어간 대학 생활을 즐기고 있는 기색이 뚜렷했다.

여덟 살 때부터 아버지가 저지른 성폭력 피해를 입고 열아홉 살에 열림터에 들어와 1년 10개월을 살고 퇴소한 현주. 지금은 또래들하고 비슷한 일상을 살고 있는 스물다섯 살 현주의 이야기를 들어보자.

맨발로 도망치기 선수

현주가 한 살 때 아버지와 어머니는 이혼했다. 외할머니 손에 자라던 현주는 초등학교 1학년 때부터 아버지하고 단 둘이 살게 됐다. 아버지는 대처승이었다. 집안에서 대대로 운영하는 작은 절이 있는데, 스님인 할아버지가 아버지에게 절을 물려줬다. 특별한 직업도 없이 술만 먹고 망나니처럼 살고 있는 아들이 불쌍했기 때문이다.

성폭력은 같이 살기 시작하면서 시작됐다. 아버지는 "다른 애들도 네 나이 되면 다 이런다", "너는 내 꺼야", "사랑한다"고 말하며 가해했다. "아빠가 다가오는데 여기 뽈룩한 게 느껴지고, 너무 과도하게 뽀뽀가 아니고 혓바닥이 들어"왔다. 성폭력인지는 몰랐지만 "기분이 더러웠다."

6학년이 되면서 현주는 어머니하고 함께 살게 됐다. 어머니도 폭력적인 사람이었다. 아버지는 술을 먹으면 폭력적으로 돌변했지만 어머니는 시도 때도 없이 사소한 이유로 매질을 했다. 피해 사실을 말해도 어머니는 보호해줄 것 같지 않았다. 오히려 어머니가 무서워서 몰래 아버지를 만났다. 성폭력 가해를 하기는 했지만 아버지는 해달라는 대로 잘 해줬다. 어머니는 용돈 한 푼 주지 않았고 할머니는 몇백 원을 줬지만, 아버지는 천 원을 주는 사람이었다. 술만 먹지 않으면 다정한 면도 있었다. 현주는 아버지를 할머니 사랑을 많이 못 받고 자란 불쌍한 사람, 어머니보다는 덜 폭력적인 사람으로 기억하고 있다.

마치 사육당하는 것처럼 집 밖으로 못 나가는 생활에 가혹한 매질이 계속되자 현주는 도망칠 결심을 했다. 어머니가 부엌에서 일하고 있는 틈을 타 어머니 지갑에서 돈을 꺼내고 슬리퍼를 옷 속에 숨겨 도망쳐 나왔다. "죽든 살든 무조건 뛰어야겠다"고 마음먹고 정신없이 뛰었다. 숨겨 나온 슬리퍼는 내동댕이치고 맨발에 피가 나는지도 모른 채 뛰고 또 뛰었다. 그 길로 터미널에 가 버스를 타고 외할머니 집으로 갔다.

현주는 형제도 없고 친구도 없다. 사람들 속에서 살아본 적 없이, 아버지나 어머니, 또는 외할머니하고 단 둘이 지낸 시간이 많다. 학교에서 또래 친구들하고 친해지고 잘 어울려 노는 법을 알지 못했다. 워낙 수줍음도 많고 낯을 가렸다. 반 친구들이 놀리고 자기 물건을 가져가도 아무

말 못 하고 주눅 들기 일쑤였다.

게다가 늘 가난했다. 학교에서는 공짜로 컴퓨터도 가르쳐주고 방학 때 우유도 나눠줬지만, 현주는 그 사실을 대놓고 강조하는 선생님이 너무 미웠다. 그러다가 중학교 1학년 때 야영비를 못 내게 되자 학교를 그만뒀다.

중학교에 가니까 돈이 많이 드는 거예요. 무슨 야영 가는데, 그 전에도 20만 원 낸 것 같은데 이번에 또 십 몇만 원 내라고. 그 돈을 감당할 수가 없어서. 하복은 어쩌다가 겨우겨우 맞춰주기로 했는데, 저는 야영을 못 가게 된 게 너무 창피한 거예요. 반장이 계속 "돈 왜 자꾸 안 내냐?"고 그 소리도 듣기가 싫었고, 그래서 안 가겠다고 하고 방에서 안 나왔어요. 그런데 그게 좀, 그 마음을 다들 이해를 못 하는 거예요. 내가 쪽팔릴 수도 있겠구나, 이걸 이해를 못하고 "왜 학교를 안 가는데? 야영 못 갈 수도 있는 거지." 너무 창피하다는 말이에요, 학교 다니기가. 애들이 얼마나 그거 가지고 뭐라 그러는데.

학교에 가지 않고 집에서 게임을 하거나 아이돌 그룹 온라인 팬카페 활동만 했다. 돈을 대줄 수 없는 외할머니는 현주를 그냥 내버려뒀다. 또래를 만날 기회가 아예 막혔다. 외갓집 식구들은 현주를 눈엣가시처럼 여겼다. 가끔씩 와서 집안 패물을 훔쳐 달아나는 등 외할머니 등골을 빼먹는 어머니, 망나니 같은 아버지의 자식이기 때문이었다. 외갓집 식구들이 모일 때마다 눈칫밥을 먹은 기억이 생생하다. 외갓집 식구들이 집에 가라고 해서 간다고 거짓말을 하고 외할머니 집 창고에 숨은 적도 있었다. 그러다 외삼촌에게 들켰는데, 식구들이 모두 달려와 쌀만 축내는 식충이라며 현주를 때렸다.

결국 17살 때부터 다시 아버지하고 살게 됐다. 성폭력도 다시 시작됐다. 아버지는 새어머니하고 살면서도 밤에 새어머니가 잠들면 와서 괴롭혔다. 안전하게 정착해 살 수 있는 곳이 없었다. 선택의 여지가 없었다. 현주는 다시 도망치기로 했다. 절은 깊숙한 산속에 있었다. 뛰고 또 뛰어도 산골인, 잘못하면 낭떠러지 아래로 떨어질 수도 있는 산골짜기 절에서 혼자 도망쳐 나왔다. 그렇게 현주는 폭력에서 벗어났다.

복종하고 군림하기

열림터가 조금 더 돈이 많은 것 같아요. 막 프로그램 이런 것도 뮤지컬 비싼 거 보러 가고, 용돈 이런 것도 주고. 그리고 학원도 원하면 보내주고, 콘서트 같은 것도 가고. 못 해본 그런 걸 다 많이 해봤던 것 같아요.

현주는 19살에 열림터에 들어왔다. 열림터가 어땠냐는 질문에 현주는 돈이 많아서 좋았다고 대답했다. 학교까지 그만두게 만든 돈은 어린 시절 가질 수 없던 자원을 뜻했다. 열림터는 현주가 가져보지 못한 안정된 공간을 주고 경제적 지원을 했다. 수능 공부도 하고 과외도 받았다. 뮤지컬이나 영화도 보며 문화생활도 즐겼다. 집이라면 꿈도 못 꿀 미용 관련 학원도 다녔다. 꾸준한 관심과 애정을 보여주는 활동가들도 있었고 먼저 다가오는 생활인도 있었다. 가족이라는 느낌이 들었다. 가족 안에서 누리지 못한 돈과 애정, 소속감, 관계 맺기를 모두 열림터에서 받았다.

현주는 집에서 나온 뒤 열림터에 들어오기 전까지 1년 6개월 동안 여섯 군데의 일시보호소와 쉼터를 거쳤다. 한 쉼터에서는 생활인을 때려서 강제 퇴소를 당하기도 했다. 열림터에서 잘 살아간 현주와 폭력을 써서 퇴소당한 현주가 잘 연결되지 않았다. 또래들하고 지낸 경험이 없는 현주가 열림터에서 잘 지낸 것도 처음에는 쉽게 이해할 수 없었다.

현주는 자기만의 방식으로 열림터에 적응했다. 열림터 안에는 질서가 있었다. 자기가 복종해야 하는, 잘 보여야 하는 사람이 명확했다. 맞지 않으려면 눈치 보고 복종해야 하던 어린 시절의 생존 방식에 따라 현주는 활동가들에게 잘 보였다. 선생님들하고 좋은 관계를 유지하고 싶어서 스파이 노릇도 했다. "이런 건 말하면 안 되는데요"나 "제가 말했다고 하시면 안 돼요"가 단골 레퍼토리였다. "바른생활 여자"처럼 보이면서 규칙도 잘 지키고 말도 조곤조곤하게 했다.

생활인들 사이에서는 다르게 행동했다. 생활인들 사이에는 오래 산 사람이나 나이에 따라 권력관계가 있었다. 현주가 또래 관계를 배운 곳은 쉼터였다. 짧은 기간 동안 쉼터를 전전하면서 10대 청소녀 그룹 안에서 어떤 식으로 생존해야 하는지 터득했다. 열림터 생활인들하고 맺는 관계에서도 그 방식을 썼다. 시간이 지나면서 나이 많은 축에 끼고 고참도 됐지만, 언니로서 동생을 돌본다기보다는 마치 일진의 몇 순위쯤 되는 사람처럼 동생들 위에 '군림'했다. 현주는 "열림터를 휘어잡았다"고 표현한다. "짬밥이 차니까" 새로운 생활인이 들어와도 굳이 먼저 다가갈 필요가 없었다. 현주는 "무서운 왕언니"로 통했다.

열림터에서 산 1년 동안 현주는 개인 심리 치료와 그룹 치료를 성실히 받았고, 미용 관련 자격증도 땄다. 쉽지 않은 성취라 활동가들은 퇴소한 뒤에도 현주가 생활을 잘 꾸릴 것이라고 생각했다. 다만 어떤 사람하고 어떻게 살지가 막막했다. 그때 과외를 해주던 상담소 회원 미라가 현주에게 같이 살자는 제안을 했다. 열림터에 살 때 가끔 연락하던 외할머니마저 돌아가시고 붙잡을 끈 하나 없던 현주에게 든든한 지원군이 생겼다. 현주는 미라와 미라의 친구 2명까지 모두 세 명의 '페미니스트'들하고 함께 살게 된다. 현주를 아끼던 활동가는 현주가 미라하고 함께 살게 된 일은 새로운 실험이자 모색이었다고 말한다. 이런 식의 주거 형태가 성공하면 열림터 생활인들이 퇴소 뒤 혈혈단신으로 고립돼 살아가지 않고 자기들을 지지해줄 수 있는 관계망 안에서 자립할 수 있기 때문이었다.

페미니스트를 만나다

제 인생이 망했다고 생각했던 것 같아요. 망했고, 더럽고, 창피하고, 되게 많이 움츠러들어 있었어요, 진짜. 음……몸에 냄새나는 것 같고, 되게 쫌……. 저는 성에 대해서 혐오했던 것 같아요. 그래 가지고 엄마랑 아빠랑 행복한 가정 보면 되게 깨끗한 느낌이 나는 거예요. 저는 엄청 더럽다는 느낌이 들어서. 너무 부럽고, 쫓아가고 싶었는데. 겉으로, 사람들이 보기에 내가 순결주의처럼 보였으면 좋겠다는 생각이 있었어요.

성폭력 피해 때문에 현주는 자기가 '더럽다'는 느낌을 갖고 성을 혐오하게 됐다. 중학교 1학년 때 학교에서 순결 사탕을 나눠준 적이 있었다. 그때 현주는 자기가 입은 성폭력 피해를 애써 무시하면서 "나는 순결하다, 앞으로도 순결해지는 거야" 되뇌면서 순결 사탕을 "숭고하게" 먹었다.

주디스 허먼은 《트라우마》에서 '강간의 핵심은 사람에 대한 신체적, 심리적, 그리고 도덕적 침해에 놓여 있다'고 말한다. 다른 폭력하고 다르게 성폭력 피해는 단순한 침해가 아니라 '더럽혀졌다'는 도덕적 의미가 덧씌워진다. 이런 관점은 성폭력을 성별 권력관계 속에서 발생하는 사회문제가 아니라 더럽고 수치스러운 성 문제나 '난폭한 성관계'로 보는 사회 통념에 맞닿아 있다. 때로는 피해 자체보다 '더러운 사람'으로 바라보는 시선이 피해자를 더 힘들게 하기도 한다.

피해의 의미는 사회적으로 구성된다. 피해자가 단독으로 만들어내는 것이 아니다. 성폭력 피해를 보는 사회적 통념을 피해자도 내면화하게 된다. 현주도 말했다. "사람들이 보기에도 되게 좀 성폭력은 좀더 안좋잖아요, 가정 폭력보다." 이런 통념은 현주가 남자 친구에게도 피해를 말하지 못하고 결혼할 수 있을까 걱정하는 상황으로 이어진다.

이런 생각은 페미니스트를 만나면서 서서히 바뀌었다. 대표적인 사람이 바로 미라다. "계집아이가 정숙해야지", "그건 여자가 할 수 있는 일이 아니야" 하는 소리를 시도 때도 없이 듣고 살아온 사람에게 페미니스트의 말과 행동은 문화 충격이었다. 현주에게 페미니스트는 "성에 대해서 프리하게 생각하는" 사람, "남자를 좀 쩌리로 만드는" 사람, "여자도 남자 위에 있을 수 있다"는 것을 알게 해준 사람이다. 현주는 페미니스트처럼 되고 싶다는 생각을 하면서 자기를 가두던 틀에서 빠져나오기 시작했다.

　같이 살면서 미라는 몸소 시범을 보여줬다. 건장한 남자들이 사람들하고 부딪히든 말든 신경 안 쓰고 걸어갈 때 옆으로 피하거나 쫄지 않고 어깨를 부딪치며 지나가는 모습을 직접 보여줬다. 힘도 약하고 남자들 앞에서 늘 움츠러들던 현주에게는 무척 인상 깊었다. 직장에서도 남자 상사가 비합리적으로 대할 때 주눅 들지 않고 눈을 똑바로 쳐다보며 당당하게 말하는 법을 배웠다. 노조가 있는 회사가 좋은 회사라는 권리 의식도 생겼다. 현주는 앞으로 살면서 성폭력을 또 당할 수도 있지만 그때는 좀더 지혜롭게 대처할 수 있을 것 같다고 한다. 그때는 피해자라는 사실이 창피하지만은 않을 것이다. 페미니스트를 만난 일은 그렇게 피해 경험이 현주에게 남긴 흔적을 변화시켰다.

멍 때리고 눈치 보며

　열림터에서 현주의 캐릭터는 '무서운 왕언니' 말고 하나 더 있었다. 바로 '멍 때리기'였다. "멍을 진짜 많이 때려서 하루를 어떻게 살았는지도 잘 몰랐다"고 한다. 현주는 열림터에 들어와서 수능 공부를 시작했다. 다른 쉼터에서 중졸, 고졸 검정고시는 합격했다. 생활은 단조로웠다. 도서관에 가거나 과외를 받거나 심리 치료 기관에 상담하러 가는 것이 바깥 생활의 전부였다. 활동가들이 대안 학교를 권하기도 했지만 아이들하고 어울리는 게 무섭다면서 혼자 준비한다고 했다. 도서관에 가려다 "멍 때려서" 길을 잃고 헤매면서 여기가 어딘지 모르겠다는 전화를 한 적이 여러 번 있었다. 심리 치료 기관에서는 현주가 부정적인 경험이 너무 많아서 뇌가 정보 처리를 멈춘 것 같다고 했다. 현주를 지지하는, 안전한 분위기의 열림터 생활은 문제가 없었다. 그렇지만 바깥으로 나가 사람들 사이에 섞이는 것은 두려운 일이었다.

퇴소하면서 시작한 직장 생활은 만만치 않았다. 현주는 2년 동안 화장품 회사, 영화관, 피자 가게 등 직장을 여러 번 옮겼다. 하루 일하고 그만둔 곳도 많았다. 9개월이 가장 길었다. 인간관계가 너무 힘들었다. 상사가 뭐라고 하면 머릿속이 새하얘지면서 어떻게 대처해야 할지 몰라 허둥대는 일이 잦았다. 어린 시절 눈칫밥을 먹던 습관이 여전히 남아 지나치게 경계하고 눈치를 봤다.

저는요, 눈치 보는 게 진짜 뭔지 몰랐어요. 도대체 눈치 보는 게 뭔지 모르는데, 자꾸 사람들이 저보고 눈치를 본다고 하는 거예요. 너무 스트레스가 쌓여 가지고 "도대체 눈치 보는 게 뭐지?" 했는데, 직접 보여주는 거예요. (어깨를 움츠리고 곁눈질하며) 막 이렇게. 이렇게 보는 게 눈치 보는 거래요. 제가 그걸 너무 자주 한대요. 그래서 진짜 하루는 제가 그걸 하나 안 하나 지켜본 적이 있었는데, 자각하지 못했어요. 그런데 눈치를 본대요. 너무 저도 모르게 하는, 그런 건가 봐요.

의식하지 못하고 눈치를 보게 되는 상사뿐 아니라 동료들 사이의 관계도 힘들었다. 학교를 그만둔 현주는 또래들하고 친하게 지내고 싶은 욕구가 컸다. 그렇지만 직장에서 나이가 비슷한 동료를 만나도 친해지는 법을 도통 알 수 없었다. 열림터처럼 정해진 질서나 서열이 없고 알아서 친해져야 했다. 수다를 떨 때도 자기는 "오픈할수록 가관, 어두침침한 것만 나오니까, 할 얘깃거리가 없었다." 보통 자신을 열어 보이면서 허물없이 친해지기 마련인데, 현주의 어린 시절은 공감을 얻기에는 너무 특별했다.

그러다 현주는 영화관 아르바이트를 하면서 또래들하고 어울린다. 열림터를 퇴소한 뒤 가장 행복한 순간이었다. 백화점 쇼핑도 함께 하고 술도 마셨다. 그렇지만 친구 그룹 안에서 일어나는 시기나 질투, 이합집산, 자잘한 갈등이 조정하기 힘들고 견딜 수 없는 일로 다가왔다. 친구들이 자기만 빼고 놀러간 사실을 안 뒤 현주는 친구들하고 멀어졌다. 이렇듯 현주는 성폭력 피해 자체보다 사회적 관계를 한 경험이 없어서 더 힘들어했다.

발 디딜 틈 없는 내 마음속

직장 생활이 불안정해지면서 미라하고 함께 사는 일상에도 위기가 찾아왔다. 어느 날부터 현주 방에서 냄새가 나기 시작했다. 원인을 알 수 없어 미라는 옷장과 현주 방 옆의 창고를 열어 봤다. 옷장 안에는 먹다 남은 라면이 악취를 풍기고 있었다. 쓰레기는 밖에 내다 버리지 않고 방옆 창고 안에 다 쌓아뒀다. 쓰레기 음식이 쓰레기통에 처박힌 채 썩고 있었다. 물건들이 어지럽게 흩어진 방 안은 발 디딜 틈이 없었다. 현주는 그때 자기가 왜 그랬는지 잘 모르겠다고 한다. "직장 적응도 해야 되고, 마음속에서 폭풍이 부는데 뭔지도 모르겠고" 힘들기만 했다.

현주는 식구가 들어와도 방문을 열고 내다보거나 인사를 하지 않았다. 이런 행동은 '가정교육'의 대상이 됐다. 점점 미라의 잔소리가 늘어났다. 어느 날 스마트폰을 사려고 함께 핸드폰 대리점에 갔다. 핸드폰을 바꾸려면 10만 원이 필요했다. 1만 원밖에 없던 현주는 할부로 하고 싶어 했지만, 일을 쉬고 있는 현주를 걱정한 미라는 바꾸지 않는 게 좋겠다고 했다. 집에 돌아오는 길에 현주는 미라가 차를 멈추기도 전에 문을 열고 내려버렸다. 미라는 더는 함께 살기 힘들다고 생각했다.

그렇지만 현주는 계속 함께 살기를 바랐고, 둘은 상의 끝에 현주가 열림터에 살 때 받은 행동 치료 공부를 같이 하기로 했다. 또 '평화 조약'을 맺고 지켜야 할 규칙도 만들었다. 외박 때는 일주일 전 동의를 구하기, 귀가 시간은 10시고 늦을 때는 전화하기 등이었다. 갈등을 줄이려는 방법이었지만 열림터를 벗어난 현주는 그 규칙들이 답답하게 느껴졌다. 하고 싶은 대로 해도 미라가 '엄마'처럼 다 이해해주기를 바라는 마음이 컸다.

열림터에서 안정적으로 살던 현주를 기억하는 사람들은 이 소식을 듣고 놀라워했다. '퇴보'가 아닐까 걱정하기도 했다. 그렇지만 현주가 쓰던 방식이 새로 만난 환경에는 맞지 않을 뿐이었다. 미라의 집은 열림터처럼 질서가 잡혀 있는 곳이 아니었다. 열림터에서 현주가 쓴 복종과 군림의 방식이 먹히지 않았다. 그렇다고 미라가 현주가 바란 것처럼 엄마가 될 수도 없었다. 일방적으로 어리광을 부릴 수 있는 관계가 아니었다. 미라 집에서는 다른 감수성이 필요했고 맡은 구실도 달라졌다. 자기가 지닌 감정을 섬세하게 살피고 소통하면서 자율성에 바탕을 두고 합의하는 방식은 한 번도 해보지 않은 것이었다. 현주는 적응하기에 힘에 부쳤다. "말발이 딸리고" 이질감이 느껴졌다.

현주의 자기 방어는 회피였다. 입을 다물고 자기만의 방으로 들어가는 것밖에 할 수 있는 게 없었다. 현주는 열림터에서 활동가들에게 잘 보인 것처럼 미라에게 잘 보이고 싶었다. 그런데 미라가 깊이 있는 질문을 하면 대답할 수가 없었다. 미라는 왜 그러는지 계속 물었지만 현주는 대답하지 않았다.

학력에 대한 콤플렉스가 있으니까 그분들에 비해서 제가 너무 낮아 보이고, 얘기할 수 있는 부분도 못 얘기하고, 그런 게 쌓이고, 전 계속 말을 안 하고. 오해가 많이 생겼던 거 같아요. 제 속내를 모르시니까, 아직까지도. 뭔가 얘기를 하면요, 저는 항상 멘붕 상태가 돼서 머리에 무슨 말을 해야 될지 생각이 안 나는 거예요. 말발이 엄청 딸려요.

동경하던 페미니스트의 말발은 이제는 자기를 기죽이는 이유가 됐다. 그렇게 2년이 채 안 되는 시간을 살고 미라와 현주는 각자의 길을 가게 됐다. 처음 만난 날 현주는 미라하고 같이 산 시간을 '실패'라고 했다. 지금은 서로 연락하지 않는다면서 열림터가 더 편했다고, 결국 '나는 다른 사람하고 같이는 못 사는 건가' 절망했다고 말했다.

'보통의 삶'에서 찾은 안정

1년 동안 현주를 만날 때마다 나는 조금씩 더 야무지고 안정된 사람이 되고 있다고 느꼈다. 세 번째 만남에서 현주는 좀 다른 느낌이었다.

현주는 사귄 지 2년이 다 돼가는 남자 친구가 있다. 얼마 전 두 사람은 방을 얻어 동거를 시작했다. 낯선 사람하고 이렇게 밀착된 관계를 갖는 일이 처음이어서 새롭고 신기했다. 한번은 주말에 잠만 자는 남자 친구에게 좀 놀러 가자고 하니 귀찮아했다. 현주가 요모조모 따져가며 자기의 욕구를 설명하자 남자 친구는 사과하고 요구를 받아들였다.

관계의 주도권을 현주가 쥐고 있는 것 같았다. 자기 욕구를 솔직하게 얘기하고 관철하면서 자기의 힘을 확인했다. 그러다가 헤어질 뻔하기도 했지만, 위기를 겪으면서도 관계가 깨지지 않고 계속 이어질 수 있다는 귀한 경험을 했다.

현주는 2014년에 대학 생활을 시작했다. 검정고시 성적에 맞춰 2년제 야간대학에 입학했다. 대출한 등록금은 졸업하고 갚을 생각이다. 직장을 쉬고 학교생활에 집중하면서 실패만 거듭하던 인간관계를 새롭게 시도하는 중이다.

좋은 부분은 내가 만나기 싫어도 만나야 된다는 거. 계속 만나게 돼서 관계를 이어나간다는 거? 그건 되게 좋은 것 같아요. 어차피 수업을 가야 되니까. 제가 혼자 있는 게 좋고 그러다 보니까 계속 혼자 있었어요. 근데 학교를 다니게 되면서 혼자 있는 시간이 많이 줄어들었다는 거.

싫고 힘들어도 관계를 단절할 수 없고 매일 수업에서 마주쳐야 하는 게 현주에게는 대학생활이 갖는 장점이었다. 관계를 지속하는 훈련을 해볼 수 있는 곳이었다. 친한 친구도 두 명 사귀었다. 수업도 같이 듣고 '치맥'을 즐기기도 한다. 발표를 하고 조별 과제도 하면서 현주는 또래들하고 똑같은 '보통의 삶'을 살고 싶다는 욕구를 실현하고 있었다.

시간이 흐르면서 현주는 미라하고 함께 산 시간을 자기 삶 속으로 통합하고 있었다. 실패라고 단정하던 경험을 되돌아보며 성장의 원천으로 삼는 변화가 느껴졌다. 그때는 짜증이 많이 났는데 지금 생각하면 미라의 진심이 느껴진다고 현주는 말했다. 마음속에 휘몰아친 폭풍은 "내 안의 아기가 자신을 봐달라는 목소리"였다. 자기는 정작 외면한 그 아기를 미라는 "생까지 않았다." 현주는 미라하고 싸우면서 미라가 "자꾸 진지한 대화를 원할 때 난 그 얘기를 할 만한 머리가 못 되고 대답은 해야 되니까 너무 화나 나서" 힘들었지만, 자기가 왜 그런지 계속 생각해봤다. 그러면서 모호한 신체 감각으로 남아 있는 감정에 이름을 붙이는 법, 그 감정들을 회피하지 않는 법을 알았다. 현주는 여전히 미라에게 연락을 하거나 만나지 않는다. 그렇지만 미라가 던진 '질문'들이 자기에게 소중하다는 사실을 알게 됐다.

삶의 현장에서 계속 살아가기

아이 같은 순진함, 무서운 왕언니, 멍 때리기, 폭력과 강제 퇴소, 바른생활 여자, 방을 쓰레기통으로 만든 여자, 성형 수술한 여자라는 여러 모습의 현주를 모두 만났다. 치유에 도움이 된 게 뭐냐고 묻자 현주는 그 모든 모습을 다 겪어낼 수 있게 해준 '시간'을 꼽았다.

시간이요. 시간이 지나면서 그, 클리닉을 다니고 여러 치유 프로그램, 캠프도 가고 그랬었거든요. 그때 당시에는 뭣도 모르고 가라고 하고 해야 돼서 했는데, 그게 나중에는 다 이렇게 정리가 되는 것 같아요. 그때 제가 정말 많이 들었던 게 "네 잘못이 아니다" 그리고 다독임. 이런 게 있었는데 저한테는 별로 위로가 안 됐어요. 사실 저한테 별로 다가오지 않았어요. 너무 가득히 (턱까지 가득 차 있는 손짓을 하며) 이렇게까지 제가 더럽다는 생각밖에 안 되고 삶이 더 나아지는 것 같은 느낌이 안 들어서. 그랬는데 나중에 그, 사람이 좀 살아가면서 좀 성숙해지잖아요. 그때 했던 그런 게 정리가 되면서 좀 자유로워진 것 같아요.

현주가 하는 이야기를 들으면서 나는 친족 성폭력 피해자의 치유와 회복이 어떤 프로그램을 한다고 해서, 또는 장기간 심리 치료를 받는다고 해서 끝나지 않는다는 생각을 했다. 삶의 '현장'에서 자기 방식과 환경이 충돌하는 시간을 온전히 겪고, 때로는 적응하고 때로는 부적응하며 어쨌든 계속 살아가는 것. 그것이 중요하지 않을까.

현주가 남자 친구하고 헤어지거나 새로 직장 생활을 시작하면 또 어려움을 만날 수도 있다. 갑작스럽게 환경이 바뀌거나 커다란 사건을 만나면 새로운 과제가 등장할 수도 있다. 그러나 지금 남자 친구나 학교 친구들하고 진득하게 맺어가는 관계의 경험들이 분명히 든든한 자양분이 될 것이다. 또한 삶에 변화가 찾아올 때 피해 경험이 갖는 의미도 변화할 것이다. 피해 이후에 겪어낸 시간들의 의미도 달라질 것이다.

변화의 물결에 두둥실 떠 있는 현주를 응원한다.

우리들의 삶은
동사다

피해자는 특정한 방식으로 폭력적인 환경에 적응하고 살아남은 사람이다. 그 방식은 자기를 방어하는 데 가장 쓸모가 있었다. 가해자의 자장에서 벗어나 변화된 환경을 마주할 때 피해자는 익숙한 방식으로 적응하려 하지만, 그 방식은 더는 효과적이지 않다. 피해자의 방식과 변화된 환경의 충돌은 저마다 다르게 드러난다. 열림터 활동가나 생활인에게 가해자나 비가해 가족을 투사하기도 하고, 믿을 만한 사람들에게도 결코 자기를 열지 않고 속 얘기를 하지 않기도 한다. 폭력적인 집 안보다 집 바깥 거리의 질서에서 편안함을 느끼던 피해자는 열림터에서 나가 익숙한 방식을 쓸 수 있는 곳으로 가기도 한다.

이런 충돌에 우리는 '후유증'이라는 이름을 붙인다. 친족 성폭력의 후유증은 만성이 된 우울, 불안, 대인 관계 문제, 자해, 불신, 소외감, 분노, 순결 상실감, 남성 혐오, 성에 지나치게 집착하거나 거부하는 태도 등 여럿이다. 후유증은 고정돼 있지 않다. 우리가 후유증이라고 부르는 모습은 피해자가 어떤 환경이나 맥락에 놓여 있느냐에 따라 다르게 나타난다. 유림이, 현주, 수회가 그랬듯이 피해자는 환경과 상호 작용하는 존재다. 이 세 명의 피해자가 보여주는 변화는 피해자란 '문제 있는 사람'이 아니라 '어떤 맥락 위에, 과정 위에 서 있는 사람'이라는 사실을 말해준다.

따라서 후유증은 '피해 뒤의 부작용'보다는 환경에 적응하는 변화 과정으로 이해해야 한다. 환경에 적응하려는 피해자의 노력을 보지 않고 '증상'만 본다면 피해자가 갖고 있는 힘과 다양성은 드러나지 않는다. 삶이 정해진 개념이 아니듯이 피해자들의 삶도 어떤 증상에 가둘 수 없다. 피해자라는 '명사'가 아니라 살아가고 변화하는 '동사'인 피해자의 삶을 보여주고 싶었다.

피해자는 패배자가 아니다. 그렇다고 피해자의 이야기가 기승전결을 갖춘 고난 극복의 영웅담인 것도 아니다. 피해자의 삶은 우리가 생각하는 이미지나 도식에 갇히지 않는다. 피해자에게는 그저 매일매일 이어지는 삶의 현장이 있을 뿐이다.

시간이 지나고 피해자에게 이런저런 경험이 쌓이면서 피해 경험의 의미도 달라진다. 더는 내 인생의 발목을 붙잡지 않는 일, 다른 사람의 고통에 접속하고 연대할 수 있는 힘을 확인하게 해준 경험, 살아가면서 또다시 겪는다고 해도 이제는 주체적으로 대응할 수 있는 일이 된다. 피해 경험은 없어지지 않는다. 피해자의 삶의 일부로 남아 있다. 그러나 끊임없이 재구성되고 재해석된다.

세 명의 피해자 모두 피해 자체도 힘들었지만 피해자를 바라보는 사회의 시선을 견디기 힘들었다고 말한다. 친족 성폭력은 일어날 수 없는 일이라는 분위기 속에서 피해자는 자기가 입은 피해를 솔직하게 드러내기 어렵다. '씻을 수 없는 영혼의 상처'라며 피해자를 영구히 훼손된 사람으로, 정신적으로 문제가 있는 사람으로 보는 편견도 짐이 된다.

이런 시선이 주는 무게 때문에 피해자들을 지원하던 나도 자주 딜레마에 빠졌다. 법원에 탄원서를 쓸 때는 피해자들이 얼마나 커다란 고통에 시달리고 있는지 말해야 했다. "잘 살고 있다"고 말하면 자칫 친족 성폭력을 가벼운 일로 여길까봐 걱정스러웠다. 사람들이 피해자의 상황을 궁금해하고 후유증을 걱정할 때는 씩씩하게 "잘 살고 있다"고, 당신들이 생각하는 것처럼 회복할 수 없는 상처는 아니라고 말했다. "잘 못 살고 있다"고 말하면 사회 통념과 피해자를 바라보는 편견을 강화할 것 같았기 때문이다.

우리 모두 그렇듯이 피해자도 때로는 잘 살기도 하고 때로는 잘 못 살기도 한다. 이 모든 시기를 자기 삶으로 받아들이며 주어진 과제를 해결해가는 사람이 피해자다. 친족 성폭력은 분명히 심각한 일이다. 그러나 그 일이 한 사람을 영원히 규정할 수는 없다. '씻을 수 없는 상처'라는 편견은 피해자를 이해하는 데 걸림돌이 될 뿐 아니라 피해자를 더 무력하게 만든다. 친족 성폭력은 '일어날 수 있는 일'이고 '치유될 수 있는 일'이다. 그런 사회 분위기가 만들어질 때 자기 피해를 드러내는 피해자들의 행동도, 치유의 발걸음도 훨씬 가벼워질 것이다.

5장

그때……엄마
어디
있었어?

✚

피해자와
가해자
사이

정정희 2005년 한국성폭력상담소 부설 기구인 자립 지지 공동체 '하담'에서 활동을 시작했다. 2006년부터 2008년까지 열림터에서 일했다. 이 글을 쓰면서 새삼 열림터에서 활동하던 시절을 많이 생각하게 됐는데, 함께한 활동가, 함께 지낸 생활인들 모두 보고 싶고, 잘 살고 있기를 바라는 마음이다.

'어머니는 강하다', '어머니는 자식을 위해 어떤 희생과 어려움도 마다하지 않는다.' 어머니를 향한 변함없는 기대가 담긴 말들이다. 세상 모든 어머니는 각자 살아온 역사와 현재 놓여 있는 환경, 개인 성향에 따라 각기 다른 모습을 지니는데, 우리는 늘 '어머니다움'이라는 똑같은 기대를 품고 있다.

친족 성폭력 피해자의 어머니도 마찬가지다. 어머니들이 무슨 상황에 있었다 하더라도 어머니라면 마땅히 자식을 위해 초인적인 힘을 발휘해야 한다. 어머니라면 딸이 입은 피해를 모를 리 없으며, 그 사실을 알게 된 순간 바로 피해 상황을 끝내고 가해자를 신고하는 것이 일반적으로 기대되는 '어머니 구실'이다.

그렇지만 열림터 활동을 하면서 만난 어머니들은 마치 지뢰를 밟고 서 있는 사람처럼 자기에게 닥친 일 앞에서 어쩔 줄 모르고 괴로워했다. 어머니들은 딸을 제대로 보호하지 못했다고 자책하며 주변 사람들의 비난을 두려워했다. 또 친족 성폭력 가정의 어머니라는 낙인이 주는 수치심을 감당하기 어려워했다. 다른 자녀들을 걱정하는 마음에다 자기가 겪는 고통과 딸의 고통이 한데 엉켜 어머니들을 짓누르고 있었다.

어머니들은 딸의 피해를 알았을 때 무엇을 어떻게 해야 할지 몰랐다고, 드러내놓고 말하기 어려워 주변에 도움을 청할 수도 없었다고 했다. 이혼을 하려 해도 남편이 순순히 받아들이지 않았다. 오히려 가만두지 않겠다는 남편의 위협, 폭언, 폭행에 시달려야 했다. 가해자인 남편이 사라진 뒤 닥칠 경제적 어려움을 걱정하거나 구속될 남편이나 아들의 처지를 안타까워하기도 했다.

어머니들이 보이는 이런 태도에 피해자들은 배신감을 느끼고 세상에 믿을 사람 하나 없이 혼자가 된 듯한 두려움을 느낀다. 어머니가 당연히 내 편이 돼줄 것이라고 믿고 있던 피해자들은 버림받았다고 생각하게 된다. 그래서 때로는 가해자보다 자기를 지켜주지 못한 어머니를 더 미워하기도 한다.

피해자를 지원하는 처지인 나도 활동할 때는 어머니들을 한 명의 여성으로 보지 못했다. 피해자의 '어머니'로 보려 했을 뿐 어머니들을 둘러싼 폭력적 환경이나 심적 고통을 이해하지 못했다.

다혜와 민아, 향기는 열림터에서 퇴소해 각자의 삶을 살고 있다. 세 사람이 피해를 입을 때도 그랬지만 성인이 된 지금도 어머니는 여전히 중요한 존재고, 딸의 기대를 채워주지 못하는 안타까운 대상이기도 하다. 세 사람은 퇴소 뒤 지금까지 어머니를 향한 기대와 실망으로 좌절과 방황을 반복해왔다.

어머니들을 직접 만나고 싶었지만 그렇게 하지는 못했다. 다만 다혜와 향기가 열림터에 살 때 직접 만나본 어머니에 관한 기억과 기록, 그리고 피해자들이 해준 이야기를 토대로 어머니가 놓여 있던 상황과 마음에 다가가려 했다.

친족 성폭력이 일어날 때 어머니들은 어떻게 살고 있었을까? 친족 성폭력은 어머니와 딸의 삶을 어떻게 바꿨을까? 딸들이 어머니에게 한 기대는 무엇이었을까? 그리고 시간이 지나면서 어머니와 딸의 관계는 어떻게 바뀌었을까?

"그럼 우리는
뭐 먹고 사니?"

✚ 다혜 이야기

다혜는 초등학교 5학년 때부터 7년간 아버지에게 성폭력 피해를 입었다. 고등학교 2학년 때인 2006년에 열림터에 와서 대학교에 들어가기 전까지 1년 4개월 동안 살았다. 지금은 어머니와 쌍둥이 여동생 둘하고 함께 살고 있다.

처음에는 학교 상담 선생님하고 함께 열림터에 왔다. 지각과 결석이 잦고 외톨이로 지내는 다혜를 걱정한 담임 선생님이 상담을 권했다. 상담 선생님하고 이야기하다가 다혜는 아버지에게 성폭력 피해를 입고 있다는 말을 했다. 놀란 상담 선생님은 하루라도 빨리 다혜를 가해자인 아버지에게서 떼어놓으려 노력했고, 적극적인 권유를 받은 다혜는 열림터에 입소하기로 결심했다.

어머니는 입소를 반대하지 않고 입소 뒤에도 계속 연락했다. 전화

통화를 하면서 내가 한번 뵙자고 했지만 어머니는 여러 차례 미뤘고, 입소 뒤 3주가 지나서야 처음 만날 수 있었다. 많이 긴장하고 경계하면서 만남 자체를 불편해하는 느낌을 받았다. 그때 다혜 어머니는 자기가 남편을 고소하면 잡혀가느냐고 묻고 남편이 구속되면 이혼하고 싶다고 말했다. 그러면서도 나이 많은 남편이 이 사건 때문에 평판이 나빠져 일을 못하게 될까봐 걱정하기도 했다.

남편의 강한 부인, 혼란에 빠진 부인

다혜에 따르면 다혜 어머니는 스무 살에 "어리고 순진해서" 결혼하자고 쫓아다니던 15살 연상의 다혜 아버지를 만나 결혼을 했다. 결혼 뒤 다혜와 여덟 살 아래인 쌍둥이 딸을 낳았다. 다혜는 어린 시절의 어머니를 떠올리며 이렇게 말했다.

초등학교 2학년 때까지는 집 안도 되게 깨끗이 치우시고, 거의 약간 결벽증 수준으로 되게 잘 치우시고, 학교도 잘 보내주시고, 저도 되게 잘 돌봐주시고, 가정에 충실하셨는데, 초등학교 3학년 때부터 집안일에 손을 떼기 시작했던 것 같아요.

이유는 알 수 없지만 다혜는 초등학교 3학년 때부터 어머니와 아버지 사이가 좋지 않았다고 기억하고 있다. 아버지는 인테리어 전문점을 하는 자영업자로 수입이 일정하지 않았고 지방에 공사가 있을 때는 집을 자주 비웠다. 다혜가 말하는 아버지는 "다혈질이며 기분 따라 잘 해주려고 노력도 하고 엄마에게도 잘 해주려고 노력하는 사람"이었다. 처음 만난 날 어머니는 내게 "남편은 딸들 중에서도 특히 큰딸인 다혜를 예뻐했고, 술을 마시면 과격해지고 통제가 안 되는 사람"이라고 말했다. 남편이 집에 돈이 조금만 있어도 일을 하지 않으려 해서 자주 싸웠는데, 그래서 늘 앞날이 불안했다는 말도 했다.

다혜가 초등학교 4학년 때부터 어머니는 전화 아르바이트(폰팅)를 시작했다. 아르바이트를 시작한 이유는 다혜도 알지 못했다. "우울증 같은 게 있으셨던 것 같아요. 삶에 대한 회의 같은 거?"라고 말할 뿐이었다. 어머니가 일을 시작한 뒤 청소하고 동생들 씻기고 밥상 차리는 일은 다혜가 하게 됐다. 어머니가 술을 마시거나 늦게 들어오는 일이 잦아지면서 부부 갈등은 더욱 심해졌다. 늦은 밤 전화 아르바이트를 하느라 작은 방에서 혼자 지낸 어머니는 다혜와 동생들을 아버지하고 함께 안방에서 자게 했다. 이때부터 성추행 피해가 시작됐다.

다혜는 6개월이 지나서야 처음으로 어머니에게 아빠하고 자기 싫다고 말했다. 그 전에는 "왠지 창피"해서 말을 할 수 없었다.

엄마는 대충 알고 있었던 것 같아요. 제가 엄마한테 할 말 있다고 하고 좀 우물쭈물하고 있으니까 "혹시 아빠가 너한테 어떤 행동을 해?" 이렇게 저한테 얘기를 했어요. (다혜의 상담일지)

다혜의 말을 들은 어머니는 딸한테 왜 그러느냐고 아버지에게 따졌는데, 아버지는 절대 그런 일 없다고 강하게 부인했다.

자기 남편이 딸을 성적 대상으로 볼 수도 있다는 생각을 해본 어머니가 얼마나 될까? 흔히 사람들이 친족 성폭력을 '일어날 수 없는 일'이라고 생각하듯이 피해자의 어머니들도 자기 집 안에서 그런 일이 일어나리라고는 상상조차 하지 못한다. 남편이 딸을 성추행할 수도 있다는 생각은 꿈에서도 해본 적이 없기 때문에 이상한 낌새를 채더라도 '설마 내 남편이', '설마 자기 딸인데', '설마 아직 어린애인데'라는 생각으로 의심을 억누른다. 그러다가 성폭력 현장을 직접 보거나 딸에게서 피해 사실을 들은 뒤에야 의심스럽던 여러 상황이 이해가 된다. 김경희의 논문 〈근친성학대 피해 자녀 어머니의 생존 경험에 관한 연구〉(2008)에 따르면, 어머니에게 딸의 피해는 단번에 확실히 실체가 파악되는 사건이 아니라 뿌연 안개 속에서 진실을 찾아가는 듯한 고통스러운 과정이다. 딸이 하는 얘기를 듣고 나서도 자기가 알고 있는 것을 넘어서는 사실이 있을 수 있다는 불확실성에 어머니들은 큰 혼란에 빠지기도 한다.

딸의 말을 듣고 어렵게 남편에게 얘기를 꺼내지만 남편이 사실을 강력히 부인하거나, 술김에 한 실수였다고 말하거나, 다시는 그러지 않겠다고 용서를 빌면 어머니들은 애써 남편의 말을 믿고 싶어하기도 한다. 자기가 의지하고 있는 남편이기도 하고, 이 일로 가족이 깨질까봐 두렵기 때문이다.

다혜 어머니도 전부터 이상한 느낌은 있었지만 직접 피해 사실을 듣고 나서야 남편에게 말을 꺼낼 수 있었다. 그런데 남편이 "절대 그런 일 없다"며 강하게 부인하자 딸을 의심하는 마음이 생기기도 했다. 잠들었다가 뭔가 이상해서 눈을 뜨면 아버지가 자기를 추행하고 있었다는 다혜의 말을 듣고, 어머니는 '정말 자느라고 아버지가 문 열고 들어오는 걸

모를 수 있을까' 의심했다. 그래서 다혜가 잘 때 장롱 문을 여닫으며 다혜가 깨는지 안 깨는지 실험하기도 했다. 다혜는 깰 때도 있었고 깨지 않을 때도 있었는데, 이 모습을 본 어머니는 다혜의 말이 거짓이 아니라고 생각하게 됐다.

그 뒤 어머니는 다혜와 동생들을 따로 자게 했다. 아버지는 잠시 주춤했지만, 얼마 지나 식구들이 다 잠들 때까지 기다리다가 다혜가 자는 방으로 들어오기 시작했다. 다혜는 어떻게 하든 아버지보다 먼저 잠들지 않으려 애를 썼다. 새벽 두세 시까지 게임을 하기도 했다. 그러다 참지 못하고 스르르 잠이 들었다 깨면 아버지 뒷모습이 보이기도 했고, 아버지가 위에서 자기를 내려다보고 있을 때도 있었다. 밤에 잠을 잘 수도 없고 안 잘 수도 없어 다혜는 늘 피곤했다. 아침에 일어나기가 힘들어 지각과 결석을 자주 하게 됐고 몸을 씻는 것도 게을리했다. 옷차림도 엉망이어서 학교에서는 늘 있는 듯 없는 듯 주눅 들어 지냈다.

어머니, 용기를 내어 신고하다

다혜는 중학교 2학년 때 처음으로 용기를 내어 아버지에게 "그러지 말라고, 진짜 싫다"고 말했다. 아버지는 "너 왜 그런 소리를 하냐. 아빠는 그런 적 없어. 네가 나쁜 꿈을 꿨나보네"라며 성추행 사실을 완강하게 부인했다. 그러면서도 성추행을 멈추지 않았다. 다혜의 피해가 계속되자 어머니는 남편을 경찰에 신고했다.

처음 신고를 받고 집에 온 경찰은 딸이 예뻐서 그랬다는 아버지 말만 듣고 그냥 돌아갔다. 두 번째 신고를 하자 아버지는 담을 넘어 도망 갔다. 경찰은 아버지가 집에 없으니 돌아오면 다시 전화하라면서 아무 기록도 남기지 않고 돌아갔다. 아버지가 집에 돌아오자 어머니는 경찰에 전화했다.

경찰이 왔는데, 이 사람이 술이 너무 많이 취해 있으니까 그냥 야단만 치고 갔어요. 사람으로서 할 짓이냐고, 그러지 말라고. 그러고 그냥 갔어요. 그런 일이 있고 나서는 애 아빠는 신고할 테면 하래요. 그 후에는 정말 안 살려고 했어요. 그런데 이혼하자고 했더니 탁자 위에 칼을 확 꽂으면서 다 죽을 줄 알라고 그러면서, 그다음부터 주머니 속에 '맥가이버 칼' 같은 거 갖고 다니면서 협박을 했어요. 이 사람 섣불리 건드리면 우리 식구 다 죽어요. 그런데 신고하고 이 사람이 거기 들어가면 그 안에서 얼마나 칼을 갈겠어요. 나오면 우리 찾아내서 가만 안두겠죠. (다혜 어머니의 상담일지)

한국 사회는 가정사를 바깥에 드러내기를 꺼린다. 특히 집안의 치부라고 생각되면 되도록 숨기고 안에서 해결해야 한다고 생각한다. 바깥에 알려 도움을 구하는 행동은 가족을 모두 위험과 수치에 빠뜨리는 짓으로 여긴다. 그래서 집 안에서 일어난 가정 폭력이나 성폭력을 신고하려면 특별한 용기가 필요하다. 더구나 친족 성폭력은 딸이 하는 이야기 말고는 달리 증거도 없고, 가해자인 아버지나 오빠가 부인하면 사실을 가리기도 어렵다. 그래서 피해자인 딸과 어머니는 신고를 하면서도 다른 사람이 피해 사실을 믿어줄까 걱정할 수밖에 없다.

이런 어려움을 무릅쓰고 다혜 어머니가 용기를 내어 경찰에 신고했지만 경찰은 친족 성폭력 사건의 심각성을 모르고 있었다. 가장 기본이 되는 조치도 취하지 않았다. 딸이 예뻐서 그랬다는 가해자의 말만 듣고 조서도 쓰지 않았고, 심지어 피해자인 다혜를 만나지도 않았다. 경찰은 두 번 모두 아무 기록도 남기지 않았고, 다혜 어머니의 용기 있는 행동은 허무하게 끝나고 말았다.

아버지는 공권력이 자기를 제지하지 않는다는 사실을 알게 된 뒤 더욱 뻔뻔하게 다혜를 성추행했다. 이혼을 하자는 어머니에게 폭언을 퍼붓고 폭행도 했다. 어머니는 크게 위축됐고 다혜가 받는 고통에도 둔감해져갔다. 더는 딸을 보호하려는 시도를 하지 않았고 딸들과 집안일에도 관심이 줄어들었다. 다혜는 잠도 제대로 못자면서 동생들을 보살피고 집안일까지 하며 학교에 다니느라 삼중의 고통을 겪을 수밖에 없었다.

아버지를 고소한 다혜, 갈팡질팡하는 어머니

어머니는 다혜가 열림터로 온 뒤 이제 딸이 아버지하고 떨어져 있게 돼 한결 마음이 편하다고 했다. 다혜도 아버지를 벗어나 편히 잠잘 수 있게 되고 집안일도 하지 않게 돼 좋았다. 그렇지만 한편으로는 어머니와 동생들을 보고 싶어했고, 종종 그리움을 호소기도 했다. "지저분하고, 먹을 것도 별로 없고. 그래도 그냥 편안한, 그냥 집이잖아요. 열림터는 좋은데 그래도……. 집은 내가 짜증내도 괜찮고 그냥 아무렇게나 해도 되잖아요." 아버지가 구속되면 돈이 없어 어렵게 살더라도 집에 가고 싶다는 말도 했다. 자기가 없는 동안 어머니가 동생들을 잘 보살피지 않을까봐 걱정하기도 했다. 고소를 앞두고 아버지가 구속되면 동생들이 돈 때문에 곤란을 겪을까봐 결심이 흔들리기도 했다.

고소와 재판 과정에서 어머니도 갈팡질팡했다. 다혜가 고소한다고 하자 어머니는 그러라고 했다가 곧 말을 바꿔 "그럼 우리는 뭐 먹고 사니?"라고 물었다. 다혜는 이런 어머니를 보며 복잡한 감정이 들었다.

처음에는 일단 이해가 안 되고, 많이 밉기도 하고, 그럴 수도 있겠다 싶기도 하고, 되게 여러 가지 감정이 있었던 것 같아요. 근데 미웠던 감정이 컸던 것 같아요. 이해 안 가고 미워하고, 그런 감정이 컸던 것 같아요.

다혜는 어머니를 이해할 수 없다고 했지만, 어머니는 당장 먹고살 일이 걱정이었다. 두 번에 걸친 신고에서 얻은 것은 아무것도 없고 오히려 남편의 협박과 폭행만 심해졌기 때문에 어머니는 이번 고소도 그렇게 유야무야될까봐 두려웠을 것이다.

남편이 구속되자 어머니는 형량이 가벼워질 수 있게 "처벌을 원하지 않는다"는 편지를 써달라고 다혜에게 부탁했다. 왜 그런 부탁을 하는지 이해할 수 없다고 하는 내게 어머니는 이 일에는 자기 책임도 좀 있는 것 같다고 말했다. 다혜가 피해를 입기 시작할 무렵 부부가 각방을 쓰고 있었고, 그래서 남편이 성욕을 참지 못해 이 일이 벌어졌다는 생각도 든다며 이렇게 말했다. "잘했다는 건 아니지만, 남자는 그럴 수 있잖아요."

남성의 성욕은 반드시 해소돼야 한다는 통념은 뿌리가 깊다. 아내가 남편의 성욕을 제때 충족시키지 못할 때 성욕을 이기지 못한 남편의 일탈 행동은 묵인되거나 정상 참작이 되기도 한다. 아버지가 성욕을 푸는 대상이 딸일 때도 크게 예외는 아니었다. 다혜 어머니도 그런 통념을 갖고 있었고, 남편의 성욕을 자기가 해소해주지 못해서 남편이 다혜를 성추행한 것 같다며 자책했다.

남편을 감방에 보내서 뭐가 좋겠느냐는 다혜 어머니의 지인들은 이혼한 뒤 아이들 앞에 나타나지 않고 생활비를 주는 조건으로 고소를 취하하는 것이 좋겠다고 했다. 어머니는 그렇게 하고 싶은 마음이 크지만 다혜를 설득하기 어려워서 정말 괴롭다고 했다. 다혜가 겪은 괴로움을 잘 알고 있는 어머니는 차마 고소를 취하하라는 말은 하지 못했다. 그렇지만 "배운 것도 없고 기술도 없는" 자기가 무슨 일을 하며 살 수 있을지 모르겠다고 내게 하소연했다. 남편 없이 아이 셋을 데리고 살기가 두려운 것 같았다. 또 "그래도 애들 아버지인데"라며 범죄 경력 때문에 일자리를 구하지 못한 남편이 노숙자 신세가 될까봐 걱정하기도 했다. 남편 없이 생계를 꾸려야 한다는 걱정, 자기 탓도 있다는 자책감, 남편을 걱정하는 동정심 등이 한데 엉켜 어머니를 짓누르고 있었다.

다혜 어머니의 이런 심리적 갈등은 남편의 3년형이 확정되고 자기도 일자리를 구하면서 진정됐다. 그 뒤 어머니는 한부모 가정으로 분류돼 생계 지원을 받게 됐고 감옥에 있는 남편하고 이혼했다.

깨질 수밖에 없는 기대와 환상

다혜는 열림터에서 지내는 동안 놀랍도록 성실하게 학교생활을 했다. 입소할 때 상담 선생님이 전한 이야기하고는 사뭇 다른 모습이었다.

지각이나 결석을 하지 않았고 학습 의욕도 높아서 한 학기 만에 학교 장학금을 받았다. 열림터는 뒤처진 공부를 지원하려고 과목별로 과외 자원활동가를 연결해줬다. 공부한 만큼 성적이 오르자 다혜는 더 열심히 공부했다. 그래서 입소 초기에는 엄두도 내지 못한 대학 진학을 꿈꾸게 됐다. 다혜는 수능을 준비했다. 제대로 준비하기에는 턱없이 부족한 시간이었지만 최선을 다했고, 수도권에 있는 전문대에 합격했다. 그리고 입학을 한 주 앞두고 퇴소해 귀가했다. 열림터를 나가면서 다혜가 준 편지에는 대학에 가서도 열심히 공부하고 열림터 자원활동가로 일하고 싶다는 포부가 적혀 있었다. 열림터 식구들 모두 다혜의 귀가를 진심으로 축하했다.

집으로 돌아가는 다혜의 바람은 하나였다. 어머니가 자기와 동생들을 위해주고 밥도 해주고 살림도 잘 해달라는 것이었다. 그렇지만 다시 돌아간 집은 달라진 게 없었다. 어머니는 하루 12시간 넘게 식당에서 일하며 생활비를 벌었고, 가끔 쉬는 날은 자기 일로 바빠 동생들 돌보기와 집안일은 또다시 다혜의 몫이 됐다. 다혜는 기대하던 모습이 아니어서 실망했다. 아버지만 사라졌을 뿐 똑같은 생활이 반복되면서 의지는 점점 약해지고 생활도 엉망이 됐다. 열림터에 살 때처럼 일상이 규칙적으로 짜인 것도 아니고 자기를 잡아주는 사람도 없자, 학교도 제대로 나가지 않으면서 결국 휴학을 했다. 간간이 아르바이트로 용돈을 버는 일 말고는 아무것도 하지 않고 잠만 자는 무기력한 상황에 빠지게 됐다.

상태가 점점 나빠진다고 느낀 어머니는 열림터로 전화해 다혜가 다시 열림터로 들어갈 수 있게 해달라고 부탁했다. "얘 이대로 두면 안 될 거 같아요. 학교도 제대로 안 나가고. 집에서 잠만 자고 아무것도 안 해요. 어떻게든 학교는 졸업해야 할 거 아니에요."

　사정은 이랬다. 어머니는 남편이 구속된 뒤 시댁 사람들한테서 엄마
와 딸이 짜고 일을 벌였다며 온갖 비난을 들었다. 부부가 함께 알던 지
인들하고도 관계가 모두 끊어졌다. 한부모 생계 지원을 받기는 했지만
세 딸들을 데리고 생활하려면 온종일 식당에서 일을 할 수밖에 없었다.
다혜의 대학 등록금도 큰 부담이었다. 형편이 어려워도 다혜가 대학을
마칠 수 있게 뒷바라지할 생각이라던 어머니는 집에 돌아온 다혜가 학교
도 열심히 다니고 전처럼 동생들도 챙겨주기를 바라고 있었다. "우리 애
가 착해요. 중학교 때도 동생들 밥 다 해주고 학교 다니고 그랬어요"라
며 일하는 자기를 대신해 큰딸인 다혜가 집안일도 하고 어린 동생을 돌
보는 게 당연하다고 생각했다. 이런 기대가 다혜에게 오랫동안 부담이
되고 있다는 사실을 모르고 있었다. 또 집안일에 신경 써주기를 바라는
다혜의 마음을 알아차리지도 못했다.

　초등학교 2학년 때까지 그랬듯이 어머니가 집안일도 잘 하고 동생
들도 잘 보살펴주기를 다혜는 바랐다. 또한 "일만 하지 말고 책도 보고
여행도 가고 엄마가 잘할 수 있는 것도 하면서 즐기면서 살았으면 좋겠
다"고 생각했다. 다혜는 자신의 바람과 하루 12시간 넘게 일해야 하는 어
머니의 현실적인 처지 사이에 어떤 괴리가 있는지 깨닫지 못했다. 이렇게
두 사람은 서로에 대한 실망과 서운함만 계속 쌓아가고 있었다.

오래 묵은 감정을 드러냈지만

퇴소 뒤 다혜는 어머니하고 친해지고 싶은 마음에 장도 같이 보러 다니고 수영도 함께 다니면서 친구처럼 지냈다. 자기가 생각해도 지나치다 싶을 만큼 가깝게 지내려고 노력했다. 그렇지만 이런 겉모습하고 다르게 두 사람은 서로 이해하는 데 필요한 이야기를 직접 하지 않았다.

두 사람은 지금도 여전히 불편하다. 다혜는 말했다. "그냥 알게 모르게 뭔가 있는 것 같아요. 서로 껄끄러움? 불편함? 있는데 서로 그냥 모르는 척하고 아무렇지도 않게 지내는 것 같아요." 다혜와 어머니는 서로 속내를 말하지 않고 상대의 상황을 짐작만 할 뿐이었다. 궁금해하면서도 물어보지 않는다.

아무렇지도 않은 척 지내던 다혜는 복학한 학교에서 졸업을 앞두고 실습 기관에 나가 일하던 때 처음 감정을 폭발시켰다. 기관에서 벌어진 일 때문에 스트레스가 심해 울고 있는 딸을 보고 어머니는 왜 우느냐고 묻지 않았다. 위로하는 말 한마디 없이 "시장 가자"는 어머니를 본 다혜는 미움과 원망이 한꺼번에 솟구쳤다. 자기에게 아무 관심도 없고 집안일만 떠넘기려는 것 같았다. 다혜는 어머니에게 그동안 한 번도 하지 않은 원망의 말을 쏟아냈다.

처음으로 그때 왜 지켜주지 못했냐고 얘기도 하고, 엄마가 너무 나한테 의지하는 것 같다 그런 것도 얘기하고, 다 얘기했어요. 그런데 엄마는 전혀 이해 못하시고 "왜 나한테 이런 얘기를 하냐. 아빠가 그랬던 건데 아빠한테 얘기를 해야지" 이런 식으로 얘기를 하셨고, 제가 그 폭발하기 전에 울었는데, 그 전날에 엄마 남자 친구를 같이 만났었거든요. 근데 "너는 항상 엄마 남자 친구를 만난 다음 날이면 기분이 안 좋아 보인다. 혹시 엄마의 남자 친구 때문이냐"라고 하시는 거예요. 엄마는 많이 이해를 못하신 것 같아요. 그래서 우리 엄마는 안 되나 보다.

다혜가 처음으로 오래 묵은 감정을 드러냈지만 어머니는 알아차리지 못했다. 딸이 당한 친족 성폭력은 어머니도 소화하기 힘든, 외면하고 싶은 일인 탓일까? 어머니는 '가해자인 아버지에게 얘기하라'며 위로하는 말 한마디 건네지 않았다. 어쩌면 어머니는 지금까지 다혜를 위해 할 수 있는 만큼 최선을 다했다고 생각할 수도 있다. 피해 사실을 안 뒤 어렵게 경찰에 신고도 했고 이혼도 하려고 했다. 열림터를 퇴소한 뒤 집으로 돌아와 방황하던 다혜를 지켜보고 안타까워한 사람도 어머니였다. 졸업은 해야 하지 않느냐며 끝까지 학비를 대준 사람도 어머니였다. 다혜가 바라는 방향하고 달랐지만 그게 어머니가 할 수 있는 최선이었을 수도 있다.

다혜는 자기가 무엇을 힘들어하고 어떤 바람을 가지고 있는지 알지 못하는 어머니가 원망스러웠다. 미안하다는, 이해한다는 따뜻한 말 한마디 해주지 않고 자기를 지지해주지 않는 어머니가 미웠다.

휴학하고 이런저런 아르바이트를 전전하면서도 다혜는 학교는 졸업해야겠다고 생각하고 있었다. "힘들게 간 곳이잖아요. 열림터 선생님들이 많이 도와줘서 가게 된 건데, 제가 정신 좀 차려야겠다는 생각이 들었어요." 집안일에 쓰는 시간을 줄이려고 노력하기 시작했다. 청소도 다혜가 하지 않고 지저분한 대로 두니 동생들이 하거나 때로는 어머니가 하기도 했다. '엄마바라기'를 하던 다혜가 이제 점차 어머니의 한계를 알아가며 거리두기를 시도하고 있다.

엄마바라기를 넘어 거리두기로

다혜는 3년 만에 복학해 올해 졸업을 했다. 전공을 살려 취직도 하고 독립을 한다는 계획을 세우면서도 가족 없이 혼자 사는 것을 두려워하는 마음도 있다. 한편으로는 엄마와 자기에게 많이 의지하는 두 동생을 버리는 것 같은 생각이 들기도 한다고 한다. 그만큼 다혜에게 가족은 부담스럽기도 하고 함께하고 싶은 사람들이기도 하다.

다혜의 대학 졸업식에 다녀온 열림터 전 활동가는 어머니와 다혜의 모습이 많이 편안해 보였다고 했다. 친족 성폭력이라는 어둡고 긴 터널을 지나온 다혜와 어머니가 겉모습만이 아니라 마음속 평화도 얻게 되기를 바란다.

엄마라면
그럴 수 없다

✚ 민아 이야기

민아는 다섯 살 때부터 고등학교 2학년 때까지 할아버지에게, 10살 때부터 고등학교 3학년 때까지 오빠에게 성폭력 피해를 입었다. 열림터에는 스무 살인 2010년에 들어와 2년을 지냈다. 민아는 어린 나이에 시작된 할아버지의 성폭력을 오랫동안 성폭력으로 생각하지 못했다. 할아버지는 때리거나 욕하거나 칼로 위협하지 않았고, 사랑한다고 말하며 가해했기 때문이다. 민아와 할아버지의 관계를 알게 된 할머니는 민아를 미워하며 학대했다. 가족들 중 아무도 민아를 보호해주지 않았다. 성인이돼 열림터에 올 때까지 15년 동안 민아는 어머니의 가출과 아버지의 폭력, 할아버지와 오빠의 성폭력, 할머니의 학대를 견디는 데 온 힘을 쏟으며 살았다.

가출이 생존 전략

민아의 어머니는 지방의 명문 여고를 다녔고 공부도 잘 하는 사람이었다. 민아 아버지의 외모에 반해 먼저 사귀자고 할 만큼 성격도 적극적이었다. 집에서는 똑똑한 딸이 대학도 가고 결혼도 잘 하기를 바랐지만, 어머니는 이런 기대를 따를 수 없었다. 뒤늦게 헤어지려 하자 아버지는 후배들을 동원해 민아 어머니를 자기가 사는 동네로 끌고 가 갖은 행패를 부리며 "너 나랑 살래, 안 살래?"라고 협박했다. 가족들은 결혼을 말렸지만 민아 어머니는 이 사람하고 살지 않으면 죽을 수도 있겠다는 생각이 들 만큼 무서웠고, 임신까지 한 몸이라 어쩔 수 없이 결혼을 했다.

결혼 뒤 민아의 아버지는 어머니, 오빠, 민아, 갓 태어난 여동생을 두고 돈 벌러 간다며 외국으로 나갔다. 어머니는 혼자 일하면서 생계를 꾸리다 민아가 다섯 살 때 가출했다. 그때는 아무도 이유를 몰랐다. 할머니는 어머니를 "바람나서 어린 자식들 버리고 도망간 년"이라고 욕했다. 사정을 모르는 사람들은 그 말을 그대로 믿었다.

나중에 알고 보니 시아버지의 성추행을 견디지 못해 결행한 가출이었다. 어쩌면 어머니는 자기가 가출하면 어떤 욕을 먹게 될지 알고 있었을 것이다. 그런데도 피해 사실을 아무에게도 알리지 못했다. 피해를 호소해도 시골에서 그 말을 믿어줄 사람은 없다고 생각했을지도 모른다. 좁은 지역사회에서 '바람난 년'보다 '시아버지 상간녀'로 알려지는 일이 더 두려웠을 수도 있다.

민아가 열 살 때 아버지가 돌아왔다. 겨우 이틀 뒤에 5년이나 소식을 모르고 지내던 어머니가 아버지에게 잡혀 집으로 돌아왔다. 5년 만이었지만 민아는 어머니를 금방 알아볼 수 있었다. 어머니도 어린 민아가 자기가 없는 동안 얼마나 고생했는지, 어떻게 할머니의 학대를 견뎠는지를 마을 사람들에게서 듣고 민아를 위로했다. 자기가 죄인이라고, 잘 버텨줘서 고맙다면서 "그동안 못 해준 거 다 해주겠다"는 말도 했다. 또 할머니에게 학대받으며 생일 파티 한 번 해본 적 없는 민아를 위해 특별히 외식을 하는 등 애정 표현을 하기도 했다. 그렇지만 이런 상황은 오래 가지 못했다.

민아 어머니는 자기를 성추행한 사람을 시아버지로 대해야 했다. 포르노 동호회 회원이라고 자랑하는 아버지의 이상 성행동과 일상적인 폭언에도 시달렸다. 어머니는 가족의 생계도 책임져야 했는데, 아버지는 돈을 벌지는 않으면서 어머니가 무엇을 하는지 사사건건 간섭하고 통제하려 했다. 자기 뜻대로 하지 않으면 허리띠나 각목으로 무자비하게 때렸다.

아빠는 일을 안 하셨고요, 엄마가 생활을 주로 하셨는데. 아빠는 3개월에 한 100만 원 벌어 오셨나? 그 정도로 하셨고, 자기가 벌어 온 돈으로 생활을 하지 왜 돈을 더 벌려고 하느냐, 내 옆에 있어라, 이 주의에요. 엄마는 생활을 해보려고 되게 일을 많이 하셨죠. 근데 아빠가 항상 불만이었어요. 엄마가 횟집에서 일을 하셨거든요. 근데 맨날 찾아가서 행패 부렸어요. 술집이라고, 술을 파니까. 횟집이라고 그렇게 이야기를 해도 술을 파니까 술집이라고. 엄마한테 술집 년이냐고 막 욕하고 그래서 다른 집으로 또 옮기고.

어머니의 두 번째 가출은 민아가 고등학교 입학을 앞두고 있을 때였다. 어머니는 일하던 식당에서 만난 남자를 사귀고 있었고, 이 사실을 아버지가 알게 됐다. 민아는 "저 년 잡으면 목을 따버리겠다"는 아버지의 말을 듣고 정말 어머니가 죽을 수도 있겠다는 생각이 들었다. 그래서 도망가라고 말했다. 민아도 어머니하고 같이 집을 나가고 싶었지만, 차마 그 말은 하지 못했다. 어머니가 자기하고 여동생을 데리고 나가면 아버지에게 금방 잡힐 수도 있고, 또 일거리도 찾기 어려울 것 같았기 때문이다.

오빠의 성폭력을 못 막아준 어머니

민아의 어머니가 아버지에게 가정 폭력을 당할 때 민아는 오빠에게 성폭력을 당하고 있었다. 오빠는 단지 아들이라는 이유로 할머니의 절대적인 지지를 받으면서 여동생 두 명을 자기 마음대로 부렸다. 아침저녁으로 맞기가 기본이라고 할 정도로 민아는 오빠의 일상적인 폭력에 시달렸다. 포르노광인 아버지가 갖고 있는 포르노물을 본 오빠는 민아와 여동생에게 그대로 따라하라고 강요했다. 고분고분 따르지 않으면 칼로 위협하며 때렸다. 민아를 칼로 위협하면서 언니를 걱정하는 민아의 여동생을 강간했고, 여동생을 칼로 위협하며 동생을 걱정하는 민아를 강간했다. 언제든 동생들을 위협하려고 집 안 곳곳에 칼을 숨겨놓았다. 심지어 자기 친구를 부추겨 민아를 강간하게 하기도 했다.

매일 늦은 시간까지 식당에서 일하며 생활비를 버느라 어머니는 집에 있는 시간이 거의 없었다. 민아는 참다못해 어머니에게 "오빠가 자꾸 괴롭혀요. 오빠랑 같이 안 살았으면 좋겠어요. 엄마랑 나랑 동생이랑 셋이 도망갔으면 좋겠어요"라고 하소연 했다. 성폭력이라는 말은 직접 하지 못했지만 어머니가 알아주기를 바랐다. 그러나 이미 남편의 폭력에 감각이 무뎌진 어머니는 민아의 호소를 심각하게 받아들이지 않았다.

결국 민아는 중학교 2학년이 돼서야 오빠가 성폭력 가해를 했다고 어머니에게 말했다. 그때서야 어머니는 민아와 여동생을 오빠하고 분리할 방법을 찾았다. 어머니는 수업이 끝난 딸을 바로 집으로 보내지 않고 늦게 문 닫는 도서관에 가 있게 한 뒤 함께 집으로 들어갔다. 민아는 어머니가 올 때까지 밤늦도록 밥도 제대로 먹지 못하면서 시간을 보냈다. 이런 소극적인 분리 시도도 오래 가지 못했다. 어머니는 어릴 때부터 헤어져 지낸 아들을 전혀 통제하지 못했고 자기도 아들의 폭언과 폭행에 시달리고 있었다. 제재받지 않은 오빠의 행동은 점점 더 심해졌다.

성폭력 사실을 알게 된 아버지는 "네 동생이 빠구리 상대냐"면서 아들을 삽으로 때렸다. 또 그런 일을 '당한' 잘못이 있다며 딸들도 무지막지하게 때렸다. 아버지가 오빠를 때릴 때 할머니는 몸을 던져 아버지를 막았다. 어머니가 맞을 때는 민아가 몸을 던져 아버지를 막았다. 그렇지만 민아가 아버지에게 맞을 때 어머니는 그저 눈물만 흘릴 뿐이었다. 민아는 아버지의 폭력에 얼어붙은 어머니를 이해하면서도 한편으로는 "그래도 엄마인데 맞고 있는 자식을 보고 어떻게 가만히 있을 수가 있어요?"라며 두고두고 서운해했다.

부모가 알게 된 뒤에도 오빠의 성폭력 가해 행위는 계속됐다. 민아는 성폭력을 당한 잘못이 있다며 아버지에게 맞고, 오빠는 아버지에게 일렀다며 앙갚음으로 민아를 더 심하게 때렸다. 이래도 저래도 폭력이 계속되자 민아는 폭력에서 벗어나기를 체념하게 됐다.

딸을 선택할까, 아들을 선택할까

괴로운 생활 속에서 민아가 누린 유일한 즐거움은 공부를 잘해 듣는 칭찬이었다. 공부하는 손녀를 못마땅해 한 할머니는 아무 지원도 하지 않았다. 심지어 하루 교통비 말고는 단돈 100원의 용돈도 주지 않아 민아의 학교생활은 몹시 궁핍했다.

악착같이 공부해서 대학에 간 민아는 큰고모를 만나 성폭력 피해 사실을 말했다. 큰고모는 바로 민아를 상담소로 데려갔지만 그런 일을 말해서 집안 망신을 시킨다고 야단치는 할머니 때문에 상담을 계속 받을 수 없었다.

대학에 다니던 민아는 학교가 멀다는 이유를 대며 자연스럽게 집을 나올 준비를 하고 있었다. 그때 민아가 집에 있는 냉장고 2대 중 1대를 가지고 가겠다고 하자 화가 난 아버지가 공기총으로 다 쏴 죽인다며 위협을 했다. 이 바람에 민아는 급히 지역의 쉼터로 피신했고, 그 뒤 열림터로 오게 됐다.

열림터에 살던 민아는 우연히 연결이 돼 어머니를 다시 만났다. 어머니는 집을 나온 뒤 고향을 떠나 공장에 다니면서 돈을 벌었다고 했다. 돈을 벌어 다시 고향에 돌아간 어머니는 재혼해 식당을 하며 살고 있었다. 할아버지가 세상을 떠나기 직전까지 자기를 가해한 사실과 오빠와 오빠친구가 가해한 사실까지 민아는 어머니에게 다 말했다. 그리고 고등학교 2학년 때 죽은 할아버지는 어쩔 수 없지만 오빠와 오빠 친구는 고 소하겠다고 말했다.

이야기를 다 들은 어머니는 "할아버지가 너한테도 그랬냐, 나한테도 그랬다. 네 큰고모한테도 그랬어. 그래서 내가 집을 나갈 수밖에 없었어. 내가 집을 나가면 보살펴주지 않을까, 다섯 살짜리 애를 어떻게 건드리 겠나 생각했지. 너한테 이야기 못해서 미안하다"고 하며 민아를 붙들고 울었다.

어머니는 이렇게 시아버지의 성폭력은 수긍하면서도 아들의 성폭력 사실은 처음 듣는다는 듯 반응했다. 민아가 중학교 2학년 때 어머니는 딸의 하소연을 듣고 아들과 떼어놓으려는 노력을 한 적도 있었다. 그런 데 이제 와서 자기는 아들이 저지른 성폭력은 들은 적이 없고, 그저 동생 들을 심하게 때리는 정도로 알았다고 했다. 오히려 왜 나를 나쁜 엄마로 만드느냐며 민아를 비난했다.

너 어떻게 나를 이렇게 할 수가 있니, 나를 병신으로 만드는 거니, 나는 들 은 적도 없는데 엄마한테 왜 이런 모멸감을 줘야 되냐고. 엄마를 병신으로 아냐고, 내가 엄마로서 제대로 못할 줄 아냐고. 막 그러면서 저한테 되게 욕을 했어요. 엄마 그렇게 나쁜 사람 아니라고. 엄마는 네 편인데 왜 자꾸 그렇게 엄마를 궁지로 모느냐고 그랬어요.

민아가 보기에 어머니는 거짓말을 하는 게 아니라 정말 기억을 못 하는 것 같았다. 민아를 지원하는 변호사가 증인으로 재판에 나와달라 고 했지만 어머니는 거절했다. "처음 알았어요. 나를 어떻게 보고 그래요? 내가 그 사실을 알았으면 애들 다 데리고 나왔을 겁니다"라며 화를 내어 변호사도 증인 신청을 취소할 수밖에 없었다. 어머니는 '내가 딸을 보호하지 못한 것은 가해 사실을 몰랐기 때문이다. 알면서도 혼자만 살겠다고 가출했다면 나는 나쁜 엄마다'라고 생각한 것 같다.

가정을 잘 가꾸고 아이들을 잘 키우는 일은 어머니의 기본 의무 중 하나로 여겨진다. 그런데 자식들이 잘되기는커녕 아들이 딸을 추행하고 강간한 현실 앞에서 어머니는 엄청난 혼란을 느낄 수밖에 없다. 어머니들은 어머니의 의무나 구실을 하지 못했다는 자책감에 갖게 되고 외부의 비난에도 시달린다. 추가 피해를 막기 위해 어머니는 딸을 친척 집에 보내기도 하고 형편이 되면 혼자 살게 하기도 한다. 딸에게는 오빠를 용서하고 빨리 잊어버리라고 말하면서 아들을 처벌해야 한다는 생각은 하지 못한다. 피해자인 딸이 아들을 고소하면 아들이 성범죄 전과자가 돼 장래를 망칠까봐 두려워진다. 이때 어머니는 아들을 위해 딸을 설득하지 못하면 '어머니 구실'을 제대로 못하는 것이라는 생각을 하게 된다. 이렇게 어머니들은 딸을 가해한 아들과 피해를 입은 딸 중 한쪽을 선택해야 될 상황에 놓이게 된다. 민아의 어머니도 민아에게 오빠를 고소하지 말라고 말했다.

고소를 군이 해야 되냐, 니 오빠인데. 어쨌든 내가 낳은 자식이고 아무리 너한테 못된 짓을 했어도 내가 낳은 자식이니까, 오빠가 벌을 받으면 내 가슴도 아프니까, 고소 안 하면 좋겠다. 그리고 니 오빠는 인생 너처럼 살지 못할 거다, 그랬어요. 엄마는 제가 지극히 정상이라고 생각하세요. 평범한 또래 여자랑 똑같이 생활하고 있다고 생각하세요. 나는 그렇지 않거든.

나는 아직도 무섭고, 아직도 겁이 나고 그렇거든. 그거를 아직도 모르시니까, 좀 그렇죠.

민아는 아직도 피해 후유증에 시달리고 있는 자기보다 오빠만 걱정하는 어머니가 미웠다.

기대가 쌓이면 원망이 되고

서운해하면서도 민아는 어머니하고 좋은 관계를 맺으려는 노력을 멈추지 않았다. 사회복지학을 전공하면서 가정 폭력 피해자인 어머니를 이해해야 한다고 생각했다. 자기를 보호해주지 못한 어머니에게 서운한 마음이 들 때마다 그 마음을 애써 억누르며 어머니를 이해하려 했다.

사회복지 공부를 하면서 가정 폭력 관련 책을 많이 읽었고, 그래서 머리로는 이해가 되거든요. 그런데 솔직히 마음으로는 좀 안 되는 부분이 있기는 하죠. 엄마가 꼭 그래야 했을까, 엄마가 이렇게 반응을 했으면 내가 어떻게 살고 있었을까, 이런 생각도 되게 많이 하기는 하는데. 그래도 그 전까지는 엄마나 엄마의 반응에 대한 책도 많이 읽었고, 엄마를 많이 이해해야 된다고 생각했어요. 그냥 그렇게 생각하고 싶었어요. 그렇게 하는 게 맞다고 생각했고. 그래야 내 맘도 편할 것 같고. 엄마도 쉽게 용서를 할 수 있을 거라고 생각했어요. 그래야 마주 보면서 웃으면서 얘기할 수 있을 거라고 생각해서 공부를 많이 했던 것 같아요.

어머니를 이해하고 정다운 모녀 관계를 만들어가고 싶던 민아. 민아가 다시 만난 어머니에게 품은 바람은 자기 생각에 "아주 작은 것들"이었다. 그저 예쁜 꽃 보면 딸 생각이 나 문자 보내고, 잘 지내고 있는지 궁금해하며, 보고 싶다고 하트 하나 보내주는 그런 엄마. 굳이 새로 만들지는 않아도 식당에서 팔다 남은 반찬 정도는 가끔 보내주는 그런 엄마를 바랐을 뿐이다.

민아는 자기가 어머니에게 기대하는 것 이상으로 어머니에게 잘하려고 노력했다. 평소에는 지독하게 절약하고 꼭 필요한 물건도 가장 싼 것만 살 정도로 돈을 아꼈다. 그렇지만 어머니에게는 자기가 내는 월세보다 비싼 선물을 했다. 가끔 어머니 집에 갈 때는 외식이든 드라이브든 비싸고 좋은 곳으로만 가려고 했다. 그만큼 어머니 마음에 들어 관심과 사랑을 받고 싶은 마음이 컸다.

선물을 받은 어머니는 친척들에게는 딸을 칭찬하고 자랑했지만 정작 민아 앞에서는 고맙다는 말을 건네거나 애정 표현을 하지 않았다. 그런 어머니가 민아는 서운했다. 그래도 '내가 계속 전화하면 엄마도 덜 어색해질 거고 내가 표현을 자주 하면 언젠가 익숙해지겠지'라고 생각하며 더 자주 연락했다.

민아의 어머니는 재혼한 남편과 중학생인 의붓아들하고 함께 살면서 식당을 하고 있다. 의붓아버지는 친아버지하고 다르게 폭력적이지도 않고 자상한 면도 있어서 친척들에게 민아 자매를 자기 딸이라고 소개하기도 했다. 명절 때는 집으로 오라고 먼저 전화하고 문자도 자주 주고받을 정도로 다정했다. 민아는 이런 관심과 애정에 감격했다. 하루에도 몇 번씩 안부 문자를 보내면서 싹싹하고 예쁜 딸로 지내고 싶었다.

의붓아버지하고 민아가 잘 지내는 모습을 마땅치 않아 한 민아 어머니는 되도록 말하고 엮이지 않으려 했다. 어머니 식당에 온 민아가 일을 돕게 하면서도 손님들에게는 아르바이트하는 친척이라고 말했다. 민아에게는 자기를 '사장님'으로 부르게 했다. 그때 민아의 심정이 어땠을까.

이렇게 민아에게는 사랑을 주지 않는 냉정한 어머니도 의붓아들에게는 넘치도록 관심을 보이며 살갑게 대했다. 민아는 이해할 수 없었다.

누가 봐도 자기 속으로 안 낳은 아들내미는 되게 예뻐하는 게 눈에 보이고, 저는 되게 천덕꾸러기같이 쳐다보기는 했어요. 그게 눈에 보였어요. 내가 싫은 거 같아. 연결 고리잖아요. 친아빠 연결 고리고, 그래서 싫어하는 것 같기도 하고.

어머니에게 민아는 성폭력과 가정 폭력을 함께 경험한 사람이고, 전 남편과 그 집안을 떠올리게 만드는 존재다. 어머니는 새로운 가족에게 자기와 민아가 입은 성폭력 피해가 알려지는 것을 꺼려했다. 민아에게 오빠가 있는 것도, 오빠의 성폭력 가해 사실도 의붓아버지에게는 비밀로 하게 했다. 지난 일이 알려져 지금의 가정이 피해를 볼까봐 염려했다. 그리고 이제는 성폭력 피해를 당하고 있는 딸을 버려두고 집을 나온 '몹쓸 엄마'가 아니라 새로 생긴 아들의 '좋은 엄마'가 되고 싶어한다.

지난날 딸을 보호하지 못했지만 이미 그 딸은 다 자라 성인이 됐다. 남자 친구도 있고 대학을 나와 직장도 다니고 있다. 민아 어머니에게 딸은 더는 보호해야 할 대상이 아닐 수도 있다. 그래서 딸이 어머니 구실을 요구할 때는 "너는 이제 어린애가 아니야"라며 화를 내는 것이다.

"엄마라면"이라는 끝없는 메아리

자기를 대하는 어머니의 모습을 보며 민아는 서운하면서도 한편으로는 혼란스러웠다. 어머니에게 어떤 기대를 해야 하는지, 어떤 관계가 좋은 모녀 관계인지 알 수 없었다. 그래서 친구들을 살펴보기도 했다. 민아가 어머니에게 하루가 멀다 하고 연락하는 사실을 아는 친구들이 "평범한 집에서 아무 문제가 없는 사람들도 엄마랑 그렇게 친하지 않고 그렇게 자주 연락도 안 한다"고 말할 때는 자기 행동이 지나친 것 같다는 생각도 들었다.

그러던 어느 날 어머니가 식당에서 쓸 식기세척기를 살 돈이 모자란다며 민아에게 돈을 달라고 했다. 민아가 적금밖에 가진 돈이 없다고 하자 어머니는 적금을 깨서 돈을 보내달라고 했다. 어머니는 적금 깨는 것을 별 것 아닌 일로 생각해서 쉽게 말했을지 몰라도 지독하게 절약하며 살고 있던 민아는 큰 상처를 받았다. 그 돈을 모으려고 참아낸 많은 욕구들에 견줘 어머니의 무관심이 더욱 크게 느껴졌다. 더구나 어머니가 혼자 어렵게 살고 있는 딸에게는 돈을 요구하면서 의붓아들에게는 넘치게 돈을 쓰고 있다고 생각하니 참기 힘든 분노가 치밀어 올랐다.

그 뒤 민아는 늘 하던 안부 전화를 자주 하지 않는다. 의붓아버지가 어머니 대신 관심을 보이며 민아를 챙겼다. 그렇지만 어머니가 민아하고 전화 통화조차 꺼리며 멀리하자 의붓아버지도 차츰 연락을 끊게 됐다.

얼마 전 만난 민아는 모녀 관계가 회복되기를 바라지 않는다고 했다. 자기는 고아라고 생각하며 살 테고 남자 친구에게도 그렇게 말했다고 했다.

내가 원한 반응은 그냥 들어주고, 다른 말도 아니었거든요. '고생했네. 힘들었구나.' 딱 이 두 마디였는데 그걸 안 해주는 거예요. 엄마는 절대 개선 의지가 없는 것 같아요. 엄마라는 사람에 대한 신뢰가 이미 저는 엄청 깎여버려서. 엄마랑 관계를 회복하려면 엄마가 부단한 노력을 해야 할 것 같아요. 저는 많이 했으니까.

어머니의 사랑을 바라는 민아의 갈증은 이제 임계점에 다다른 듯했다. 어떻게 하든 어머니를 이해해보려는 몸짓이 어머니의 냉담한 벽에 계속 부딪히면서 민아의 마음도 점점 굳어졌다.

민아가 어머니에게 품은 분노의 정서는 건강한 것이다. 어머니를 미화하면서 메아리 없는 사인만 보내느니 차라리 화를 내고 인연을 끊겠다고 결심하는 편이 지금 민아의 상황에 더 알맞아 보이기 때문이다. 어머니에게 화가 나면 화를 낼 수도 있고 딸이 미우면 딸에게 화를 낼 수도 있다. 모녀 관계라는 이유로 무조건의 사랑과 용서와 이해가 오갈 수 있다는 생각은 꿈일 뿐이다.

이해하고 위로할 수 있는 여유

민아는 여전히 배신감에 힘들어하고 있다. "남들한테 다 있는 엄마라는 존재가 없어서" 소외된 기분이 들고, 친구들을 만나 수다를 떨 때도 어머니 이야기를 할 수 없는 게 서럽다. 민아와 어머니는 오랫동안 헤어져 살았다. 어쩌면 서로 거리를 두고 있는 지금 이 시간이 상대방을 알아가고 이해하기 위해 필요할지도 모르겠다. 이 시간의 끝이 반드시 '화해'가 아닐 수도 있다. 세월이 흘러 민아가 '엄마라면 그럴 수 없다'는 생각에서 조금 자유로워지고 어머니 또한 과거의 기억을 껴안을 수 있게 되면, 어머니와 민아가 서로 이해하고 위로할 수 있는 여유도 생길 수 있을 테지만.

"왜 그러고 살았어,
엄마"

✚ 향기 이야기

향기는 부모님, 9살 터울의 여동생하고 살고 있었다. 중학교 1학년 때부터 친아버지에게서 성폭력 피해를 입다가 고등학교 1학년 때인 2007년에 열림터에 들어와 1년 1개월을 산 뒤 퇴소해 집으로 돌아갔다.

　처음 향기 어머니를 만난 때가 잊히지 않는다. 난감해하며 어쩔 줄 몰라 하고 지나칠 만큼 조심스런 태도로 자기를 드러내지 않는 여느 어머니들하고 달랐다. 오히려 딸을 적극적으로 비난하고 딸의 거짓말, 전 남자 친구, 가출한 경험 등을 쏟아내듯 말했다. 그리고 내가 향기의 거짓말에 속아 성폭력이라는 터무니없는 혐의로 자기 남편을 고소하게 부추겼다고 생각했다.

　향기는 처음에는 자기가 원할 때가 아니면 어머니하고 통화하거나 만나고 싶어하지 않았는데, 어머니는 열림터에서 딸을 만나지 못하게 막는다고 생각했다. 자기가 엄마인데 무슨 자격으로 만나지 못하게 하느냐며 소리를 지르기도 했다. 이때마다 향기는 어쩔 줄 몰라 했고 오히려 자기가 어머니를 변명하느라 바빴다. 그래서 입소 초기에는 향기 앞에서 되도록 어머니에 관련된 이야기는 하지 않으려 했다.

술과 가난과 순종과 폭력

향기의 어머니는 열아홉 살에 같은 직장에 다니던 남편을 만나 결혼했다. 친정에서는 향기 아버지가 해놓은 것도 없고 딸이 아깝다며 결혼을 심하게 반대했다. 그렇지만 향기 부모님은 결혼을 강행했다.

얼떨결에 그냥 멋모를 때 만나서 제가 생긴 거죠. 엄마가 더 많이 좋아했던 거 같아요. 아빠가 외모가 좀 괜찮으셔서.

결혼 생활은 술과 가난, 순종과 남편의 폭력으로 가득했다. 결혼 전에는 술을 입에 대지도 못한 어머니는 결혼 뒤 남편이 강요에 못 이겨 거의 매일 술을 마시게 됐다. 점점 알코올에 기대게 되면서 딸들을 제대로 보살피지 못했다. 부부가 함께 노점을 했지만 형편은 늘 어려웠다. 공부를 잘한 향기가 장학금을 받으려고 실업계 고등학교에 가야 할 정도였다.

향기 아버지는 권위적이어서 늘 아내를 가르치려 들고 명령을 했다. '여자는 남자를 떠받들어야 된다'는 생각을 가진 사람이었다. 성격이 과격하고 술을 많이 마신 아버지는 술에 취하면 터무니없는 이유로 아내와 두 딸을 심하게 때렸다. 특히 악의적인 폭행으로 식구들을 공포에 떨게 했다.

> 동생이 일곱 살 때인데 구구단을 외우게 해요. 그런데 잘 못 외우잖아요. 외우다가 틀리면 저를 때려요. 그러면 동생이 덜덜 떨면서 외우고 틀리면 제가 맞고. 그걸 동생이 아직도 기억을 해요. 엄마한테도 그랬어요. 엄마가 맘에 안 들면 우리를 때리니까. 엄마는 너무 괴로워하고. 그런 일이 반복되니까 엄마는 그저 아빠 비위만 맞추게 되고. 막 칼로 배 찌르기도 하고, 엄마한테. 그런 게 엄청 많았어요, 진짜. 피 본 것도 너무 많았고. 그게 크면서는 저한테 가는 거죠.

집 안에서는 폭력이 계속됐지만 부모님은 늘 일도 함께 하고 술도 같이 마셔서 겉으로 보기에는 별 문제가 없었다. 아버지는 집 밖에서는 더없이 좋은 사람으로 행동했다. 집 안에서는 조금만 마음에 안 드는 일이 있으면 무슨 핑계든 찾아 식구들을 괴롭혔지만 말이다.

딸의 피해를 모른 척한 어머니

향기의 부모님은 거의 매일 술을 마셨다. 술에 취하면 아버지는 향기를 깨워 안방으로 오게 했고 어머니는 향기 방에 가서 자라고 했다. 말을 듣지 않으면 아버지가 물건을 던지거나 때렸기 때문에 어머니는 그대로 따를 수밖에 없었다. 향기는 학교에서 집으로 돌아올 때마다 제발 오늘은 부모님이 술을 안 마셨으면 좋겠다고 생각하며 마음 편히 잘 수 있기를 기도했다. "엄마 제발 아빠 좀, 엄마가 아빠랑 같이 자. 아빠가 자꾸 몸을 더듬어"라고 말하며 괴로움을 호소하면 어머니는 "알았어. 안 그러게 할게"라고 할 뿐 아버지의 행동을 막을 힘이 없었다.

아버지의 추행은 계속됐고, 향기가 중학교에 들어가던 때 처음 강간 피해를 입었다. 그때는 무서움보다 옆방에서 자는 어머니가 깨서 자기 남편과 딸이 '성관계'를 하고 있는 모습을 볼까봐 더 두려웠다고 했다.

저는 어느 순간 얘기해도 안 바뀌는구나, 이러고 말았던 것 같아요. 근데 한편으로는 무섭기도 하고 미안하기도 했던 게 엄마한테. 어쨌든 엄마의 남편인데 제가……. 그래서 아무 말도 못하고 침묵으로 일관했던 거예요, 계속. 그게 되게 미안했어요.

향기는 아버지의 강간을 성행위에 관련지어 '어머니의 남편하고 성관계를 했다'는 죄책감을 갖고 있었다. 그래서 어머니에게 아무 말도 못하고 지냈다. 갓 중학교에 들어간 향기가 어머니에게 아버지의 성폭력을 무엇이라고 설명할 수 있었을까?

어린 나이에 친족 성폭력 피해를 입으면 피해자는 성폭력과 성관계를 구분하지 못한다. 더구나 가해자 아버지가 딸을 '사랑'한다며 저지르는 행위를 폭력이라고 생각하기는 어렵다. 그런데 학교에서는 '성관계'란 서로 사랑하는 성인 남녀가 하는 것이 정상이라고 교육받는다. 향기는 아버지에게 성폭력을 당하면서도 금지된 '성관계'를 한 자신을 창피하게 생각하며 혼란스러워했다. 그리고 어머니가 알까봐 걱정하고 미안해했다.

아버지는 향기가 자기 말을 따르지 않으면 심하게 때렸다. 남자 친구를 사귀는 사실을 알았을 때는 향기의 머리를 반삭발로 만들어 외출을 못하게 하기도 했다. 그렇지만 반삭발 상태에서 모자를 쓰고 학교에 갔으니 향기의 반항도 대단했다. 특히 향기는 성적이 학교생활에서 힘이 된다는 사실을 알고 열심히 공부했다.

아버지의 폭력이 점점 심해져 견디기 어려워지자 향기는 고등학교 1학년 때 어머니하고 함께 가출하기로 약속을 했다. 그동안 향기가 어려울 때마다 상담해주던 선생님이 향기와 어머니가 임시로 지낼 수 있는 곳을 마련해줬다. 향기는 먼저 가출해서 어머니가 나오기를 기다렸지만 어머니는 끝내 오지 않았다. "아빠가 말을 진짜 잘하세요. 사실이 아닌 것도 아빠 말 들으면 그런 것처럼 생각하게 돼요. 특히 엄마는 아빠가 뭐라 말만 하면 그냥 넘어가요." 향기는 어머니가 아버지의 감언에 넘어가 집을 나오지 않았을 것이라고 했다.

향기가 가출하자 아버지는 착하고 공부 잘하는 딸이 선생 꼬임에 빠져 가출했다며 학교까지 찾아와 소란을 피우고 향기를 도와준 선생님을 고소했다. 향기 친구들은 그동안 전해 들은 이야기와 향기 몸에 있는 멍 자국을 보고 아버지가 폭력을 휘두르는 사실을 알고 있었다. 향기가 집을 나가기로 결심한 날은 여느 때보다 정도가 더 심해 목에 칼에 베인 상처까지 있었다. 친구들은 놀라서 사진도 찍었다. 향기 아버지가 학교에 찾아와 향기를 찾아내라며 행패를 부리자 친구들은 이 사진을 증거 삼아 경찰에 신고했다.

경찰 조사와 아버지의 행패로 자기를 도와준 친구들과 선생님이 곤란해지자 향기는 경찰서에 가 피해 사실을 진술하고 아버지를 고소했다. 그리고 경찰청의 연계로 열림터에 왔다.

감옥에 구속된 아버지, 그 아버지에 구속된 어머니

남편이 구속된 뒤 향기의 어머니는 진퇴양난에 놓였다. 구치소에 있는 남편은 면회 갈 때마다 어떻게 하면 빠져나올 수 있는지 방법을 알려주고 그대로 하라고 명령했다. 그 명령에 따르려면 딸을 설득해야 하는데 딸은 전화 연결도 안 될 때가 많았다. 어쩌다 통화를 해도 향기는 이제 더는 어머니와 동생을 걱정하는 '착한 딸'이 아니었다.

어머니는 '어떻게 딸이 아버지를 고소할 생각을 할 수 있지? 그래도 아버지인데', '이 모든 일은 딸을 꼬여낸 학교 선생과 아버지한테 매 좀 맞았다고 아버지를 신고한 친구들, 부모 허락도 없이 쉼터에 보낸 사람들 잘못이다'는 생각으로 가득 차 있었다. 내가 직접 상담을 하지 않았다면 향기가 거짓말하고 있다는 어머니의 주장을 그대로 믿는다 해도 이상하지 않을 정도였다. 그만큼 향기 어머니는 남편을 철썩 같이 믿으며 향기에게 크게 분노했다.

열림터에서 두 번째 만난 향기의 어머니는 자기를 둘러싼 괴로운 상황을 조금 드러냈다. "내가 가운데서 힘들어서 못살겠어요. 향기 아빠 면회 가면 난리지. 변호사도 향기가 편지만 쓰면 가볍게 벌 받고 나온다고 하는데, 향기는 얼굴도 볼 수가 없지. 통화도 안 되지." 어머니는 향기가 고소를 취하할 수 있게 잘 말해달라고 했다.

딸이 한 고소 때문에 아버지가 구속되면 어머니는 당장 경제적 어려움에 맞닥뜨리게 된다. 특별한 기술도, 모아둔 돈도 없는 어머니의 벌이는 그야말로 부업 수준이다. 이런 현실에서 남은 아이들을 보살피며 살아가야 할 어머니의 일상이 얼마나 고단할지는 불 보듯 뻔하다. 이 모든 걱정을 해결할 수 있는 것이 바로 딸의 희생이다. 딸만 참아주면 마치 아무 일도 없었듯이 살 수 있다는 생각을 하게 된다. 그래서 많은 어머니들이 고소를 결심한 딸에게 가족을 생각하라고, 아버지를 용서하라고 말한다.

향기 어머니도 남편 없는 생활은 상상할 수 없었다. 결혼 뒤 남편하고 떨어져 지낸 적이 한 번도 없었다. 어머니는 남편의 폭력에 자주 시달렸지만 늘 나쁜 일만 있던 것도 아니었고, 무엇이든 남편이 시키는 대로 하면 딱히 고민할 일이 없었다.

시유지에 무허가 건물을 짓고 살던 향기네는 아버지가 구속되기 얼마 전 마지막 철거 명령을 받아 곧 이사를 해야 할 처지였다. 어머니는 오갈 데 없이 아이들하고 길거리에 나앉을까봐 몹시 걱정했다. 그동안 부부가 함께 노점상을 해 그나마 생계를 꾸렸는데, 어머니는 운전도 못하고 몸도 좋지 않아 남편 없이 혼자서는 제대로 일할 형편이 되지 못했다. 그동안에도 술 때문에 평판이 좋지 않았지만 남편이 구속된 사실이 다 알려지는 바람에 시골 동네에서 얼굴을 들고 다니기도 어려웠다. 어머니는 아버지가 풀려나오기만 하면 모든 문제가 해결될 수 있다고 믿었다.

어머니의 소식을 들은 향기는 예상했다는 반응이었다. "엄마가 어려서 나를 낳아서 지금 서른일곱밖에 안 됐어요. 친구처럼 언니처럼 지냈는데, 아빠랑 일 알고부터는 대화가 잘 안돼요. 다 알 텐데도 인정은 안 하려고 해요." 어머니를 이해하려고 했지만 고소를 취하하라거나 탄원서를 쓰라는 요구는 단호히 거절했다. 1심 판결이 날 때까지는 어머니를 만나지 않으려 했고, 전화도 받고 싶을 때만 받았다. 열림터에 살 때 향기가 어머니와 동생을 보러 집에 간 적이 있었는데, 엄마 일기장에서 "나는 당신이 향기와 그런 일이 있었다고 해도 당신을 믿고 살 거야"라는 구절을 봤다. 커다란 배신감을 느낄 수밖에 없었다.

새로운 모녀 관계를 꿈꾸다

향기와 어머니의 줄다리기는 아버지의 징역 5년형이 확정되고 난 뒤 진정됐다. 어머니는 더는 고소를 취하하라는 말을 하지 않았고, "열림터에서 밥 잘 먹고 잘 지내라"고 할 정도가 됐다. 향기 이모들이 살고 있는 곳으로 이사도 하고, 한부모 가족으로 등록해 정부 지원을 받는 방법도 찾았다. 다행히 이모들하고 관계가 좋은 편이어서 혼자 살게 된 어머니가 많이 의지할 수 있었다. 감옥에서 계속 편지를 보내며 자기를 구속하던 남편하고도 마침내 이혼했다. 남편 없이는 아무것도 할 수 없을 것 같던 향기 어머니가 혼자 살 길을 찾게 된 것이었다. 어머니는 이때 처음으로 향기에게 미안하다고 말했다.

처음 집에 갔을 때가 있었는데, 열림터에서 지낼 때, 이사도 엄마가 혼자 했어요. ○○에서, ○○에서 계속 있다가 저는 열림터로 와버리고 얼마 있다가 엄마가 △△으로 이사를 온 거예요 정부 지원이 돼서 이제 나왔는데…….

이사를 해서 처음 딱 갔는데, 밥 먹고 자는데……. 자고 있는데 엄마가 술 드시고 오셨는데 막 이제, 미안했다고 우시면서 이야기하는 거예요. 그래서 그때 이후로는 '왜 나를 막아주지 못 했나' 이런 생각보다는, 그냥 조금 그랬던 거는 엄마가 조금 술을 줄이면 더 빨리 안정을 찾지 않을까 생각했어요.

딸은 어머니가 술을 조금 덜 마셨으면 하고 바랐지만 어머니는 여전히 술에 의존하고 있었다. 아버지 때문에 강제로 마시게 된 술이지만 이제 어머니 뜻대로 줄이거나 끊기가 쉽지 않았다. 어머니가 술을 끊을 수 있게 상담을 받거나 단주 프로그램에 참여해야 했지만 기초생활자 생계비 지원금으로 사는 처지에 그런 생각까지 할 여유는 없었다. 향기가 가끔 집에 갈 때마다 술 때문에 싸웠고, 이런 갈등은 고등학교 3학년 때 퇴소해 집으로 돌아간 뒤에도 몇 년 동안 계속됐다.

향기가 집으로 들어간 뒤 어머니는 동생을 보살피는 일이나 집안일을 많이 향기에게 떠넘겼다. 대학에 들어간 향기는 아르바이트만으로 학비를 감당할 수 없었다. 빚이 늘어나자 어쩔 수 없이 학교를 쉬면서 아르바이트를 이것저것 했다. 아르바이트를 해 자기 용돈은 물론 부족한 생활비까지 감당해야 했다.

이런 상황이 부담은 됐지만 향기는 폭력 후유증으로 건강이 안 좋아 오래 일하지 못하는 어머니를 안쓰럽게 여기며 이해하려 했다. 그런데 어머니가 집에 남자 친구를 데려오자 감정이 폭발했다. 집안일 부담은 어느 정도 받아들였지만 늦은 밤 딸들이 있는 집에 남자 친구를 데려오는 무신경한 태도는 참기 어려웠다. 어머니는 어머니대로 향기가 자기 인생을 생각해주지 않는다며 서운해했다.

이렇듯 남편 없는 삶에 적응하기 어려워 좌충우돌하던 어머니와 그런 어머니하고 싸우며 지내던 향기는 각자 새로운 사람과 관계를 맺게 되면서 서로 거리를 둘 수 있게 됐다. 자기에게 의지하는 어머니와 동생에게 매여 있으면서 향기는 부담을 많이 느꼈다. 그런데 남자 친구를 만나고 헤어지는 과정을 겪으면서 향기는 가족에게만 집중하던 시간에서 자연스럽게 벗어나게 됐다. 어머니도 향기가 적극 추천한 새로운 사람하고 재혼해 안정을 찾았다. 그러면서 모녀 사이의 갈등도 줄어들었다. 얼마 전 만난 향기는 집안일을 잘하지도 못하고 관심도 없는 어머니를 이해하게 됐다. "몇 십 년 이렇게 살아왔는데 내가 한 번에 바꾸려고 해도 바꿀 수 없다는 생각이 들었어요. 지금은 내가 할 수 있으면 내가 하고 하기 싫으면 안 하고 그래요."

상처 다스리기와 견뎌내기

향기가 스물두 살 때 5년형을 마친 아버지가 출소했다. 향기는 아버지가 보복하러 올까봐 동네에서 비슷한 사람만 봐도 움찔하게 되고 악몽도 꾸면서 한동안 두려움에 떨었다. 그렇지만 두려움에 오래 빠져 있지는 않았다. 오히려 "나한테 나쁘게 하려고 하면 나도 똑같이 싸울 거야"라며 그 상황을 견뎌냈다.

가끔 옛날 생각이 나면 어머니를 원망하는 마음이 들 때도 있다. "왜 일찍 아빠를 정리하지 않았을까. 성폭력뿐만 아니라 가정 폭력도 엄청 심했는데, 그것만 가지고 아빠하고 갈라서서 살았으면 나한테 그런 일도 생기지 않았을 텐데"라고 생각하기도 한다. 그렇지만 어머니와 함께 과거의 기억을 떠올리며 현재에 안도할 수 있는 여유도 생겼다.

"엄마 옛날에는 어떻게 살았어? 왜 그러고 살았어?" 그러면 엄마도 "그러게 나 말이다" 이러고. "아빠랑 살았으면 어땠겠어? 엄마는 나한테 고마워해야 돼. 내가 엄마 인생 피게 해준 거야" 그러면 엄마도 "그래, 맞는 것 같아" 그렇게 받아칠 수 있는, 그런 게 된 것 같아요. 얼마 전 식구들이랑 바닷가에 놀러 갔었어요. 그런데 어렸을 때 아빠랑 바닷가에 놀러갔다가 맞았던 일이 생각나는 거예요. 아빠 이름이 김○○인데 '○○이 새끼, ○○이 새끼' 이렇게 불러요, 엄마랑. "○○이 새끼랑 같이 왔을 때 기억 나? 우리 어떻게 살고 있었을까?" 그러면 엄마가 "아우, 생각도 하지 말자"하고, 그런 식으로 욕하고 지나갈 수 있게 많이 그 정도로 발전한 것 같아요.

아버지를 고소할 때는 향기도 어머니를 미워하는 마음이 컸다. 그런데 나이가 좀 들면서 어머니가 이해됐다. 그때 그 상황에서 어머니에게 뭔가를 바란다는 것은 욕심일 수 있겠다는 생각도 하게 되면서 미움이 차츰 가라앉았다. 이렇게 향기는 이제 가해자를 향한 두려움도, 어머니를 향한 미움도, 과거의 기억도 모두 자연스럽게 물 흐르듯 지나가는 일로 바라보게 됐다.

"지금이 제일 좋다"

여전히 가난하지만 향기는 뭔가 다시 해볼 수 있다는 희망을 품고 학교를 다니고 있다. 향기는 회복된 모녀 관계가 성폭력 피해를 치유하는 데 큰 도움이 됐다고 말한다. 관계가 계속 나빴거나 어머니가 술에 의존하는 모습을 자꾸 봤다면 성폭력 피해가 떠오르고 어머니를 끊임없이 원망하게 돼 힘들었을 것이라고 했다. 어머니가 의붓아버지하고도 잘 지내고 사춘기인 동생에게도 관심을 쏟으며 안정된 생활을 하고 있어서 향기는 지금 상황이 "감사하고 제일 좋다."

한때 방황하고 괴로워하기도 했지만 아픈 기억에 가위눌리지 않고 살고 있는 향기의 용기와 의지에 박수를 보낸다. 그리고 한때는 딸을 보호하지 못한 무기력한 어머니였지만 자식의 고통을 이해하고 진심으로 사과한 향기 어머니에게도 지지를 보낸다.

'어머니다움'의
낙인을 지우고
귀 기울이기

한국 사회가 '어머니다움'에 가지고 있는 기대는 매우 견고하다. 그래서 친족 성폭력을 접하면 어머니들의 상황이나 조건을 보기도 전에 '어머니 역할'에만 초점을 맞춰 판단해버린다. 그렇지만 초인적인 '모성'을 실현할 수 있는 사람은 생각보다 많지 않다. 다혜, 민아, 향기의 어머니들은 자기를 둘러싼 폭력적인 환경에서 할 수 있는 일이 많지 않았고, 그래서 해야 할 일보다 할 수 있는 일을 먼저 찾을 수밖에 없었다.

어머니들은 사건이 일어나기 전부터 이미 일상적인 폭력에 시달리고 있었다. 생계를 위해 돈을 벌어야 했고, 매사에 남편의 통제를 받으며 살았다. 어머니를 도와주는 사람은 아무도 없었고, 목숨의 위협까지 느껴야 하는 어려운 상황도 있었다. 이렇듯 어머니들이 가정 폭력에 시달리면서도 남편 없는 삶을 두려워한 가장 큰 이유는 아이들을 데리고 먹고 사는 미래가 주는 불안이었다. 또한 학교생활, 취업, 결혼 등에서 한부모 가정의 어머니와 자녀들이 마주하게 되는 편견과 차별이 결코 적지 않기 때문에 어머니들은 고통 속에 살면서도 그곳을 빠져나올 엄두를 내지 못했다.

무력하게만 보이던 어머니들은 남편이 구속돼 더는 가족을 괴롭힐 수 없게 되자 달라지기 시작했다. 한부모 가정 생계비 지원금 덕분에 최소한의 생계가 보장되고 아이들 학비도 지원받을 수 있게 되자 새로운 삶을 시작할 힘을 내게 됐다.

그러나 다혜, 민아, 향기의 어머니들은 피해자인 딸과 자기의 관계에도 새로운 시작이 필요하다는 생각은 하지 못하고 있다. 딸들에게 어머니는 자기가 입은 피해를 모른 척하고, 부인하고, 해결해주지 않은 무책임한 보호자이기도 하다.

어머니들은 자기들도 어떻게 할 줄 모르고 한 말, 태도, 행동이 딸에게 어떻게 받아들여지고 상처가 됐는지 모르고 있다. 알고 있더라도 새삼 과거의 일을 떠올려 죄책감과 수치심을 되새김질하고 싶지 않을 수도 있다. 이제 성인이 된 딸에게 느끼는 책임감보다는 자기 삶을 잘 꾸려나가는 것을 더 중요하게 생각하기도 한다. 또는 아직도 진행 중인 딸의 고통을 마주하기가 두려운지도 모른다.

피해자들이 그렇듯 어머니들도 성격이 다양하며 복잡한 환경 속에서 살고 있다. 위기를 극복할 힘이 있다면 어머니는 굳이 딸을 쉼터에 보내지 않는다. 그리고 딸 편이 돼 가해자인 남편하고 이혼하고 고소 과정에 적극적으로 함께하며 세상의 비난에 맞서 '외로운 투쟁'을 벌이기도 한다. 반면 쉼터에 입소하는 피해자들의 어머니는 아예 부재하거나 여기 등장하는 어머니들처럼 딸을 위한 결단을 내리기 힘든 취약한 상황에 놓여 있다.

다른 한편으로는 아버지의 성폭력 가해 행위에 적극 동조한 듯한 어머니들도 있다. 이런 어머니들도 처음부터 악의적으로 가해 행위를 돕지는 않는다. 아버지가 가정 안에서 휘두르는 권력에 꼼짝없이 지배당하고 있거나 외부하고 완벽히 고립돼 있는 어머니는 자기가 생존하기 위해 가해 행위에 동조하기도 한다. '너만 참으면 우리 가족이 별 탈 없이 지낼 수 있다'는 말로 피해자를 체념하게 해 성폭력 상황이 계속되게 만드는 것이다. 이런 어머니들을 가해자하고 똑같이 처벌해야 한다는 목소리도 계속 나온다. 피해자를 지원하는 상담소와 열림터도 고민이 깊다.

어떤 조건에서 어떤 대처를 한 어머니이든 친족 성폭력 앞에 선 어머니들은 커다란 혼란에 빠질 수밖에 없다. 피해자뿐 아니라 피해자의 어머니에게도 위로와 상담과 지지 체계가 필요하다. 향기와 다혜의 어머니는 한부모 가정 생계비 지원금을 받으면서 불안감을 떨칠 수 있었다. 이런 최소한의 지원만 해도 어머니와 자녀들이 함께 살아갈 힘을 낼 수 있는 만큼 친족 성폭력 가정을 대상으로 하는 경제적 지원은 아주 중요하다. 또한 신고 뒤 가해자가 벌을 받고 나서야 어머니와 가족들은 비로소 두려움에서 벗어나 안정된 마음으로 살아갈 수 있었다. 가해자 처벌의 중요성을 새삼 되새기게 되는 대목이다.

친족 성폭력 피해자의 어머니에게 '어머니다움'이라는 가혹한 기준을 내세워 낙인을 먼저 찍기보다는 어머니들이 하는 이야기에도 귀 기울일 수 있는 사회가 돼야 한다. 그런 분위기가 만들어지면 친족 성폭력이 일어나더라도 어머니는 자기와 딸을 위한 가장 좋은 방법을 적극적으로 찾게 될 것이다.

어머니와 딸이 기대와 원망이 뒤섞인 갈등의 시간을 줄이고 서로 이해하고 지지하는 관계가 되기도 훨씬 쉬워질 수 있다.

6장

체념과
화해 사이

✚

'괴물'의
그늘에서
벗어나는
또 다른 선택

이어진 2002년부터 2005년까지 열림
터에서 활동했다. 그 뒤 한국성폭력상
담소, 중앙대학교 인권센터에서 성폭력
피해자 상담과 사건 지원을 계속했다.

열림터 생활인 중 72퍼센트는 가족이 저지른 성폭력 피해를 입었다. 가해자 중에는 아버지 구실을 하는 친아버지와 의붓아버지가 가장 비율이 높고, 오빠나 삼촌 같은 다른 남자 형제들이 그다음을 차지한다. 친족 성폭력 피해자가 성폭력 피해를 인지하고, 다른 가족들에게 피해 사실을 알리고, 열림터로 오고, 다시 열림터를 떠나 새로운 삶을 기획하는 때마다 가해자와 떼려야 뗄 수 없는 관계가 도사리고 있다. 성폭력 피해가 중단되면서 피해자와 가해자의 관계는 끝났지만, 가족이라는 이름으로 규정되는 의무와 권리와 사회적 필요는 계속되기 때문이다.

많은 친족 성폭력 피해자들은 가해자에게 분노, 억울함, 공포 같은 부정적 감정에 더해 연민, 고마움, 안타까움 같은 긍정적 감정도 함께 갖는다. 바로 양가감정이다. 친족 성폭력 피해자는 양가감정 속에서 가해자를 성폭력 가해를 한 나쁜 사람인 동시에 자기를 양육하고 도움을 준 좋은 사람으로 인식한다. 피해자는 가해자를 향한 감정을 정리하면서 양가감정 사이에서 혼란을 겪는다. 성폭력 가해를 한 사람을 미워하다가도 늙고 병든 모습을 보면 마음이 아프기도 하다. 시간이 지날수록 피해의 기억은 희미해지고 거꾸로 가해자하고 지낸 좋은 추억이 쌓이면서 마음이 풀리기도 한다. 그러나 피해자들은 이런 감정의 변화와 흐름을 인정하고 드러내기 어렵다. 가해자에게 적개심이 아니라 다른 감정을 표현하는 행동은 자칫 피해자가 성폭력 피해를 원한 것으로 해석되거나 가해자하고 화해한 증거로 비칠 수 있기 때문이다.

친족 성폭력 피해자는 가해자하고 함께 살아온 십 몇 년의 세월 중 성폭력 피해를 입은 시간을 뺀 나머지 시간들을 해석하는 데도 어려움을 겪는다. 가해자의 가해 행위가 몇 년 동안 계속된 경우 가해자의 모든 행동이 성폭력을 저지르기 위한 의도를 담은 것으로 읽히지는 않기 때문이다. 가해자를 향한 다양한 감정을 어떻게 처리해야 하는지 피해자는 시시때때로 고민하게 된다. 이런 고민은 피해자가 현실의 여러 문제 앞에서 해야 하는 선택에도 연결된다.

2002년부터 2005년까지 열림터에서 활동가로 일하는 동안 나는 피해자들을 만나면서 이런 선택을 둘러싼 고민을 함께했다. 중학교와 고등학교에 다니던 피해자들은 이제 성인이 됐고, 열심히 일상을 살아가고 있다. 그리고 일상생활에서 취업, 결혼, 임신, 출산, 양육, 이혼 같은 상황에 직면하며 여러 질문들을 던진다. 가해자를 내 결혼식에 초대해야 할까? 애인과 배우자에게 피해 사실을 이야기할 해야 할까? 생활비를 아껴 자립을 앞당기기 위해 가해자의 집에 들어가 함께 살까? 가해자가 내 아이의 할아버지 노릇을 하게 할까? 가해자의 장례를 치를까? 이런 현실적 문제에 관련된 질문에 피해자들이 내린 선택은 각자의 상황이 반영된 결과지만, 사회적 압력에 영향을 받기도 한다. 피해자의 양가감정, 용서, 화해, 치유는 피해자가 몸담고 있는 사회와 문화하고 적극적으로 상호 작용한다.

이제 영애, 지민, 수아가 성폭력 피해를 입은 때부터 피해가 끝난 뒤 가해자를 직간접으로 대면하며 지내온 시간들을 따라가며 정서가 변화하는 과정, 이런저런 현실적 선택을 하게 된 이유를 탐색해보자. 피해자들은 가해자에 관련된 정리되지 못한 정체감을 안고 살기도 하고, 지금의 행복을 위해 가해자를 깨끗이 뒤로 물린 체념을 선택하기도 하며, 가해자의 죽음을 거치면서 피해 경험을 마주한 뒤 진심 어린 화해를 경험하기도 했다. 성폭력 피해를 겪은 10대, 치유를 위해 애쓴 20대를 지나,

더 나은 30대를 꿈꾸는 생존자들이 가해자를, 그리고 피해 경험의 의미를 이야기한다.

평범한 아빠라는
괴물의 그늘

✚ 영애 이야기

스물네 살 영애는 학습지 교사다. 간단한 심리 상담도 함께하고 있다. 어릴 때 친아버지가 세상을 떠난 뒤 초등학교 1학년 때부터 가해자인 의붓아버지하고 함께 살았다. 가해자는 이혼한 전처 사이에 아들을 한 명 뒀는데, 결혼을 해 따로 살고 있었다. 영애는 정신장애가 있는 어머니, 두 살 터울의 언니, 남동생하고 살고 있었다. 남동생은 가해자와 어머니가 결혼할 때 가해자가 함께 살고 싶어하지 않아 할아버지 집에 맡겼다. 영애는 초등학교 3학년 때부터 대학생이 될 때까지 성폭력 피해를 입었다. 가해자는 영애와 언니의 형사 고소로 3년 실형을 받았고, 복역 중 질병으로 가석방됐으며, 얼마 전 암으로 세상을 떠났다.

영애는 스물한 살에 열림터에 입소해 8개월을 살았다. 상담소에서 일할 때 나는 한 달에 한두 번 정도 열림터 숙직 근무를 했다. 영애는 가끔 만나는 내게 서슴없이 자기 일상과 고민을 이야기했다. 수줍음이 많은 듯했지만 열림터에서 새롭게 경험하는 여러 활동에 무척 고무돼 있었다. 인터뷰를 하려고 다시 만난 영애는 가해자의 사망에 이어 인간관계에서 이런저런 갈등을 겪으면서 가해자와 함께한 일상과 피해 경험을 자주 되새김하고 있었다. 어릴 때 가해자가 끼친 영향이 지금의 자신을 형성하고 있다고 생각하기 때문이다. 이제는 곁에 없지만 여전히 가해자의 영향력에서 자유롭지 않다고 이야기하는 영애의 이야기를 들어보자.

가해자의 덫 속에서 살아가는 어머니

어머니와 가해자는 결혼식과 혼인 신고를 하지 않은 채 사실혼 관계로 살아왔다. 영애에게 어머니는 늘 아픈 사람이었다. 영애는 어머니를 "대부분의 시간을 무기력하게 누워 있거나, 우울하거나, 가해자에게 사육당하는 듯한" 수동적인 사람으로 기억한다. 어머니는 가해자가 매일 주는 용돈 1만 5000원을 받아 아무런 계획이나 특별한 의미 없이 썼다. 가해자가 세상을 떠난 지금도 이런 버릇은 영애에게 하나의 짐으로 남아 있다. 1만 5000원이라는 적지 않은 돈을 어머니에게 매일 주기가 버겁고 어머니를 이렇게 만든 가해자를 원망하게 된다. 한편으로는 그런 어머니를 잘 돌보고 이해하지 못하는 자기의 한계를 마주하게 된다. 이렇듯 영애에게 어머니는 늘 자기를 향한 비난과 자책을 수레바퀴처럼 돌게 하는 굴레가 되는 사람이다.

반면 가해자는 확실히 영애에게 도움이 되는 사람이었다. 가해자가 자기는 힘 있고 영향력 있는 사람으로 만들고 어머니는 힘없고 영향력 없는 사람으로 배제했다는 게 정확한 표현일 것이다. 가해자는 네 식구의 가계를 책임지고 운영하는 사람이었고 거기에 걸맞게 행동했다. 어머니의 병세는 시간이 갈수록 악화됐는데, 영애는 가해자가 장애인 수급권을 통한 경제적 이득을 취하려고 어머니의 병을 의도적으로 방치했다고 생각한다. 수급을 받으려고 혼인 신고도 하지 않았고, 결국 장애인 수급권 덕분에 임대주택에도 살 수 있게 됐다.

대부분의 성폭력 가해자가 폭력적일 것이라는 예상하고 다르게 영애의 가해자는 일상적으로 폭력을 행사하지 않았다. 오히려 주말이면 가족들하고 운동을 하거나 옷을 사러 다니고, 이것저것 필요한 물건도 챙겨줬다. 아픈 어머니를 위해 드라이브를 하고 맛있는 음식을 먹으러 다니기도 했다. 영애는 공부를 하고 싶어한 자기를 방치한 점을 아쉬워했지만 가해자를 "어쨌든 엄마보다는 더 괜찮은 사람"으로 확신했다.

이런 확신은 영애와 가해자의 관계를 더욱 돈독하게 했고, 아픈 어머니는 가족 안에서 점점 배제됐다. 이런 상황은 가해자가 가해 행위를 지속적이고 안정적으로 할 수 있는 발판이 됐다. 어느새 가해자는 아픈 아내를 돌보고 아내를 대신해 자녀들을 보살피는 좋은 가장이 돼 있었다.

영애는 초등학생 때부터 시작된 성폭력 피해의 가장 중요한 등장인물로 어머니를 뽑는다. 가해자에게 피해를 경험한 순간마다 어머니는 피해 장소인 집에 늘 함께 있는 사람이었다. 정확한 시기는 기억나지 않지만 어머니가 "아빠가 몸을 만졌냐?"고 물은 적이 있다. 영애는 부정했다. 그 순간 어머니에게 말하면 안 되겠다는 생각이 들었고 어머니가 자기 편이 돼주기보다는 야단칠 것 같았기 때문이다. 그렇지만 영애는 어머니가 피해 사실을 알고 있었다고 생각한다. 가해자는 어머니가 정신과 약을 먹고 깊이 잠든 시간을 가해 시간으로 활용했다. 그렇지만 몇 년 동안 매일 아침 반복된 가해자의 성적 요구와 여기에 관련된 영애의 대화를 모르기는 어려웠을 것이다. 어쩌면 공공연한 비밀이었을지도 모를 성폭력을 가족 모두 모른 척하고 말하지 않은 이유가 무엇인지 영애는 아직도 답을 찾고 있다.

어머니의 소극적인 대처는 영애가 가해자를 고소하고 가해자가 실형을 받는 과정에서도 드러났다. 어머니는 가해자의 선처를 바라는 탄원서를 썼고, 가해자를 피해 영애하고 함께 집을 나와놓고 영애 몰래 가해자를 만나러 가기도 했다. 자식보다 남편이 필요하다고 말하는 어머니에게 영애는 서운함보다는 연민의 감정을 가졌다. 가해자 또한 부부 사이의 이런 애정과 의리를 비슷하게 표현했다. 질병으로 가석방된 가해자가 영애를 찾아와 가장 먼저 한 요구는 어머니를 만나게 해달라는 것이었다. 자기를 고소한 영애를 원망하거나 아내를 채근하지 않고 암에 걸려 얼마 남지 않은 여생을 아내하고 함께 보내고 싶다는 간절한 소망을 표현했다. 영애는 어머니가 가해자하고 살러 갈지도 모른다는 생각에 불안하면서도 어머니의 선택을 존중해야 하지 않을까 고민했다. 그렇지만 결국 어머니는 가해자의 곁으로 가지 않았다.

늘 가장 가까운 곳에 있었지만 정작 기댈 존재가 돼주지 못한 어머니를 향한 감정은 영애에게는 풀기 어려운 숙제다. 영애가 어머니의 보살핌을 절실히 바라던 시기를 지나, 이제 어머니가 영애의 보살핌을 바라는 시기를 맞고 있다. 영애는 어머니를 경제적으로 부양해야 하고 정서적으로 책임져야 한다. 가해자는 영애뿐 아니라 딸의 성폭력 피해를 인지하고 제재해야 하는 보호자인 어머니도 무력하게 만들었다. 가해자가 오랜 시간 공들여 쳐놓은 덫이다.

'삶의 멘토'를 가장한 그릇된 교육자

가해자는 영애에게 존재감이 큰 사람이었다. 자기 생각을 나눌 사람도 의견을 물을 사람도 딱히 없는 영애에게 가해자는 아버지로서 커다란 영향력을 행사했다. 사람에게 의지하고 싶고 자기 판단에 확신이 없던 어린 영애는 작은 일부터 큰일까지 늘 가해자하고 의논하고 허락을 받으면서 일상을 유지했다.

예를 들면 제가 누군가한테 의지를 많이 하거든요. 뭔가 의견을 물어볼 때도 이게 잘하고 있는 건지 못하고 있는 건지 판단이 잘 안 서요. 어려서 그런 건지는 몰라도. 그래서 자꾸 물어봤어요. 이런 것들에 대해서. 그건 이렇게 해야 돼. 이런 뭐. 자기가 오래 살았으니까 뭐 교훈 같은 거나 막 그런 거 말해주면서……. 뭐 지금 생각해보면 별거 아니었는데 그때 당시에는 '아, 이 사람 정말 대단한 사람이구나. 내가 정말 믿어도 되는 사람이겠구나'라고 생각이 들었던 거 같아요. 그래서 이 사람한테 뭐든 다 얘기해도 되겠다는 생각까지 들었던 거 같아요.

인터뷰를 하는 동안 영애는 가해자가 들려준 많은 '말'들에 관해 이야기했다. 젊은 시절 노동조합 지부장을 지낸 가해자는 나이가 들어서 다시 출마를 준비할 정도로 남들 앞에 나서기를 좋아하고 권력을 향한 열망이 있는 사람이었다. 특히 아침에 눈을 뜨면 시작하는 덕담을 가장 한 훈계는 지금도 영애의 기억 속에 생생히 살아 있다. 가해자는 매일 아침 영애의 머리맡에 앉아 이런저런 이야기를 많이 했다. 그중에서도 주로 영애가 부족한 점은 무엇인지, 부족한 부분을 채우기 위해 무엇을 노력해야 하는지, 이 각박한 세상에서 사람들은 어떻게 노력하며 살아가고 있는지 이야기했다. 가해자의 기준에서 가난하고 학력도 좋지 않은 영애는 이미 출발선에서 훨씬 뒤처진 사람이었다. 그래서 영애는 더 많이 공부하고, 노력하고, 자기를 채찍질해 앞으로 나아가야 했다. 영애에게는 친구하고 수다 떨 시간도, 연인하고 데이트할 시간도, 앞날을 고민하며 방황하고 여행을 떠날 시간도 허락되지 않았다. 지금도 그때를 생각하면 짜증이 나고 눈물이 흐른다. 어떤 사람이 가해자처럼 자기를 꾸짖으면 그 순간이 가장 먼저 떠오른다.

가장 힘든 것은 가해자의 억지스런 말 자체가 아니었다. 가해자의 목소리가 듣기 싫고 그 말의 알맹이들도 싫었지만, 더 중요한 사실은 그 말들을 곱씹어보면 버릴 게 하나도 없었다는 점이다. 영애는 성인이 된 뒤에도 가해자가 한 이야기를 되새겨 싸이월드에 올리면서 멋진 인생을 다짐하기도 했다. 적어도 가해자가 말한 대로 인생을 돌아보고, 반성하며, 노력하면 지금보다는 나은 삶을 살 수 있다는 확신을 갖고 있었다.

그니까 좋은 말 뒤에는 항상 뭔가가 따라도, 아 그래도 좋은 말 해주니까. 그래도 어른이니까, 조금 한 번 더 살아봤으니까 더 잘 알겠지. 그런 생각이었던 거 같아요. 항상 그런 게 있었어요. 뭔가 그 사람은 뭔가. 택시 그쪽에서도 뭔가 조합장 같은 게 되고 싶었고, 높은 자리에 항상 오르고 싶었지만 못 오르는 사람이었어요.

'말'의 힘은 가해자가 적극적인 폭력을 행사하지 않아도 영애 스스로 알아서 순응하게 했다. 가해자는 성폭력 말고도 영애의 시간과 공간을 통제하며 강하게 집착하는 정서적 폭력을 행사했다. 영애는 대학생이 됐지만 6시 이전에 집에 들어와야 했고, 이성 친구하고는 차를 마시거나 떡볶이를 먹을 수도 없었다. 이성인 대학 동기하고 과제에 관련된 일상적인 통화를 할 때도 가해자는 영애의 전화기를 부수며 화를 냈다. 친구하고 산책을 하던 어느 날 갑자기 가해자가 차에서 튀어나와 친구를 때린 일도 있어 영애의 대인 관계는 위축될 수밖에 없었다. 영애는 가해자의 이런 행동에 화가 났지만, 집에 와 생각하면 이렇게 허비할 시간이 없는 것 같았다. 공부를 하거나 돈을 벌거나 뭔가 생산적인 활동을 하지 않는 자기를 더욱 자책해야 했다.

영애는 가해자가 자기를 비난하고 질책하는 '말'을 폭력이 아니라 교육으로 생각했다. 오랜 시간 가해자가 공들여 쌓은 권력과 권위가 바탕이 됐다. 가해자가 한 짓은 교육을 가장한 폭력이었지만 어린 영애에게 가해자는 '삶의 멘토'처럼 존경의 대상이었다.

언제나 유료인 '거래' 관계

가해자는 주고받는 것이 정확한 사람이었다. 아버지라는 이유로, 보살핌을 주는 양육자로서 물질적 지원과 정서적 지원을 거저 제공하지 않았다. 일방적이고 강제적인 방식으로 성폭력을 행사하지 않고 마치 영애에게 선택권을 주는 척하면서 책임에서 빠져나가려 했다. 이런 논리는 자기를 성폭력에 적극 공모한 사람이라고 자책하는 영애의 태도에 연결된다. 이렇게 가해자가 피해자에게 죄책감을 심어주는 것은 친족 성폭력의 중요한 특징 중 하나다. 가해자는 '거래'에 관련된 피해자의 죄책감을 가해의 도구로 이용한다. 영애의 사례에서도 회유와 협박이 가해의 중요한 기제였다.

영애는 세상이 궁금하고, 하고 싶은 일도 많고, 아쉬운 것도 많은 10대 청소녀였다. 부모의 애정과 보살핌이 필요한 나이였고, 학교생활을 하려면 보호자가 있어야 했다. 이런 영애의 절박한 상황과 심정을 가해자는 누구보다 잘 이해하고 파악하고 있었다. 영애는 예쁜 옷이 갖고 싶었다. 친구들하고 나들이도 가고 싶고 맛난 것도 먹고 싶었다. 가끔 학교에 가기 싫은 날도 있었다. 영애는 가해자의 돈과 권위가 필요했다. 가해자는 영애에게 성폭력을 제안하고 횟수도 정했다. 영애는 가해자가 허락해야 집을 나갈 수 있었고, 가해자가 돈을 줘야 옷을 살 수 있었으며, 가해자가 담임에게 전화를 해줘야 학교에 안 갈 수 있었다. 이런 상황에서 영애는 자기의 의지와 판단 아래 성폭력을 허락하고 횟수를 조절했다. 이렇게 가해자는 면죄부를 받았다. 영애도 "내가 싫다고 거절하지 않았잖아요. 내가 가만히 있었잖아요. 그러니까 그 사람이 그렇게(성관계를 좋아한다고) 생각할 수도 있었던 거죠"라고 이야기한다.

진짜 십 몇 년을 같이 살다 보면……아예 정말 미운 사람도 그런 짓을 한 사람도 무덤덤해지는 거 같아요. 주고받는 게 너무 자연스러워지고. 그랬었던 거 같아요. 저도 제가 왜 그런 선택을 했는지 모르겠지만……어쨌든 저는 그런 줄 알았어요, 제 자신이. '아, 나는 진짜 속물이다'라는, 그런 생각까지 했었어요.

영애의 자책감은 언니를 통해서도 확인된다. 영애의 언니도 비슷한 성폭력 피해를 입었다. 가해자는 한 집에 사는 두 자매 사이에 경쟁 구도를 만들고, 애정과 돈을 저울질하며 자매가 자율적으로 자기에게 순응하게 만들었다. 20대가 된 언니가 성폭력을 인지하고 고소를 고민하는 과정에서 두 사람은 피해 사실을 확인하게 됐다. 이때까지 영애는 언니와 가해자의 애정 어린 관계를 지켜보며 언니를 향한 열등감과 부러움을 같이 키웠다. 영애가 보기에 언니는 영애가 갖지 못하거나 노력해야만 가질 수 있는 것들을 가해자를 통해 손쉽게 얻는 듯했다. 영애는 언니처럼 가해자하고 친해지고 싶었고, 그러면 자기가 바라는 것들을 쉽게 얻을 수 있다고 생각했다.

영애는 열림터에서 여성주의를 알게 됐고, 성폭력 피해 경험도 여성주의적으로 해석할 수 있게 됐다. 여성주의적으로 학습된 생각은 "성폭력은 네 잘못이 아니야"라고 말하고 있다. 그렇지만 여전히 자기가 성폭력 피해를 적극적으로 제지하지 않은 '공모자'라는 생각을 떨치기 어렵다.

언제나 거래이던 관계는 성폭력 피해가 끝난 뒤에도 영애의 삶에 계속 영향을 미쳤다. 영애는 대인 관계에서 뭔가 돈으로 환산되지 않고 각자의 기여가 분명하지 않을 때 혼란을 겪었다. 대가 없는 관계나 조건 없는 관계를 경험하지 못한 영애는 친밀한 관계의 진정성을 의심했고, 결국 가해자의 영향 아래 살고 있는 자신을 보게 된다.

아버지에게서 듣고 싶던 이야기

가해자가 얼마 전 세상을 떠났다는 이야기를 영애는 아무 감정을 담지 않고, 무척이나 담담하게 이야기했다. 자기를 오랜 시간 괴롭힌 가해자, 오랫동안 일상을 같이한 양육자인 가해자의 죽음을 표현하는 데 어려움을 느끼는 듯도 했다. 영애는 큰어머니를 통해 그 소식을 들었다. 어머니가 장례식에 다녀왔는지는 알 수 없고, 장례식이 어떻게 진행됐는지도 모른다. 더 중요한 것은 영애가 가해자의 죽음을 사실로 받아들여야 하는지 혼란스러워 한다는 점이다. 영애에게 가해자는 일상을 좌지우지할 정도는 아니어도 예고 없이 일상에 침범하지 않을까 하는 불안감을 주는 존재였다. 제대로 사실을 확인하면 이런 불안감을 덜 수 있을 것이다. 그렇지만 영애는 아무런 시도도 하지 않았다.

그 이유를 묻자 영애는 대답했다. "그니까 딱 그 이야기(가해자의 사망)를 들었을 때, 뭐부터 찾아야 하지? 나 혼자 할 수 있을까라는 생각? 저는 (가해자의 사망을 확인하는 일이) 시도하고 싶지 않은 일 중에 하나네요." 이 말을 들으며 나는 영애가 여전히 가해자에 관련된 일을 제대로 직면하지 못하고 있다고 생각했다. 영애에게 아버지는 여전히 큰 산이다. 산에서 멀찍이 떨어진 곳에 서 있지만 그 산등성이 아래 자리 잡은 나무처럼 그 산의 기운에서 완전히 벗어나지는 못했다. 영애는 가해자에게 이런 말을 하고 싶다. "다음 생에는 되게 잘 살았으면 좋겠어요. 제발 잘 살아달라고……." 그리고 가해자에게 이런 말을 듣고 싶다. "음……
당연히 그거는 칭찬이라든가, 부정적이지 않은 말이겠죠?" 영애는 가해
자가 다그치지 말고, 그냥 잔잔한 목소리로 그렇게 좀 얘기해주면 좋겠
다고 말했다. 진심과 절박함이 내 마음에 와 닿았다.

몸을 만지는 추행과 성기를 삽입하는 강간보다, 자기의 존재 자체를
향한 가해자의 부정과 공격이 영애에게 더 큰 상처로 남아 있다는 사실
을 짐작할 수 있었다. 영애는 가해자의 진심 어린 칭찬과 인정이 받고 싶
었을 것이다. 자기가 가해자의 성적 요구를 들어주지 않아도 존재 자체
로 예쁜 존재라는 사실을 인정받고 싶었을 것이다. 가해자는 죽음을 맞
을 때까지 영애에게 사과하지 않았다. 영애를 피해자로 생각하지도 않았
다. 어쩌면 이제 가해자와 자기의 관계에서 성폭력을 언급하는 일이 의
미가 없다고 영애는 생각하는지도 모르겠다. 더는 피해를 인정받기 위해
설득할 사람도, 설명할 상황도 존재하지 않기 때문이다. 그래서 이제는
성폭력 피해나 가해자라는 사실을 떠나 부녀 관계에서 오갈 바람과 요
구를 조심스럽게 내비칠 수 있는 것인지도 모르겠다.

일상에서 계속되는 치유의 시간

영애의 가해자는 평범한 가장의 얼굴을 한, '괴물'이 아닌 가해자의
전형이다. 가해자는 가장의 권위를 획득하고, 이 권위를 통해 가정 내부
의 약자들이 스스로 복종하게 만들었다. 일방적이고 무자비한 폭력으로
성폭력 가해를 하는 것보다 더 전략적이고 치밀하다. 이런 경우 피해자

는 가해자의 사랑과 폭력을 둘러싸고 더 큰 혼란과 양가감정을 경험하게 되고, 더 큰 자책감을 갖게 된다. 영애 또한 자책감으로 여전히 혼란스러워하고 있다.

영애가 가해자를 향해 가진 감정을 읽어내기 어려웠다. 영애가 감정을 적극적으로 방어하고 은폐해서 그런 게 아니라 자기의 감정을 잘 알지 못하고 표현하지 못하기 때문이었다. 몇 년 동안 피해가 이어지면서 영애는 자기의 감정과 생각이 아니라 가해자가 말하고 통제하는 대로 가해자를 경험했다. 그래서 가해자가 사망한 지금 아무런 지시나 통제가 없는 상황에서 가해자와 자기의 관계를 어떻게 정리하고 해석해야 할지 몰라 헤매고 있다. 영애는 이제야 비로소 가해자를 직면할 준비를 시작하고 있다. 자기와 가해자가 어떤 관계였는지, 성폭력 피해가 무슨 경험인지 이제 서서히 알아갈 것이다.

영애는 자기가 절반 정도 치유됐다고 했다. 나머지 절반의 치유 작업이 마무리되면 가해자를, 가해자에 관련된 일상을 더 자연스럽게 표현할 수 있을 것이라고 생각한다. 지금 공부하고 있는 상담, 이런 식의 인터뷰, 성폭력에 관해 얘기할 수 있는 사람들을 만나 나누는 대화를 통해 치유 작업이 진행될 것이라고 이야기한다. 더디더라도 영애가 멈추지 않기를 바란다.

이제는……
그리운 아빠

✚ 수아 이야기

수아는 28세의 전업주부다. 첫째 아이가 갓 돌을 지났고, 둘째 아이 출산을 앞두고 있다. 수아의 어머니는 수아가 열 살이 되기 전에 병으로 세상을 떠났고, 수아는 가해자인 아버지, 7살 터울의 언니하고 함께 살았다. 가해자는 선원이어서 가끔씩 집에 들렀으며, 주로 수아의 언니를 성추행했다. 언니는 가해자가 동생까지 성추행한 사실을 알고 바로 형사 고소했으며, 가해자는 실형 3년을 살았다. 수아가 먼저 결혼하고 2년 전에 언니가 결혼했는데, 언니 결혼 식 다음날 가해자가 배에서 사고를 당해 세상을 떠났다.

열림터 활동가로 일할 때 수아를 처음 만났다. 수아는 그때 중학생이었다. 수아 언니가 열림터에서 생활하고 수아는 지역에서 공부방 선생님하고 살고 있어서, 방학 때만 열림터에 와 프로그램에 참여했다. 그 뒤 고등학교를 서울로 오면서 수아도 열림터에서 생활하게 됐다. 수아는 열림터에서 아주 모범적인 생활인으로 보이면서도 나름의 일탈을 즐기는 반전 있는 사람이었다. 퇴소 뒤 우리는 이따금 연락을 했고, 수아가 결혼한 뒤에는 직접 만난 적은 없다. 오랜만에 만난 수아는 둘째 아이를 임신하고 있었다. 만나자마자 첫 아이를 출산 때 겪은 우여곡절, 시집의 횡포 등 결혼 생활의 어려움, 둘째를 임신한 지금 상황을 시시콜콜 이야기했다. 성폭력 피해와 가해자 이야기가 지금의 수아에게는 큰 관심사가 아닌 것 같았다. 그렇지만 이야기를 하면서 수아가 결혼, 출산, 육아라는 인생의 과업과 '아버지의 죽음'을 치러내면서 그 어느 때보다 가해자에 관련된 다양한 감정들을 되새김하고 있다는 사실을 알 수 있었다. 수아가 경험한 감정의 곡선들을 따라가보자.

평생의 외로움을 폭력으로 표현한 사람

수아는 가해자를 말할 때 '외로웠을 사람', '외로웠던 사람', '외로울 사람'처럼 '외로움'이라는 단어를 자주 쓴다. 그렇게 수아는 가해자를 안쓰럽게 또는 측은하게 바라봤다. 수아가 가해자를 파악하는 핵심어인 외로움은 특히 어머니에 관련해 아버지를 바라볼 때 더 커 보였다. 수아의 부모님은 동네 사람의 중매로 만나 특별한 결혼식 없이 함께 살았다. 그런데 수아의 어머니는 간질과 정신 질환으로 매일 약을 달고 살아야 하는 처지였다. 어머니는 그런 사실을 숨겼고, 가해자는 방을 얻어 살기 시작한 뒤에야 어머니에게 지병이 있다는 사실을 알았다. 그렇지만 뒤

늦게 관계를 정리하기는 어려웠고, 그렇게 어쩔 수 없이 서로 부부가 됐다. 수아의 어머니는 자기 몸 하나 건사하기도 어려운 처지였다. 늘 누워만 있는 어머니를 대신해 가해자는 배를 타며 돈을 벌었고, 아이들을 키워야 했다. 수아는 가해자를 아주 살뜰하지는 않지만 "엄마보다 훨씬 더 깔끔하고, 요리도 잘하고, 청소도 잘하는" 사람으로 기억한다.

가해자는 수아가 열 살이 되는 무렵부터 배를 탔다. 집안에 배를 타거나 조선업에 관련된 일을 하는 사람은 없었다. 학력이 전혀 없는 가해자가 가까스로 찾은 직업이 배 타는 일이라고 수아는 추측하고 있다. 수아는 가해자 주변에는 사람이 없었다고 기억한다. 함께 밥을 먹는 사람도, 술을 마시는 사람도, 여가를 보내는 사람도 없었다. 다만 짧게는 일주일, 길게는 한 달씩 배를 탔고, 돌아와서는 가정주부 구실을 하면서 혼자 술을 마셨다.

수아는 가해자가 술을 마시는 그 순간이 너무 무섭고 두려웠다. 가해자는 술 마실 때하고 마시지 않을 때 아주 다른 사람이 됐다. 수아가 '괴물'로 표현할 정도였다. 가해자는 술을 마시면 포악해져서 물건을 집어던지고 어머니에게 폭력을 휘두르기도 했다. 가끔 수아와 언니를 때렸고, 자기의 억울함을 한처럼 풀어냈다. 어릴 때 수아는 가해자가 너무 무서워서 맞고만 있었다. 그렇지만 시간이 흐르면서 나름대로 가해자의 폭력에 대처하는 방법을 찾았다. 집 안의 구석에 숨기도 했고 폭력이 끝나는 시간을 기다렸다가 가해자가 잠들면 집에 들어갔다. 가해자는 술이 깨면 다정하고 좋은 아버지로 돌아왔고, 미안하다고 사과했다. 수아는 진심으로 느껴져서 기꺼이 사과를 받아들였다. 그렇게 가해자는 수아에게 보살핌과 폭력을 번갈아 안겨줬고, 수아는 가끔 있는 단비 같은 보살핌과 애정을 따뜻한 기억으로 간직하고 있다.

수아는 가해자의 폭력이 심각하지 않은 것처럼 이야기하지만, 사실은 매우 심각한 폭력에 시달렸다. 수아가 자기를 적극 방어할 수 없는 나이였고, 폭력의 공포 또한 가해자의 사과로 바로 사라질 수 있는 정도가 아니었다. 수아는 아픈 어머니에게 보살핌을 기대할 수 없었기 때문에 가해자가 그나마 보호자 구실을 해주기를 기대할 수밖에 없었다. 애초에 기대가 낮은 만큼 가해자가 하는 최소한의 아버지 구실을 지나치게 높이 평가하고, 그만큼 가해자에게 관대할 수 있었던 것 같다.

아버지보다 힘든 언니

가해자가 죽은 뒤 수아의 유일한 혈육은 언니다. 어린 시절부터 지금까지 온갖 인생의 우여곡절을 함께한 사람이다. 그렇지만 수아는 언니 이야기를 할 때면 늘 한숨을 쉰다. 수아는 언니를 "사회성 없고, 술 좋아하고, 지저분하고, 게으르고, 본인 말만 하고, 내 얘기는 들어주지 않고, 오롯이 내게 의지하는 버거운 사람"으로 표현한다.

수아는 언니가 초등학교 때부터 성폭력 피해를 입었다고 기억한다. 정확한 시기는 기억 못 하지만 장면은 또렷이 떠오른다. 가해자는 언니에게 만져달라고 조르는 일이 많았고, 언니는 그런 요구에 따랐다. 언니는 성격이 드세고 할 말은 하는 성격이어서 "그렇게 하고 싶으면 여자를 사서 하라"고 화를 내기도 했다. 가해자는 돈이 아깝다는 이유 등을 들어 언니에게 계속 성적 행동을 요구했고, 실랑이는 일상이 됐다. 언니는 수아라도 성폭력 피해를 경험하지 않게 하려고 적극적으로 경계하고 지켜줬다. 그렇지만 언니가 없는 잠깐을 틈 타 가해자가 수아를 성추행한 어느 날, 언니가 쳐온 방어막이 무너진 그날, 언니는 망설임 없이 가해자를 형사 고소했다. 가해자는 3년의 실형을 받았다.

수아는 무서운 아버지가 없어지고 나면 일상의 평화가 찾아올 것이라고 기대했다. 그리고 언니를 의지해서 알콩달콩 살아갈 수 있다고 생각했다. 그렇지만 가해자가 사라진 폭력과 억압의 빈자리는 언니가 메웠다.

그때도 언니가……너무……뭐라고 해야 할까……. 어머니 돌아가시고 나서 친구도 만나고, 다 나쁜 친구들 만나고, 술 먹고, 담배 피고, 이래 가지고……. 그니까 자기가 자기를 그렇게 만들었어요. 자기가 자기를. 자기가 마음을 딱 잡아야 되는데, 학교도 안 나가고 자퇴해 가지고, 그 나중에 돼 가지고 1년 꿇어 가지고 어떻게 야간 고등학교 그 희한한 데 들어가 가지고, 거기도 근근이 졸업해 가지고, 돈도 안 벌고, 막. 몸은 몸대로 뒤룩뒤룩 살만 찌도록 해서 살고, 막. 지가 지를 그렇게 만들었지. 맨날 지대로 밤새도록 술 먹고. 내만 때리고 괴롭히고. 밥해달라, 밥해라. 방 청소해라. 내만 구박하고 살았으니까. 굳이 나는……아빠한테 맞고 산 것도 있지만, 그래도 아빠랑 산 것보다 언니랑 사는 게 더 힘들었어요.

그러던 어느 날 언니는 의논도 없이 수아를 동네 공부방 선생님에게 맡기고 서울로 사라졌다. 수아는 그런 상황이 힘들었지만, 나이 어린 언니도 어쩔 수 없어 그런 것이라고 생각하며 이해했다. 자립할 기반이 없는 언니가 공부하고 돈을 벌어 언젠가는 자기를 데리러 올 것이라고 생각하고 믿고 기다렸다. 그렇지만 언니는 얼마 뒤 다른 친구들하고 지낼 곳을 마련했고, 수아는 열림터에서 살게 했다. 열림터에 있는 동안 수아는 언니를 눈 빠지게 기다리는 날이 많았다. 언니는 일주일에 한 번 정도 열림터에 들러 동생을 보고 갔고, 가끔 팬티 같은 생필품을 챙겨주기도 했다. 그렇지만 시간이 갈수록 뜸해졌다. 수아는 언니가 자기를 데리러 오리라는 믿음이 점점 현실이 될 수 없다는 사실을 알아갔다. 동생을 책임져야 할 언니는 무능했고, 그럴 마음도 없어 보였다.

동생 수아에게 이제 언니는 자기를 버린 배신자였다. 자기를 성폭력 피해에서 구해준 고마운 사람이 아니라 살 집을 잃어버리게 만든 장본인이고, 부족하더라도 최소한의 보살핌은 받을 수 있는 아버지를 없애버린 사람이었다. 성폭력 피해자에게 필요한 치유와 회복보다 의식주 문제가 수아의 최우선 과제가 됐다. 수아의 열림터 입소는 자발적 선택이 아니었다. 갑작스레 보호자가 사라진 미성년자인 수아가 떠밀리듯 들어온 곳이 열림터였다. 그리고 그 순간부터 분노의 대상은 가해자가 아니라 언니로 바뀌었다.

7년의 유예 기간, 그리고 함께 살기

수아는 가해자가 구속된 뒤 다시 만날 때까지 7년의 시간을 치유의 시간이라고 이야기한다. 불안정하고 힘든 시기였지만 그만큼 값졌다는 뜻이다. 언니는 동생을 공부방 선생님에게 맡겼고, 동생은 불편한 동거를 끝내고 열림터에 올 수밖에 없었다. 열림터에서도 적응이 힘들어 기숙사를 선택해야 했다. 어느 공간도 수아에게 안정감을 주지 못했다. 수아가 거친 곳들은 의식주를 해결해주는 공간이었지만 언젠가는 떠나야 했고, 원하는 만큼 살 수도 없었다. 이 공간을 떠나면 다음에 살 공간은 기약이 없었다. 이런 불안함 때문에 수아는 어느 곳에도 마음을 붙일 수 없었다.

남이 아닌 사람하고 살고 싶었다고 수아는 말한다. 노력하고 애써야 하는 남이 아니라, 느슨한 규칙과 규율 속에서 여유가 허락되는 혈육하고 살고 싶었다고 말한다. 주거 문제를 둘러싼 불안이 커질수록 가해자를 향한 그리움도 커져갔다. 그리고 거짓말처럼 가해자가 연락을 해왔다. 수아는 "내가 자식이니까 아빠가 언젠가는 찾지 않을까 하는 막연한 기대를 늘 품고 살았다." 그러면서도 "아빠를 보고 싶어하면 내가 이상한 사람이 아닐까?"라는 생각도 들었다. 그렇지만 수아는 가해자가 그립고 가해자하고 함께 살고 싶은 자기 마음과 현실을 받아들였다. 7년 만에 만난 가해자는 많이 늙고 수척했다. 다시 만난 날 가해자는 수아를 안으며 미안하다고 사과했고, 수아를 위해 방을 마련하고, 가구를 사고, 저녁을 차렸다. 그렇게 가해자와 수아의 동거는 다시 시작됐다.

애틋한 마음으로 시작한 동거는 기대처럼 달콤하지 않았다. 가해자는 7년 전 그때하고 똑같았다. 여전히 술을 마시면 폭력을 휘둘렀고, 술을 깨면 아버지 노릇을 잘하려 하는 다정하고 마음 넓은 아버지였다. 술을 마시면 자기를 여자로 보고 성희롱을 일삼는 사람이었지만, 술을 깨면 단칸방에서 단 둘이 있는 게 딸에게 불편할까봐 터덜터덜 여관방으로 자러 가는 사려 깊은 아버지였다.

한 공간에 같이는 (아빠랑) 자지를 못하겠는 거에요. 무서워서. 근데 이제 아빠가 오며는 같이 밥을 먹고 이렇게 하는데도……. 아빠가 술을 못 끊었어. 알코올 중독자가 맞는 거 같은데, 내가 봐도, 술을 못 끊으니까, 다른 때는 또 영락없이 잘 해주는데 술만 먹으면 사람이 이제 도는 거에요. 그러면서 내가 조금만 뭐……내가 하고 싶은 말을 하는데도, 얘기를 하는데도, 아빠는 그게 대드는 거로 보이니까. 그래서 막 때리고. 쓰레기통 던지고 막. 그러다가 결국 집 나와버리고. 그래서 또 하루 이틀 이따가……한 하루 정도 있다가 들어갔지. 아빠 잘 때. 새벽에 이럴 때 들어갔고. 또 아빠는, 또 그 다음 날 일어나면 술 깨면 잘못했다고, 미안했다고. 이게 계속돼요.

수아는 예전에는 이 괴물 같은 이중인격의 가해자를 이해할 수 없었다. 그렇지만 이제 더는 물러설 곳이 없었다. 자기 가구가 있는 이 공간에서 한 발짝도 움직일 마음이 없었다. 수아는 가해자에게 맞섰다. 이제 늙고 작아진 가해자에 맞서 자기를 방어하고 때로는 가해자를 공격하면서 자기를 보호할 수 있다는 자신감을 쌓아갔다.

수아는 이런 방어력이 가해자하고 떨어져 있던 7년의 시간 속에서 나온 힘이라고 강조했다. 가해자를 계속 마주하고 살았다면 불안과 공포에서 한 발짝도 움직일 수 없었을 것이라고 생각한다. 또한 7년이 흘러 다시 가해자하고 살지 않았다면 자기 내부의 이런 치유력을 확인할 수 없었을 것이라고 생각한다.

수아는 이제 더는 살 집을 걱정하지 않고 불안해하지도 않는다. 자기가 가해자를 이 집에서 쫓아낼 수는 있어도 자기가 나가야 한다고 생각하지는 않는다. 수아는 자기와 가해자의 갈등, 그리고 이 갈등을 해결해야 하는 직접적이고 현실적인 문제를 마주한다. 여전히 술만 마시면 딴 사람이 되는 가해자를 어느 날은 구슬리고 훈계한다. 바뀌지 않을 사람이지만 그래도 더 나빠지지 않게 가해자를 지지하고 돕는다. 그리고 이제 불쌍해진, 아무 낙 없이 평생을 살아온 가해자의 곁을 자기라도 지켜주고 싶다는 생각을 한다. "내가 버리지 않으면 절대 나를 떠나지 않을" 그런 사람이기 때문이다.

> 그래도……아빠가 이렇게 빨리 죽을 줄은 몰랐으니까. 근데 지금 생각해보면, 그때라도 그렇게라도 같이 있었던 게 아빠한테는 그래도 그나마 힘이라도 되지 않았을까. 마지막 가는 날까지라도. 옆에 사람이 있는 거랑 없는 거랑 또 천지 차이일 거 아니에요. 그니까. 더 도움이라도 되지 않았을까 하는 그런 거. 지금 생각해보면 (아빠와 같이 살기를) 잘했던 거 같아요.

수아가 가해자하고 동거를 하기로 결심하고 중단되지 않는 폭력을 감수하면서 한 공간에 거주한 이유는 가해자가 가진 최소한의 경제력이 절실히 필요했기 때문이다. 가해자하고 화해하지 않았다고 해도 안정된 주거만 확보할 수 있다면 동거는 할 수 있는 일이었다. 이렇게 피해자와 가해자의 관계가 흔히 생각하듯이 '치유-용서나 화해-관계 회복'의 순서를 따르지는 않는다. 피해자는 현실적인 여러 필요에 따라 가해자와 새롭게 관계를 맺으려 시도하게 되고, 그 과정에서 가해자를 향한 감정이 바뀌기도 한다. 이렇듯 어쩔 수 없는 현실 탓에 감행한 선택은 가해자에 관한 감정에 영향을 주고, 또한 피해자가 가해자에게 가지는 감정은 현실적 선택에 영향을 준다.

죽음, 그리고 절실해진 삶의 쉼표

수아는 가해자하고 3년 동안 같이 살다 지금 사는 남편을 만나 결혼한다. 가해자는 수아의 남편에게 참으로 살뜰하게 대했고, 사위는 장인의 애정에 화답했다. 그 뒤 2년의 시간이 흘렀고 언니도 결혼을 했다. 그리고 언니 결혼식 다음 날, 거짓말처럼 가해자가 배에서 죽었다. 실족이었다. 그렇지만 수아는 자책했다. "아빠가 언니가 결혼한 날 구슬프게 참 많이도 울었는데, 그래서 그날 하루만이라도 같이 자고 왔어야 했는데, 하도 집에 가라고 해서 어쩔 수 없이 집에 왔는데, 그래도 그 말을 들으면 안됐었는데……." 어쩌면 가해자가 혼자 남은 외로움을 감당하기 힘들어서 자살한 게 아닐까 하는 생각까지 했다.

수아는 의연하게 가해자의 죽음 이후를 처리했다. 회사를 상대로 보상금 문제를 해결하고, 집보다 많이 생활한 배에 들러 가해자가 남긴 삶의 흔적을 정리했다. 평생 처음 가본 아버지의 직장에서 느낀 놀라움과 안타까움에 수아는 한동안 아무것도 할 수 없었다. 사람이 살 수 없는 비좁은 공간에서 밥을 먹고, 잠을 자고, 일을 했다는 사실을 믿을 수 없었다. 어른 한 명이 제대로 누울 수도 없는 공간, 냉장고 하나 없는 배에서 수십 일을 견디며, 그 와중에도 곳곳에 꼬깃꼬깃 돈을 모아놓은 궁상맞은 꼴을 보고 수아는 주저앉고 말았다. 한동안 넋을 놓고 살았다고 한다. 자기가 누린 조그만 경제적 혜택이 이런 곳에서 일하는 가해자를 착취한 결과인 것만 같은 자책이 들어 힘들었다고 한다.

가해자가 세상을 떠나고 얼마 뒤 거짓말처럼 수아는 임신을 했다. 수아는 아이를 "아버지가 준 선물"이라고 말한다. 결혼을 하고 아이가 생기지 않아 마음고생이 심했다. 결혼하자마자 남편과 시집에서 아이를 바라자 수아는 큰 스트레스를 받았다. 뚜렷한 이유 없이 임신이 되지 않았고, 불임 치료까지 받았지만 기다리던 아이는 생기지 않았다. 평생 아이를 가질 수 없을지도 모른다는 불안함이 절정에 다다르던 그때, 아이가 생겼다. 수아는 그토록 손주를 바란 가해자에게 아이를 빨리 안겨주지 못한 일을 평생의 한으로 갖고 있다. "그때 무슨 수를 써서라도 아빠한테 손주를 안겨줬어야 했는데, 그러면 정말 예뻐하고 좋아하셨을 텐데……."

지금은 이제 애도 낳았고. 임신까지 했고……. 이러니까. 더 내게 힘이 되고 더 지지해주지 않았을까, 이런 거 있잖아요. 내가 뭐 먹고 싶다 이러면 막 만들어주고 막 사주고, 이런 거 있잖아요. 옛날 이런 모습보다는. 술도, 내가 애 데리고 집에 가거나 임신 해가지고 집에 가면은, 술도 좀 안 먹을 거같고. 막 이런 거 있잖아요. 손주 본다고. 그런 게 눈에 자꾸 그냥……아른아른하나……그래요. 막 손주 자랑도 하고, 그런 거 있잖아요. 막 눈에 보여주고 막. 이러면 좀 할아버지가 달라지는 않을까. 이런 거. (웃음)

가까스로 아이를 가진 수아는 출산과 양육을 하다가 가해자의 부재를 느끼면서 더욱 가해자를 그리워하게 된다. 수아는 첫째 아이를 낳기 전에 낙태를 했다. 아이를 임신하고 얼마 되지 않아 태아에게 문제가 있다는 사실을 알았다. 가족 병력을 확인하던 중 수아는 대수롭지 않게 어머니에게 간질이 있었다는 이야기를 한다. 남편은 전혀 예상하지 못한 반응을 보였다. 장모의 병력과 아이에게 생긴 문제는 직접적인 관련이 없었지만 남편은 모든 책임을 수아에게 돌렸다. 수아의 가족을 불신하며 지난 일을 캐물었다. 남편은 믿고 따르던 장인을 무례하게 대하며 명절에도 처가에 가지 않았고, 장인이 건 전화도 받지 않았다. 수아는 "아빠는 아무 잘못도 없는데, 아빠는 엄마가 아픈지도 모르고 결혼했는데, 애가 아픈 게 아빠 때문도 아닌데" 이런 대우를 받는 가해자를 지켜보는 일이 가슴 아팠다. 그 뒤 수아는 남편과 가해자의 권유로 낙태를 결정했다. 수아는 남편하고 더는 살지 않아도 상관없다는 마음으로 성폭력 피해 사실도 이야기했다. 그리고 이렇게 통보했다. "아빠가 나한테 그런 일을 하고 감옥까지 갔다 왔지만, 아빠한테 지금처럼 똑같이 대해줬으면 좋겠어. 모른 척 해줬으면 좋겠어."

그 뒤 수아는 건강한 아이를 낳았고, 다행히 아이는 돌이 될 때까지 잔병치레 없이 잘 자랐다. 남편과 시집에 당당해진 수아는 "아빠가 살아 있었으면 남편한테 무릎 꿇고 빌라고 하고 싶었다"고 한다. 둘째 아이를 임신하고 첫째 아이의 육아를 도맡으면서 우울증을 앓았다. 아이를 키우게 되면서 누구 하나 의논하고 의지할 사람 없는 일상은 가해자를 향한 그리움을 극대화했다. 남편은 싸우면 갈 곳이 있고 달려갈 어머니라도 있지만 수아는 아무도 없었다. 친정의 부재는 가해자의 부재를 의미했고, 이런 부재는 결국 삶의 쉼표가 없다는 자기 연민으로 표현된다. "그냥……이럴 때 아빠라도 옆에 있었으면 이런 생각이 드는 것도 있었고... 그런 생각 밖에 안 들어요. 힘이 되어 줬을 거 같은데……."

수아는 결혼이 개인과 개인의 결합이 아니라고 힘줘 말한다. 결혼은 집안과 집안의 결합이며, 이 결합에서 남편에 견줘 인적 자원과 물적 기반이 취약한 자기는 어느 정도 억울함과 서운함을 감수할 수밖에 없다고 본다. 이제 주거 문제는 해결됐지만, 남편과 시집 사이에서 어려움에 부딪칠 때 아무런 보호막이 없는 수아는 또다시 좌절했다. 성인이지만 수아는 부모 없는 고아고, 이런 상황은 때때로 자기뿐 아니라 남편도 불쌍한 사람으로 보이게 만든다. 한국 사회에서 결혼은 여전히 독립된 개인 사이의 계약 관계가 아니라 이 집안의 딸과 저 집안의 아들이 결합하는 의식으로 받아들여지기 때문이다. 수아는 이 기준에 따라 저평가되는 자기 인생이 달갑지 않다.

그 아버지에게 보여주고 싶은 내 삶

결혼한 뒤 수아는 가해자의 죽음에 이어 출산과 양육 과정을 거치면서 자기의 내면을 마주해야 하는 시간이 늘어났다. 자기가 아이를 대하는 모습을 보면서 자기를 대하던 어머니와 가해자를 떠올린다. "엄마나 아빠들 같은 경우에는 보면 자기가 어떻게 컸는가에 따라서 그 자식에게 하는 게 그대로 가는 영향이 있다고 하잖아요. 그런데 나도 어릴 때 사랑 못 받고 손을 잘 못 거치고, 나도 막 이리 치이고 막 이렇게 살았는데, 내가 정작 그렇게 못 받았기 때문에 내가 모르는 건 아닌가. 내가 안 받아 봤으니까." 이렇게 자기의 양육 환경을 되돌아보고 내가 양육자 구실을 제대로 하고 있는지 자문한다.

가해자가 세상을 떠난 뒤 남은 유일한 혈육인 언니에게는 이제 더는 필요 없는 기대를 하지 않는다. 자기를 애 취급하고, 부당하게 화를 내며, 잘못해도 절대 먼저 사과하지 않는 언니를 예전에는 두고 볼 수 없었지만 이제는 한발 물러서서 바라본다. "형제간에는 지 인생이 있고 내 인생이 있고, 그렇다고 내 인생을 얹을 수도 없고, 지 인생을 내한테 얹을 수도 없다고 생각하거든요. 서로 의지도 하지 말고 피해도 주지 말고."

수아는 결혼 생활이 힘들지만 힘든 게 당연하다고 생각하면서 꿋꿋이 견디고 있었다. 이런 수아가 대견하면서도 한편으로는 의아했다. 가정이라는 공간에서 그렇게 애쓰며 살아야 하는 이유가 뭔지 묻자 수아는 아주 철없는 질문이라는 듯 웃었다. 수아는 사람들의 이목이 두려워 억지로 참으며 가정을 유지하고 있는 것은 아니었다. 어쩔 수 없다고 체념하거나 현실을 회피하고 있지도 않았다. 수아는 남들하고 살아가기가 당연히 힘들고 어려운 일이라고 생각했다. 가족보다 남들하고 살아온 시간이 더 긴 수아는 결혼 생활을 그런 시간하고 비슷한 과정으로 봤다. 부부 관계에서 갈등은 생길 수밖에 없으며, 이런 갈등은 부부가 해결해야 할 과제라고 받아들였다.

가진 것 없는 자기를 시집에서 무시하는 듯해 속상할 때도 있지만, 수아는 이제 남편에게 숨김없이 자기 상황을 이야기할 수 있다. 물론 모든 것을 이해받는 것은 아니지만 더는 숨길 이유도 없다고 생각한다. 자기 잘못이 아니고 태어날 때 가족을 선택한 것도 아닌데, 가족사 때문에 부당한 대우를 받을 필요는 없다고 생각한다. 수아는 힘들기는 하지만 이 어려움들을 잘 헤쳐가고 있는 자기 모습을 가해자에게 보여주고 싶다고 말한다.

제가 아빠 그래 된 걸 더⋯⋯지금도 그래서 되게 엄마보다는, 엄마 때는 시간도 많이 지났지만, 엄마보다는 그래도 아빠에 대한 마음이 더 크고 더 그립고. 지금도 둘 중에, '아빠가 살아올래 엄마가 살아올래?' 이러면 '난 아빠가 살아왔으면 좋겠다'라고 말할 수 있을 거 같은 마음 있잖아요. 그니까, 보여주고 싶은 거예요. 아빠한테. 그니까 엄마는 내가 살아온 거를 못봤잖아요. 차곡차곡 이렇게 살아온 거. 내 그 어린 나이, 그 열 살 동안 아파 가지고 제대로 보지도 못했고 제대로 돌봐주지도 못했고. 그니까 그랬던 정이랑, 아빠는 내가 이렇게 이렇게, 아무리 나쁘고 해도 이렇게 이렇게 살아온 걸 봤잖아요. 내가 결혼까지 한 걸 봤고. 내 신랑도 봤고. 그니까 이런 걸 이렇게 하면서, 내가 이렇게 애까지 낳아 가지고 살고 있다는 거를 보여주고 싶은 거예요. 내 애를 보여주고 싶은 거 있잖아요. 그런 게 하고 싶은 거 있잖아요. 그런 거 보면, 참 그래도 내가 아빠를 밉다 밉다 해도 내가 아빠를 많이 기대고 살았구나. 많이 그리워했구나, 이런 거 있잖아요. 하여튼 그랬어요.

이제 수아에게 더는 '가해자 아버지'는 존재하지 않는 것처럼 보인다. 폭력을 겪은 시간이 많이 지났고, 가해자도 양육자의 책임을 다했다고 생각하기 때문이다. 수아는 힘들 때 그리워할 수 있는 아버지, 자기 삶을 보여주고 싶은 아버지로 가해자를 기억한다. 수아는 진심으로 "아빠를 용서했다"고 말한다. 그리고 온 마음으로 말한다. "아빠가 그립다."

수아는 성폭력 문제를 놓고 직접 대화하거나 사과를 받아서 가해자를 용서하게 된 것이 아니다. 자기에게 닥친 삶의 과제들을 겪으면서 수아는 자연스레 가해자하고 보낸 기억들을 되새김하게 됐다. 그 과정에서 자기처럼 안 좋은 현실에서 애쓰며 살아간 한 명의 인간으로 가해자를 이해하게 됐다. 수아는 성폭력 피해를 겪은 뒤 힘든 문제들을 이겨내면서 절망에 맞서는 회복력을 키울 수 있었다. 그리고 결국 자기 인생을 움직이는 것은 자기라는 확신을 하게 됐다. 그래서 수아는 지난날 언니와 가해자에게 하던 기대를 남편이라는 새로운 가족에게 하지 않는다.

거친 풍파를 기꺼이 이겨내며

가해자의 얼굴을 처음이자 마지막으로 본 때는 수아의 결혼식이었다. 가해자는 회색 양복을 단정하게 차려입고 '아버지 웃음'을 지으며 하객들에게 정성스레 악수를 청했다. 그런 가해자를 멀찍이 떨어져 한참 동안 쳐다봤다. 가해자의 심정이 궁금했다. 가해자를 결혼식에 불러 '아버지 노릇'을 하게 하는 수아의 생각과 상황도 궁금했다. 나는 시집 문제를 포함해 수아가 많은 사람이 오는 결혼식에서 사소한 분란을 만들고 싶지 않아 어쩔 수 없이 가해자를 초대했을 것이라고 짐작했다. 그리고 안쓰러움과 불편한 마음으로 결혼식을 함께했다.

그런데 수아 이야기에 따르면 이런 짐작은 나만의 생각이었다. 어쩌면 '피해자가 가해자를 이해하고 용서할 수 있을까?'라는 의문에 담긴 선입견 탓인지도 모르겠다. 친족 성폭력 피해를 겪으면서 가해자에게 양가 감정을 느낀다는 사실은 이미 알고 있었다. 그렇지만 내 마음 깊은 곳에는 가해자와 피해자의 관계 회복을 '그렇게 해서는 안 되는 일, 그렇게 될 리 없는 일, 그럴 수 없는 일'이라고 보는 각본이 분명히 있었던 것이다.

수아는 가해자가 저지른 성폭력 피해를 경험하고 7년 동안의 유예 기간을 거쳐 다시 동거하게 되면서 온갖 우여곡절을 또 겪었다. 이 과정에서 수아는 여전히 '가해자 아버지'를 마주쳤지만 '양육자 아버지'를 훨씬 크게 경험했다. 가해자는 수아의 인생에 단 한 번도 존재하지 않은 가족 구성원 사이의 좋은 추억을 가져다줬고, 미약하지만 수아의 인생에서 딛고 일어설 발판이 되기도 했다. 또한 수아에게 충분히 허락된 애도의 시간은 수아가 아버지를 좋게 추억할 수 있게 도왔다.

지금 수아가 이야기하는 어린 시절의 가해자, 피해 경험, 열림터 생활은 그때 하던 이야기하고 많이 다르다. 이를테면 지금 수아는 열림터 시절을 무척 행복한 시간으로 기억하지만 상담일지와 상근 활동가인 내 기억을 되짚어 보면 무척이나 힘든 시간이었다. 중요한 것은 과거의 경험을 기억하고 재해석하는 '현재'의 맥락이다. 수아가 들려준 이야기들이 수아의 '현재' 상황과 마음을 가장 잘 보여준다.

자기 인생을 책으로 쓰면 몇 권은 될 정도로 많은 풍파를 겪었다고 말하는 수아. 이제 다시는 그런 풍파를 겪지 않기를 바라지만 만약 또다시 닥쳐온다면 기꺼이 헤쳐 나가겠다고 말한다. 이런 결심을 말하는 수아를 흐뭇하게 바라본다. 믿음과 응원의 마음을 담아.

"그냥 평범하게
살고 싶어요"

✚ 지민이 이야기

서른 살 지민은 한 개인 사무실에서 회계 업무를 맡고 있다. 지민이 한 살 때 부모님은 이혼했고, 2살 터울의 언니는 아버지를 따라가고 지민은 어머니를 따라갔다. 얼마 뒤 어머니는 가해자인 의붓아버지하고 재혼했고, 2살 터울의 의붓오빠도 같이 살게 됐다. 가해자는 초등학교 3학년 때부터 고등학교 2학년 때까지 지민을 성추행했다. 지민은 성폭력 피해 사실을 알렸지만 어머니는 알맞은 도움을 주지 않았다. 가해자를 고소하는 대신 가해자를 피해 집을 나온 지민은 열림터에 입소해 1년 정도 생활했다. 열림터를 퇴소한 뒤 지민은 결혼과 이혼을 거쳐 다시 가해자가 있는 집으로 들어갔다. 지금은 가해자와 어머니가 사는 집에 가까운 곳에서 애인하고 동거 중이다.

지민은 내가 열림터 활동가로 일할 때 열림터에서 살던 생활인이다.

막 입소한 지민은 무척이나 많이 울었다. 울고, 또 울고, 밤새 운 적도 있다. 운동을 좋아하고 잘하는 지민은 한동안 운동도 하지 않고 은둔자처럼 지냈다. 지민이 활기를 되찾는 데 꽤 시간이 걸렸다.

요즘 지민은 하루하루 행복한 일상을 보내고 있다고 했다. 힘든 결혼 생활을 정리하고 새로운 애인하고 동거를 시작하면서 소박한 행복을 만끽하고 있는 듯했다. 그리고 그 일상 속에 있는 어머니와 가해자 이야기를 같이 했다. 가해자는 여전히 가까운 거리에 있었고, 가까운 거리만큼 일상에서 심리전을 펼쳐야 했다. 가해자와 지민의 관계가 새로운 구도에서 시작되는 요즘, 가해자를 향한 지민의 마음도 새롭게 갈피를 잡아가고 있다.

평범해 보이는, 특별한 문제 없는 집

지민은 가해자가 친아버지가 아니라는 사실을 열림터에 입소한 뒤 호적을 확인하면서 알았다. 가족 중 가장 믿고 따른 의붓오빠를 친오빠로 알고 있었고, 집에 자주 들르던 친언니는 사촌 언니로 알고 있었다. 지민을 뺀 다른 가족들은 이런 관계를 다 알고 있었지만, 지민에게는 좀 더 크면 알려주려고 쉬쉬하고 있었다. 지민은 가해자가 친아버지가 아니라는 사실에 놀랐고, 무엇보다 오랜 시간 자신만 가족의 비밀을 모르고 있었다는 사실에 화가 났다. 그렇지만 아직도 자기한테만 가족사를 이야기하지 않은 이유를 정확히 알지 못한다.

지민은 성폭력 피해를 입기 전까지 가해자에 관련된 특별한 기억이 없다. 좋은 기억도 나쁜 기억도 없어서 기억나지 않는다는 이야기를 자주 했다. 지민은 자기가 일부러 가해자에 관련된 기억을 하지 않으려 애쓰고 있는지 자기도 잘 모르겠다며 답답해했다. 어릴 때부터 덩치가 있고 활동적이어서 '몸으로 하는 놀이'를 많이 한 점을 빼면 특별히 살갑지도 않고 딱히 나쁘지도 않았다. 사춘기를 겪는 지민이 몸으로 하는 놀이를 피하기 시작했지만 가해자는 혼자만 재미있는 장난을 멈추지 않았다. 지민은 가해자가 하는 성추행을 애정 표현이라고 생각해서 가끔 짜증 부리고 화를 냈을 뿐이다.

가해자는 술 때문에 문제를 일으키지도 않았고 도박도 하지 않았다. 아침이 되면 일하러 가고 저녁이 되면 집으로 돌아오는 평범한 가장이었다. 부부 사이도 특별한 문제가 없었다. 어머니도 평범한 일상을 보냈다. 건강한 편은 아니었지만 집 근처 공장에서 아침부터 저녁까지 일했고, 나름대로 경제력도 있었다. 그래서 지민은 어머니를 자기가 의지할 수 있는 사람, 성폭력 피해 사실을 이야기하면 도와줄 수 있는 사람이라고 생각한 것 같았다. 그런데 어머니는 늘 곁에 서 있기만 하는 사람이었다. 지민에게도 가해자에게도 아무런 이야기를 하지 않았고 어떤 행동도 하지 않았다. '늘 지켜보고 있는 사람', 어머니를 생각하면 떠오르는 기억이다. 지민이 성폭력 피해를 입고 도움을 요청하자 지민을 산부인과에 데려간 어머니는 처녀막이 손상되지 않았다는 말을 듣더니 "그냥 넘어가자"고 했다. 그 뒤 어머니가 가해 사실을 따졌지만 가해자는 부정했고, 어머니는 별다른 조치를 취하지 않았다. 지민에게도 아무런 이야기를 하지 않았다.

지민은 이런 상황을 납득할 수 없었고, 자기편이라고 생각한 어머니를 이해하기 힘들었다. 그래서 늘 자문했다. "엄마는 왜 아빠랑 살까? 왜 나를 택하지 않았을까? 왜 아빠랑 이혼하지 않을까?" 답은 찾을 수 없었다.

가해자가 있는 집으로 돌아가다

성폭력 피해 사실을 가족들이 알게 된 뒤에도 집 안에는 아무 변화가 없었다. 가해자와 어머니는 변함없는 일상을 살았다. 그러던 어느 날 가해자는 지민을 산으로 데려가 손과 발을 묶고 입에 테이프를 붙인 상태로 성추행했다. 그 전까지 일상적으로 저지르던 성추행하고 달라 두려움을 감당할 수 없었다. 지민은 친하게 지내던 후배 어머니의 도움을 받아 가출을 한 것처럼 집에서 빠져나와 열림터로 왔고, 가해자가 없는 사이에 짐을 챙기러 가끔씩 집에 들렀다. 그러던 어느 날 집에 있는 컴퓨터를 켰는데 가해자가 모은 포르노 동영상을 보게 됐다. 가해자가 자기 행동을 전혀 반성하지 않고 있다고 생각한 지민은 포르노 동영상을 모두 지웠다. 가해자는 지민에게 여러 번 전화해 화를 냈다. 지민은 최소한의 미안함도 내보이지 않는 가해자의 태도에 분노와 두려움이 더욱 커졌다.

지민은 가해자가 다시 가해를 할 수 있다고 생각했다. 열림터를 퇴소한 뒤 언니하고 함께 방을 얻어 살던 지민은 가해자가 자기를 다시 찾아올지도 모른다는 생각에 불안해했다. 어머니가 방을 얻어줬고, 절대 가해자에게 위치를 알려주지 않겠다고 했지만 그 말을 믿기 힘들었다. 성격이 잘 맞지 않는 언니하고 함께 살기도 힘들었고, 늘 자기를 찾아와 집으로 돌아오라고 말하는 어머니의 부탁을 뿌리치기도 힘들었다. 언제 찾아올지 모르는 가해자를 생각하며 안절부절못하는 것도 힘에 부쳤다. 지민은 차라리 집에 들어가서 자기가 가해자를 피하는 게 더 나은 방법이라고 생각했다. 어머니나 오빠가 피해 사실을 믿어주지 않는 것도 계속 마음에 걸렸다. "차라리 피해를 또 당하더라도 엄마가 있는 집에서 당하는 게 낫지 않을까 하는 생각이었어요. 그러면 엄마가 나를 믿어주지 않을까." 그렇게 지민은 다시 가해자가 있는 집으로 돌아왔다.

작은 불 피하려다 만난 큰 불

가해자와 지민의 동거는 생각보다 쉽지 않았다. 집에 들어갈 때면 가해자 말고 다른 사람이 집에 있는지 늘 확인해야 했고, 방문에 자물쇠를 겹겹이 채우고 방망이 같은 무기를 갖다놨다. 그래도 밤에 발자국 소리가 들리면 지민은 쉽게 잠들지 못했다. 가해자의 얼굴을 마주치지 않으려고 몇 년 동안 계속한 노력은 정말 눈물겨웠다. 그렇지만 지민은 이런 노력을 해도 반성하지 않는 가해자, 성폭력 피해를 인정하지 않는 어머니와 오빠를 보며 더는 집에서 살기 힘들다는 결론을 내린다. 결혼이라도 하는 게 나을 것 같아 결혼을 선택했다.

지민은 결혼식을 하지 못했다. 결혼 전에 아이가 생겼고, 아이를 낳을지 말지 고민하다가 미혼모 시설에서 출산했다. 믿음을 주지 못한 아이 아버지하고 관계를 이어갈 자신이 없었고, 그렇다고 혼자서 아이를 키우겠다고 선뜻 결심하기도 힘들었다. 그러던 중 아이 아버지와 가족들이 찾아와 아이를 함께 키우자고 했고 지민은 아이에게 아버지를 만들어 주기로 결심한다. 그렇지만 단란한 가정을 꾸리고 싶다는 지민의 기대는 무참히 깨졌다.

남편은 경제적으로 무능했고 폭력적이었다. 지민이 천금처럼 갖고 있던 비상금까지 다 털어 쓰고, 동네 슈퍼에 외상을 해야만 아이에게 분유를 먹일 수 있었다. 지민이 돈을 벌어 아이를 키우고 살림을 꾸려가야 했다. 그러다가 둘째 아이가 생겼다. 혹시나 하고 기대했지만 남편은 바뀌지 않았다. 피폐해진 몸과 마음으로 결혼 생활을 더는 이어갈 수 없다고 생각한 지민은 이혼을 결정했다. 이혼 뒤에는 세상이 흔들리는 것처럼 힘들었다. 젖먹이 아이를 두고 혼자 고향으로 돌아온 지민은 마음을 추스르기 힘들었다. 잠을 못 잤고, 경기를 했으며, 온몸이 아팠다. 가해자를 피해 도망치듯 한 결혼을 지민은 "작은 불 피하려다 만난 큰 불"이라고 이야기한다. 그리고 이 상황을 이겨내려고 노력하면서 여러 번 자기 자신에게 말했다. "성폭력 피해도 이겨냈는데……."

내 새끼를 떼어놓고 왔다는 그 자체로 너무 힘들었고……. 이혼하고 나니까 정말……뭐라고 해야 될까. 그냥 내 인생이 무너진 거잖아요. 그런데 한편으로는 그 생각도 했어요. '내가 그 전에 그런 일을 겪어서 이겨냈는데. 어차피 내 새끼들은 태어났고, 어쨌든 잘 클 거고. 잘 크든 못 크든 하여튼 클 거고. 내가 지금 이러고 있다고 해서 좋을 거 하나도 없고.' 이러면서…….

지민에게 결혼은 사무치게 아픈 경험이었다. 한 번 실패했지만 죽어도 두 번은 실패하고 싶지 않았다. 지민은 이혼 뒤 어머니를 조금 더 이해할 수 있는 유연함을 갖게 됐다. 자기하고 똑같은 여자고 이혼까지 한 어머니는 재혼한 가정이 성폭력으로 다시 해체되는 상황을 감당할 수 없었을 것이다. 지금은 어머니를 원망하고 분노하던 마음을 뒤로 물리고, 서로 필요해서 가해자하고 한집에서 그냥저냥 사는 어머니를 조금 더 따뜻한 눈으로 바라보고 있다. 성폭력 피해는 지민에게는 특별한 문제지만 어머니에게는 그렇지 않을 수도 있다고 생각하기 때문이다.

적당히 해낸 '아버지 노릇'

힘든 결혼 생활에서 지민이 의지할 수 있는 사람은 그나마 어머니와 가해자와 오빠밖에 없었다. 지민은 어머니하고 매일 통화했다. 남편이 폭력을 휘두르는 날은 오빠가 달려와 지민을 데리고 갔다. 가해자와 어머니는 가끔 지민이 사는 집에 들러 용돈을 주고 가기도 했다. 가해자가 자기를 부당하게 취급하는 시집 식구들에 맞서 싸워주고 자기편을 들어주면서 '아버지 노릇'을 할 때, 지민은 뿌듯함을 느끼기도 했다.

이혼한 지민은 갈 곳이 없었다. 가정 폭력 피해자 쉼터 같은 시설에 들어가거나 고시원 같은 값싼 방을 구할 수도 있었지만 몸과 마음이 지친 지민은 그나마 자기편인 사람들이 살고 있는 가족이 그리웠다. 결국 지민은 다시 가해자가 있는 집으로 들어갔다. 가해자를 그냥 '아저씨'로 생각하면서 살기로 마음먹었다.

가끔 둘이 가면 싸운 걸 좀 많이 들어서. 살고 있는데……엄마도……필요를……필요에 의해서 같이 사는 거 같아요. 엄마도, 말도 항상 그래요. 어차피 니가 아저씨라고. 니가 아저씨라고 생각하는 사람이 없었으면. 제대로 못 컸다라고 가끔 얘기해요. 그니까 내가 처음 이제 열림터 들어가서 내가 막 그 새끼라고도 욕을 하고 아저씨라고도 욕을 하고, '아빠가 아니니까 아저씨 맞잖아!' 이러면서 엄마랑 싸웠거든요. 그래서 엄마가 가끔씩 그러거든요. 속상하면. '니가 그 아저씨라고 부르는 사람이……그래도 그 사람 없었으면 너 못 컸다.' 나도 그걸 알기 때문에…….

지민하고 한집에서 다시 살게 된 어느 날 가해자는 술을 마시고 와서 말했다. "미안하다. 내가 그때 왜 그랬는지 모르겠다." 가해자는 이날 꽤 많은 눈물을 흘렸다. 그렇지만 지민은 마음이 흔들리지 않았다. 가해자가 하는 말이 진심으로 다가오지 않았기 때문이다. 가해자는 이혼을 하고 돌아온 딸이 안쓰러웠는지 잘해주려 노력하고 반성도 하는 것 같았지만, 지민은 아직도 컴퓨터에 남아 있는 포르노 동영상을 생각하면서 쓴웃음을 지을 수밖에 없었다. 지민은 가해자가 자기를 산에 끌고 가 추행하던 그 순간이 음란물의 한 장면하고 비슷하다고 생각했다. 집에서 다 같이 쓰는 컴퓨터에 버젓이 음란물을 깔아놓는 행동은 언제든 다시 성폭력 가해를 할 수 있다는 암시로 다가왔다.

그렇지만 가해자의 '아버지 노릇'은 어느 정도 지민의 기대를 채워주기도 했다. 요즘 연애를 하며 동거하는 애인에게 장인 노릇을 하려는 가해자를 지민은 밀어내지 않고 있다. 얼마 전 애인이 집에 들러 가해자하고 술을 마시며 이야기하는 모습을 본 뒤에는 "나도 이렇게 평범하게 살아보고 싶다"고 간절히 바라기도 했다. 가해자는 자기가 기억하는 어린 시절 지민의 모습을 집착이라고 할 정도로 세세히 이야기했고, 이런 모습에 애인은 가해자를 무척이나 딸을 아끼는 아버지로 알게 됐다. 지민은 가해자의 이런 모습이 불편하면서도 싫지만은 않았다. 남편이 될 애인이 지민을 평범한 가정에서 사랑받고 자라온 막내딸로 봐줄 테니 말이다.

지민이 가해자 곁을 떠나지 않고 주변에 머무르면서 불편함을 감수하며 사는 모습을 나는 쉽사리 이해할 수 없었다. 노력할 만한 가치가 있을까 하는 생각도 들었다. 그렇지만 이제는 어렴풋이 이유를 알 수 있을 것도 같다. 가해자가 가장으로서 특별한 능력을 갖고 있지 않아도 한국 사회에서 아버지인 가장이 가진 권위는 여전히 무시할 수 없다. 특히 '이혼녀'라는 낙인이 찍힌 지민에게 평범한 아버지라는 가면은 아직 필요하다. 지민이 스스로 말한 대로 다시 결혼을 하고 그 남편하고 지민의 관계가 단단히 뿌리내리기 전까지는 말이다.

이젠, 그냥 묻고 가는 거

잔인한 상처로 남은 성폭력 피해, 진심으로 사과하지 않은 가해자, 자기편이 돼주지 않은 어머니와 오빠에 관한 기억을 이야기하면서 지민은 이제는 아무 기대도 하지 않는다고 분명히 했다. 열림터에 입소할 때 지민은 성폭력 피해 자체보다 어머니와 오빠가 피해 사실을 믿어주지 않는 사실이 더 힘들었다. 그래서 한때 "다시 피해를 당해서라도 내가 피해자인 걸 보이고 싶은 마음"도 있었다.

그렇지만 이제 성폭력 피해는 후벼 팔 필요가 없는 상처가 됐다. 가해자가 백 번 천 번 사과를 해도 진심으로 받아들여지지 않고, 어차피 가해자하고 여생을 사는 사람은 자기가 아니라 어머니이기 때문이다. 앞으로 가해자하고 어떤 관계로 지내고 싶은지 묻자 지민은 "(가해자가 나를) 며느리 대하듯, 평행 관계"로 지내고 싶다고 답했다. 서로 적당한 거리를 유지하고, 좋은 관계를 만들려고 애쓰지도 말며, 가끔 만나 밥이나 먹을 수 있는 관계로 살면 좋겠다는 말이었다.

그냥 지금 상태에서 내가 아빠한테 뭐라고 하고 옆에 뭐라고 하는 거에 대해서 아무도 제제를 하는 사람도 없고. 그런 거에 대해서 '너 왜 그래?'라고 뭔 말을 하는 사람도 없고. 근데 그런 거 보면 본인들도 인정을 하는 건데, 인정 반 부정 반? 그런 거 같아요. 아무튼⋯⋯그냥 지금은⋯⋯그냥 평범하게 살고 싶어요. 그냥 내 나이대로. 그때는 한창 빨리 돈 벌 생각밖에 없었고. 어떻게든 피하고 싶었고. 피난처가 필요했고. 근데 나는 그게 잘못돼서 끙끙대고 있었지만, 이혼하고 나서부터는 내가 하고 싶은 대로 풀리고 있고 잘되는 거 같아요. 그래서 좋은 거 같아요. 그렇다고 예전에 내가 그런 일 있었다고 해서 어두워지기도 싫고. 그러고 그래봤자 내 손에 뭐⋯⋯ 저도 그런 생각은 있는 거 같아요.

지민은 이제 가해자와 자기의 거리를 자기가 조절할 수 있다는 자신감을 갖고 있었다. "요즘 내가 너무 받아줘서 (가해자가) 오버하는 것 같은" 느낌이 들 때는 정확히 경고를 보낸다. 평범한 가정에서 살고 싶다는 자기의 바람이 가해자를 헷갈리게 하는 게 아닐까 생각이 들 때는 거리를 조절한다.

지민은 다시 남들이 하는 행복한 결혼식을 하고, 그 결혼을 어머니와 가해자가 축하해주고, 남편이 든든하게 내 식구로 자리 잡을 때까지는 가해자하고 적당한 거리를 두면서도 그 끈을 놓지 않을 생각이다. "한번쯤은 평범한 가정 속에서 살고 싶다"는 생각은 지민의 생존과 삶 전체를 이끄는 중요한 바람이 됐다.

뿌리가 단단해지면 또 다른 변화가

어려움을 겪은 지민이 일상의 평온을 찾으려고 애쓰는 모습이 안쓰러우면서도 한편으로는 미더웠다. 오래 되지 않은 이혼, 아이들과의 이별, 새로운 연애 같은 큰일들을 겪은 지민에게 '성폭력 피해'는 뒤로 밀려난 일인지도 모르겠다. 그렇지만 이것도 친족 성폭력 피해자들이 자연스레 거치는 과정이다. 지민이 자기를 보호할 수 있는 능력을 키우고 현실에 적응하려 노력한 결과일 테니 말이다.

지민이 꿈꾸는 평범한 가정을 지금 곁에 있는 좋은 사람하고 꾸릴 수 있기를 바란다. 그 뿌리가 단단해지면 지민과 가해자의 관계가 어떻게 바뀔지 또다시 궁금해진다.

가해자를 비켜나,
피해 경험을
다시 바라보기

영애, 수아, 지민을 만나면서 친족 성폭력 피해를 경험한 뒤 피해자가 가해자에게 갖는 마음이 어떻게 바뀌는지를 느낄 수 있었다. 피해자들은 가해자가 사랑과 애정과 관심이라는 이름으로 저지른 행위들이 성폭력이라는 사실을 알고 혼란스러워했다. 자기에게 일어난 일을 성폭력으로 인정하는 것 자체를 힘들어하기도 했고, 가해자의 실수로 돌리거나 사소한 일로 만들고 싶어하기도 했다. '성폭력의 비밀'이 외부로 알려져 다른 가족들이 알게 되거나 피해자가 사과를 요구할 때 가해자들은 피해자를 비난하거나 사건 자체를 부인하고 은폐했다. 이 과정에서 피해자들은 가해자에게 분노와 원망을 쏟아냈다.

그렇지만 시간이 흐르면서 가족이라는 끈으로 이어져 함께 살아온 가해자를 보는 감정이 복잡해졌다. 가해자들은 피해자들이 얼굴을 보지 않고 살아도 되는 사람이 아니기 때문이다. 피해자와 가해자가 맺고 있는 '가족'이라는 사회적 관계는 삶의 여러 장면에서 부딪힌다. 얼굴을 마주치는 직접적인 대면이기도 하고, 죽음, 결혼, 이혼 같은 제도적 마주침이기도 하며, 보살핌, 외로움, 인정 같은 정서적인 목마름이기도 했다. 피해자들은 이런 마주침에 혼란을 겪으면서도 성폭력 피해 경험에 압도되지 않으려고 자기를 추스르며 일상을 살고 있었다.

성폭력 피해를 경험하고도 가해자의 죽음을 애도하고, 경제적 필요 때문에 가해자 곁에 머물기를 주저하지 않으며, 가해자에게 아버지 구실을 요구하고 보살핌을 바라는 영애, 수아, 지민의 모습이 낯설게 느껴질 수도 있다. 사실 우리에게는 애초에 친족 성폭력 피해자가 살아가는 모습을 알려주는 정보가 많지 않다. 그렇지만 성폭력 피해에 관한 정보, 성폭력 가해자에 관한 정보 등을 보고 친족 성폭력 피해자도 이러저러하게 살아갈 것이라고 예상한다. 따라서 이 세 명의 모습이 친족 성폭력 피해자가 살아가는 평범한 사례로 보이지 않을 수도 있다. 그렇지만 이런 삶을 통해 피해자와 가해자의 감정과 관계가 변화하는 과정, 피해자와 가해자의 관계를 변화하게 만드는 사회적 영향들을 생각해볼 수도 있다.

영애, 수아, 지민은 성폭력 피해를 입은 뒤 많은 시간이 지났고 각자 치유와 회복의 과정을 거쳐 왔기 때문에, 이제는 피해 경험에서 거리를 두고 일상을 살아가고 싶다고 말한다. 그리고 그 일상들이 모이면 가해자나 피해 경험에 관련해 새로이 할 얘기들이 있을 것이라고 말한다. 더불어 가해자에게서 한발 비켜서고 싶다고 말한다. 그런 발걸음은 회피나 굴복이 아니라 자기 인생에서 누리고 싶고 해야 할 더 많은 일들을 잘해내기 위한 노력이라고 말한다. 그리고 친족 성폭력 피해자인 자기를 위해, 아직도 피해를 말하지 못하는 또 다른 피해자들을 위해 앞으로도 기꺼이 말하기를 멈추지 않겠다고 한다. 세 명의 미래를 기다려보자.

살아남아 말하는
우리가 치유자

"쌤, 바빠요? 엄마 좀 찾아보려고 했는데 동사무소랑 경찰서에서 차였어요. 도와주세요."

퇴소한 지 한참 된 피해자가 문자를 보냈다. 인터뷰할 때는 어릴 때 집 나간 어머니를 지금 찾아서 뭐 하겠느냐고 말하던 피해자가 또 다른 삶을 준비하나 보다.

자기 자리에서 최선을 다해 분투하고 있을 피해자 16명의 얼굴을 하나하나 떠올려본다. 피해자들은 세상이 '피해자답다'고 정해놓은 길로 걸어가지 않는다. 자신만의 지도를 갖고 삶의 길을 찾아가고 있다. 피해자들이 걸어가다가 어느 곳에 닿을지, 각자의 이야기가 어떻게 끝날지 아무도 모른다. 자기 삶의 줄거리를 계속 고치고, 때로는 지도에 없는 길을 직접 내면서 그저 걸어갈 뿐이다.

—

이 책은 지난 20년 동안 열림터에 와서 자기 이야기를 날것 그대로 토해낸 피해자 360명의 용기, 피해자들하고 함께 울고 웃으며 온몸으로 고민한 활동가들의 노고에 빚지고 있다. 피해자들과 열림터가 함께 빚어 낸 많은 관계와 이야기들, 다양한 풍경과 리듬이 이 책 속에서 살아 숨쉬고 있다. 이 책에 실린 글은 필자들의 특정한 시각을 담고 있으며, 이런 역사적이고 집합적인 관계와 사유의 산물이기도 하다.

우리는 이 책이 세상에 작은 파문을 던질 수 있기를 바란다. 친족 성폭력을 잘 모르던 사람이라면 이 책을 읽고 피해자들의 삶이 지닌 맥락을 폭넓게 들여다보고 이해할 수 있었을 것이다. 현장에서 친족 성폭력 피해자를 지원하는 활동가들에게 이 책이 나침반이 되면 좋겠다. 무엇보다 아직 말하기를 시작하지 못한 친족 성폭력 피해자들에게 용기와 희망으로, 많은 트라우마 생존자들에게 공감과 지지의 목소리로 가닿을 수 있기 바란다. 그리하여 더 많은 '말하기'가 시작되기를, 많은 '말하기'들이 서로 공명하고 메아리치며 이 세상을 가득 채울 수 있기를 기대한다.

—

이 책은 몇 가지 한계가 있다. 여기 등장한 친족 성폭력 피해자들은 모두 열림터에 산 사람들이다. 열림터에 오는 피해자들의 대부분 빈곤층이다. 그렇다고 해서 빈곤층에서 친족 성폭력 피해가 더 많이 일어난다는 뜻은 아니다. 빈곤층 피해자들은 그만큼 고립되거나 방치돼 있는데다 다른 인적 자원이나 경제적 자원이 없기 때문에 쉼터로 많이 온다. 쉼터로 연계되지 않은 친족 성폭력 피해자들의 이야기까지 포괄하지는 못하는 한계가 있다는 말이다.

또한 이 책의 주제가 친족 성폭력 '피해'이기 때문에 피해를 중심으로 삶의 서사를 엮을 수밖에 없었다. 독자들이 피해자의 일상에는 피해와 고통만 가득하다고 받아들이거나 피해자를 문제가 많은 사람으로 여기게 될까봐 염려스럽다. 피해자에게는 상처와 결핍만으로 설명할 수 없는, 유머와 웃음이 묻어나는 일상이 있다. 피해자들은 피해 경험을 감싼 희로애락의 파도 위에서 넘실대고 있다. 자기도 "남들이랑 똑같은 사람"이라고 말한다. 고통받기 위해 태어난 사람은 없다. 고통을 있는 힘껏 통과하면서 그 고통을 새롭게 해석하고 다른 의미로 전환시키려고 애쓰는 이들은 피해자에 머무르지 않는 '생존자'다. 그리고 자기 경험을 세상에 이야기함으로써 또 다른 생존자의 아픔에 손을 내민 '치유자'기도 하다.

살아줘서, 이야기해줘서 참 고맙다.